Chuck Spezzano
Finde dein Lebensglück

AF524989

vianova
Verlag Via Nova

CHUCK
SPEZZANO

Finde dein Lebensglück

Herausforderungen gelassen meistern

Verlag Via Nova

Übersetzung aus dem Englischen:
Ulrike Kraemer

Originaltitel:
How to Save Your Own Life from the Inside Out
Copyright © by Chuck Spezzano, 2022

---

1. Auflage 2024
Verlag Via Nova, Alte Landstraße 12, 36100 Petersberg
Telefon: (06 61) 6 29 73
E-Mail: info@verlag-vianova.de
Internet: www.verlag-vianova.de
Umschlaggestaltung: Guter Punkt, München
Satz: Sebastian Carl, Amerang
Verzierungen: © Milos Dizajn – shutterstock_150103664
Druck und Verarbeitung: C. H. Beck, 86720 Nördlingen

© Alle Rechte vorbehalten

ISBN 978-3-86616-530-4

Meinen Eltern,
Peter und Katherine,
für all ihre Liebe und Zuneigung

Inhalt

Vorwort

Das vorliegende Buch ist über einen längeren Zeitraum entstanden. Es hat sieben Jahre gedauert, bis es so weit war, dass es gedruckt werden konnte. Ein Buch nach dem anderen wollte zuerst fertiggestellt werden, sodass dieses Buch mehrere Jahre auf seine Entstehung warten musste. Was ursprünglich nur ein Buch werden sollte, wuchs immer weiter und hatte sich bald zu einem „dicken Schinken" entwickelt. Da heutzutage die meisten Menschen nur wenig Zeit mit Lesen verbringen wollen und eine rasche, umfassende Heilung erwarten, war klar, dass das Buch gekürzt und geordnet werden musste. Dieser Weg ist nichts für Dilettanten, denn er verlangt Mut. Er setzt sich über das Ego hinweg, das sich trennen und seinen eigenen Weg gehen will. Es steht uns allen frei, unseren eigenen Weg zu gehen, ganz gleich wie schnell oder wie langsam er sein mag. Du würdigst diesen Weg durch deine Präsenz, so wie dieses Buch dich würdigen soll, indem es dir dient und dich darin unterstützt, auf deinem Weg voranzugelangen.

In gewisser Weise ähnelt diese Buchform der Form eines Workshops. Wenn ein Thema in einem Workshop auftaucht und immer einmal wieder aufgegriffen wird, vertieft es sich zunehmend, weil es aus einem anderen Blickwinkel betrachtet wird oder zu einem Zeitpunkt kommt, an dem du offener dafür bist. Ein Buch ist eine Begegnung, ein Dialog. Es kann das, was du tief in deinem Inneren bereits weißt, vervielfachen, sodass es auf eine kraftvolle und praktische Weise für dich verfügbar wird. Heiße das Wissen willkommen. Es ist ein Weg der Liebe und der Wahrheit. Es hat zur Folge, dass du dich selbst wesentlich mehr wertschätzen kannst. Es hilft dir, Konflikte zu überwinden, die sich anderenfalls zu einem fatalen Fehler entwickelt hätten. Stattdessen kann es Erneuerung, Neuanfänge und neue Kapitel in deinem Leben bringen. Das vorliegende Buch soll dir helfen, das, was dich zurückhält, im Rückspiegel zu betrachten. Manche Lektionen wiederholen sich naturgemäß, wenn du die einzelnen Kapitel durchgehst, um deinen Weg hin zu immer mehr Selbstvertrauen, Glück und Ganzheit zu festigen.

Ein wichtiger Grundsatz, der dir hilft, schneller zu lernen, was dir hilft, besteht darin, Verantwortung zu übernehmen. Schuldzuweisungen, Groll und Urteile verbergen unsere eigene Schuld und nichts ändert sich. Du greifst jemand anderen an, aber in Wirklichkeit greifst du dich selbst an. Wenn du glücklich sein willst, bist du aufgefordert, dich zu ändern. Jeder bekommt, was er zu verdienen glaubt, aber jeder verdient weitaus mehr, als sein Ego zulässt.

Wenn du dich nicht wohlfühlst, übernimm die Verantwortung. Wenn du keine Verantwortung übernimmst, ändert sich nichts oder du änderst dich, während du vom sich ständig verändernden Strom des Lebens hin und her geschleudert wirst. Wenn du Verantwortung übernimmst, kannst du dich ändern, und das verändert alles, zumindest für dich. Du kannst auch um die Hilfe des HIMMELS bitten, um dich zu ändern. Du kannst dich zentrieren. Du kannst anderen Menschen eine helfende Hand reichen. Du kannst vortreten. Du kannst an deiner Heilung arbeiten.

Alle diese Dinge helfen dir, dich zu ändern. Wenn es dir dort, wo du jetzt bist, nicht gefällt, tue etwas dagegen. Du kannst vergeben. Du kannst loslassen. Du kannst vertrauen, glauben und integrieren. Du kannst dich wieder verbinden. Du kannst dich verpflichten. Du kannst jemand anderem helfen. Du kannst geben oder empfangen. Du kannst segnen. Du kannst akzeptieren. Wenn du die Situation, in der du dich befindest, akzeptierst, verändert sie sich paradoxerweise in eine positive Richtung. Du kannst auf dem Weg hin zu einem höheren Bewusstsein tatsächlich bei jedem Schritt des Weges akzeptieren, wo du dich gerade befindest. Du kannst dich wieder neu mit dem REINEN GEIST verbinden oder du kannst aus dem Traum erwachen, den wir alle gemeinsam träumen. Du kannst deine Gaben weitergeben. Du kannst Frieden erlangen. Du kannst dich an GOTT erinnern. Alle diese Dinge verändern dein Bewusstsein und wenn sie es nicht tun, dann heißt das nur, dass noch mehr zu tun ist und dass du einen Groll hegst, der dir wichtiger ist, als dein Lebensglück zu finden. Du bist der Kapitän deines Schiffes. Dein Leben ist die Investition deiner Seele, um dich auf eine neue Ebene zu heben. Investiere klug. Jede Entscheidung, die du triffst, zählt. Deine Gedanken lenken dein Lebensschiff. Was willst du? Wofür entscheidest du dich? Da das Bewusstsein aller Menschen verbunden ist, wirkt sich jeder Schritt, den du gehst, auf alle und vor allem auf die Menschen aus, die dir am nächsten stehen.

Diese entscheidenden Veränderungen können jedoch erst eintreten, wenn du die Verantwortung für deine Situation übernimmst. Dies ist der erste Schritt, mit dem alle anderen Instrumente wie Meditation, um wieder Frieden zu finden, das Hören auf die Stimme der Führung und die vielen anderen Methoden der Selbsttransformation beginnen. Übernimm jetzt die Verantwortung für dein Leben.

1

Es braucht nur dich

Das Leben bringt Herausforderungen mit sich. Das ist für alle Menschen gleich. Wenn du dieses Buch liest, hast du es in deinem Leben vielleicht mit vielen Herausforderungen zu tun. Manche Menschen müssen mehr oder größere Herausforderungen meistern als andere, aber es gibt auf der Welt niemanden, der keine Lektionen zu lernen hat. Trotzdem kannst du, wenn es dein tiefster Wunsch ist, auch die schwierigsten Situationen mühelos und sogar elegant bewältigen. Tief in dir ist eine Stimme, die dir antwortet, wenn du fragst. Dieses Buch zeigt dir, wie du dein Leben von innen heraus verändern kannst und wie das, was in dir vorgeht, darüber bestimmt, was in deiner äußeren Welt geschieht. Dieses Bewusstsein gibt dir Macht.

Du magst diesen Gedanken beunruhigend finden. Du magst ihn sogar für unglaubwürdig halten. Dennoch ist er kein Hirngespinst, sondern ein äußerst praktischer Ansatz sowohl was die Anwendung als auch was die Ergebnisse angeht, die er erzielt. Er verkörpert das Wissen, das ich in meiner Arbeit mit zahllosen Menschen im Laufe der letzten fünfzig Jahre erworben habe.

Stelle dir das Leben als einen Ort vor, an den du gekommen bist, um bestimmte Lektionen über dich selbst,

Beziehungen, Liebe und Wahrheit zu lernen und um den Weg zurück nach Hause zu finden. Stelle dir vor, dass es in deinem Leben in Wirklichkeit darum geht, den Weg zur LIEBE, zum HIMMEL und zum EINSSEIN zu finden, auch wenn es dir nicht bewusst war. Es gibt viele Wege, die nach Hause führen, fast so viele Wege, wie es Menschen gibt. Trotzdem gibt es eine Reihe von Stadien, die für uns alle gleich sind, während wir die Lektionen lernen, die uns voranbringen. Wenn wir den Mut aufbrächten, könnten wir natürlich mit einem einzigen großen Sprung direkt zum Ende des Weges gelangen: zum HIMMEL. Die meisten Menschen gehen jedoch Schritt für Schritt auf diesem Weg der Bewusstseinsentwicklung voran. Es ist dieses Bewusstsein, das unsere Liebe, unseren Erfolg und unser Glück ausdehnt. Wir können in jedem Stadium viele Lektionen gleichzeitig lernen – über Familie, Beziehungen, Gesundheit, Geld, Frieden und viele andere Dinge. Weil die Menschen verschieden sind, gibt es auch unterschiedliche Ansätze, Lernsituationen, Freunde und Unterstützungssysteme. Jede Seele hat ihren eigenen, auf sie zugeschnittenen Lehrplan, auch wenn viele Seelen dazu neigen, sich für die Reise zu Gruppen zusammenzuschließen. Es kommt zwar selten vor, dass eine solche Gruppe ein ganzes Leben lang zusammenbleibt, aber manchmal ist es tatsächlich der Fall. Unsere Ursprungsfamilie und die Familie, die wir gründen, kommen dem am nächsten, aber auch eine berufliche, gesellschaftliche oder spirituelle Verbindung kann in diese Kategorie fallen. Diese Menschen sind unsere erweiterte Familie, unsere *Ohana*, wie wir in Hawaii sagen.

Wie gut du deine Lektionen gelernt hast, kannst du daran erkennen, wie glücklich, liebevoll und erfolgreich du bist und wie viele Menschen mit einem Lächeln und einem Gefühl tiefer Liebe an dich denken. Außerdem stellst du fest, dass es im Leben nicht nur um die positiven Aspekte geht, sondern auch um Lernerfahrungen, die sich daraus ergeben, dass wir die negativen emotionalen und körperlichen Aspekte abmildern, die unsere inneren Konflikte verbergen.

Dieses Buch zeigt dir, dass der Körper ein Ausdruck des Bewusstseins ist und dass die Welt, die du siehst, ein Ausdruck der Welt ist, die du *sehen willst*, ein Ausdruck verschütteter Glaubenssätze und der Dinge, die du an dir selbst wertschätzt. Was du siehst, ist das, was du selbst eingeladen hast. Je mehr du das erkennst, umso mehr erlangst du deine Macht zurück und kannst deine Umwelt verändern.

Die grundlegende Lektion

Macht gehört zu den Lektionen, die jedem Lebensthema zugrunde liegen. Sie hat Einfluss auf das Maß an Liebe, Wahrheit und Autorität, das du besitzt. Macht ist nicht autoritär. Sie ist weder bestimmend noch spielt sie sich zur Herrin über andere Menschen auf. Wahre Macht will teilen. Sie erkennt eine HÖHERE AUTORITÄT an, von der alle Autorität ausgeht. Wahre Macht ist flexibel und klar ausgerichtet. Sie hat sich verpflichtet, einen besseren Weg zu finden. Beherrschung ist eine auf Schwäche und Angst basierende Form des Autoritätskonflikts. Schwache und ängstliche Menschen streben nach äußerer Macht über andere, um ihre Gefühle der Unzulänglichkeit zu kompensieren. Menschen, die glauben, nicht gut genug zu sein, streben nach Macht über andere, um den inneren Mangel auszugleichen, während Menschen, die wahre Macht besitzen, durch ihre Hilfsbereitschaft dienen und in noch höherem Maße ermächtigt werden, weil sie andere Menschen ermächtigen.

Die meisten Menschen fürchten sich vor Macht. Sie befürchten, nicht mit ihr umgehen zu können oder von ihr korrumpiert zu werden. Erstens kommt jedoch alle Macht von GOTT und wenn wir IHN darum bitten, teilt ER sie mit uns, wie ER es bei unserer Schöpfung getan hat. Und zweitens ist es nicht die Macht, die korrumpiert, sondern entweder unser Streben danach, etwas zu bekommen, um zu schwelgen, oder unser Wunsch, die Überlegenheit unseres Egos und die Unterlegenheit anderer Egos zu beweisen. Stattdessen könnten wir unsere Macht einsetzen, um anderen Menschen zu helfen. Korruption ist der Wunsch, Vorteile und Privilegien zu erlangen, statt zu dienen und nach der Wahrheit zu streben. Nehmen, Bekommen und Schwelgen weisen darauf hin, dass du glaubst, dir selbst nicht zu genügen, und das gibt dir die Ausrede, zu lügen, zu betrügen und zu stehlen, um dir Vorteile zu verschaffen. Wenn du im Hamsterrad erfolglosen Strebens nach Entwicklung und Erfüllung gefangen bist, ist Heilung gefordert, um größere Ganzheit zu erreichen.

Wenn du glaubst, nicht stark genug zu sein, um mit Macht umgehen zu können, dann denkst du ganz offensichtlich an die Vergangenheit und an eine äußere Situation oder äußere Form von Macht. Die wahre Macht, die du in dir trägst, ermächtigt andere Menschen und sie kommt von der HÖCHSTEN MACHT selbst, sodass du dich nicht auf deine eigene Stärke zu verlassen brauchst. Je mehr Ganzheit du erlangst, umso weniger äußere Dinge willst du und brauchst du, denn Ganzheit hat zur Folge, dass du dich vollständig fühlst. Der Versuch, etwas zu gewinnen, rührt von Leere, altem Verlust, Angst, Bedürfnissen und Gefühlen von Unzulänglichkeit her, die mit zunehmender Ganzheit geheilt werden. Mit deiner Ganzheit wächst naturgemäß deine Reinheit und mit deiner Reinheit wächst deine Stärke. Akzeptiere dich selbst. Akzeptiere das Maß deiner Bedürfnisse und nutze es als Ausgangspunkt für deine Entwicklung. Akzeptiere, dass du Bedürfnisse hast. Alle Menschen haben Bedürfnisse. Jedes Opfer hat Bedürfnisse. Sie gehören zu den zentralen Aspekten, die uns zum Opfer machen. Wir wollten ein grundlegendes Bedürfnis wie Aufmerksamkeit befriedigen. Viele dieser Bedürfnisse liegen unter der Ebene bewusster Wahrnehmung verborgen, sind deshalb aber nicht weniger stark. Je mehr Frieden und Ganzheit du erlangst, umso weniger Bedürfnisse hast du und umso größer wird dein Selbstvertrauen.

Am Beginn unseres Lebens sind wir auf die Macht anderer Menschen angewiesen, bis wir lernen, unsere eigene Macht zu nutzen. Wir lernen sie einzusetzen, um unser Verhalten zu steuern und mit äußeren Dingen umzugehen. In dieser Zeit verlassen wir uns auf andere Menschen und Institutionen, um unser Gefühl des Mangels zu kompensieren. Manchmal bedienen wir uns der Desillusionierung, um uns von dieser bedürftigen Ebene der dissoziierten Unabhängigkeit zu lösen. Manchmal steigen wir auch einfach auf die nächste Ebene der wahren Unabhängigkeit auf, die von einem höheren Maß an Selbstvertrauen und Einfallsreichtum geprägt ist. Wenn wir uns für den Weg der Desillusionierung entscheiden, sind Verletzungen die Folge, die sich als Muster in uns aufbauen. Wenn wir auf eine neue Bewusstseinsebene gelangen, sehen wir die Dinge meist aus einer höheren Perspektive. Wir tragen nicht zwangsläufig den Status quo mit und unsere Überzeugungen stimmen auch nicht unbedingt mit dem überein, was unsere Familie, Kirche, Regierung, Schule oder Kultur uns als wahr präsentiert.

Wenn wir den nächsten Schritt gehen, lernen wir, Macht über unsere Emotionen und Bedürfnisse auch ohne Dissoziation oder Aufopferung zu erlangen. Wenn wir zur wahren Partnerschaft mit uns selbst und anderen Menschen gelangen, steigen wir von der dissoziierten Unabhängigkeit auf eine wesentlich höhere Ebene der Antwortfähigkeit auf. Wenn wir lernen, unsere männliche Seite und unsere weibliche Seite in ein Gleichgewicht zu bringen, verpflichten wir uns auf natürliche Weise der Ebenbürtigkeit und wünschen uns Partnerschaft und Teilhabe, statt nur zu bekommen. Dann erlangen wir Macht über unsere Gedanken und die Selbstkonzepte, die unsere Emotionen und unser Verhalten erzeugen. Wir werden zuerst effizient und dann effektiv. Wir erlangen Heilung auf tieferen Ebenen und ein höheres Maß an Selbstvertrauen. Wir erkennen, dass alles eine Folge unserer Entscheidungen ist, auch wenn wir sie unterbewusst getroffen haben. Auf der Zielgeraden gelangen wir auf eine letzte Ebene, die damit zu tun hat, dass wir unsere eigene Macht nicht einsetzen. Wir lernen, uns voll auf den WILLEN GOTTES und auf die Macht des HIMMELS zu verlassen. Wir werden wie die Kinder, um das HIMMELREICH betreten zu können. Wir lassen den HIMMEL für uns entscheiden, weil wir gelernt haben, zwischen der Stimme des Egos und der STIMME der UNIVERSALEN INSPIRATION zu unterscheiden. In *Ein Kurs in Wundern* heißt es, dass unsere Schwäche die Stärke des HIMMELS und unsere Stärke die Schwäche des HIMMELS ist.

Die Macht des HIMMELS ist natürlich die Macht der Wahrheit und der LIEBE, während unsere „sogenannte" Macht in dem besteht, was das Ego angehäuft hat. Wir bauen unser Ego auf, um erfolgreich im Leben und in der Welt bestehen zu können. Im Alter von neunzehn Jahren können wir jedoch beginnen, das Ego wieder aufzulösen, damit wir ein höheres Maß an Erfolg, Kreativität, Dienstbereitschaft und Liebe erlangen können. Das Ego verkörpert dissoziierte Unabhängigkeit, die auf Lügen, Schmerz und Opferdenken aufgebaut ist, und es ist nur auf sich selbst bedacht. Es will sich mit unserem alten Schmerz und mit der Geschichte identifizieren, die wir rund um ihn errichtet haben, um unsere Forderungen und unser Verhalten in der Gegenwart zu rechtfertigen. Das Ego hortet Macht, steht ständig in einem Konkurrenzkampf und sorgt dafür, dass es einzig und allein um uns geht. Wir können unser Ego weiter stärken, aber es macht uns nur starr, reaktiv, selbstsüchtig und selbstherrlich. Wir leben für die Besonderheit. Fast alle Menschen bauen ihr Ego weiter auf, aber dazu müssen wir unser Bewusstsein immer stärker spalten, was immer mehr Trennung und Leiden erzeugt. Das Ego ist immer zwiegespalten, wenn es um unsere Ziele geht, und diese Spaltung hat mit Trennung und dem durch sie verursachten Leiden begonnen. Unsere Zwiegespaltenheit hat zur Folge, dass wir entweder hart arbeiten oder faul sind und kämpfen müssen. Beides sind Abwehrmechanismen, die große Anstrengung von uns verlangen, obwohl wir unsere Ziele tatsächlich müheloser erreichen könnten. Das Ego benutzt Schmerz, Angst und Schuld, um seine Mauern der Trennung zu errichten. Um es zu stärken, brauchen wir Urteile, Groll, Angriff und Selbstangriff. Angriff und Schuldzuweisungen sind der Motor, der das Ego antreibt, auch wenn wir in unserer Wahrnehmung glauben, dass wir derjenige sind, der angegriffen wurde. Diese Verleugnung und unser verborgener Angriff sind der Grund dafür, dass wir leiden, und das ist ein sicheres Zeichen dafür, dass wir aus unserer Mitte geraten sind. Schmerz entsteht durch falsche Wahrnehmung und sie kann korrigiert werden, sodass niemand leiden muss.

Doch selbst wenn wir eklatante Fehler machen, gestaltet der Lehrplan unserer Seele sich so, dass die Stelle, an der wir vom Weg abgekommen sind, zum Teil eines neuen Pfades wird, der uns auf den richtigen Weg zurückbringt. Wenn wir unseren Weg wiederfinden, werden wir zu einem ausgezeichneten Führer für andere, die ebenfalls vom Weg abgekommen sind, denn wir sind in der Lage, den Menschen zu helfen, die versucht sind, ihren Weg zu verlassen. Wenn du die Lektion lernst, können alle, du selbst eingeschlossen, viel Zeit sparen.

Vor etwa zehn Jahren habe ich zusammen mit meiner Frau Lency einen zehntägigen Ausbildungsworkshop auf Hawaii geleitet. Das Thema war Fülle. Als sich herauskristallisierte, welche Themen die Teilnehmer daran hinderten, Fülle zu erleben, wurde überdeutlich, dass sie sich vor ihr fürchteten. Der Aspekt, vor dem sie sich am meisten fürchteten, war für alle eine große Überraschung. Es war die Angst vor Macht. Dieser Workshop lieferte zahlreiche Beweise dafür, wie weit Menschen gehen, um ihre Fülle zu sabotieren – allein aus Angst vor ihrer Macht. Andere Aspekte der Angst vor Macht zeigten sich als Aufopferung, bei der es sich um eine Form vorgetäuschten Gebens handelt, die zwar viele Dinge tut, bei der wir aber nicht von uns selbst geben und auch nicht zulassen, dass wir empfangen.

In jedem Lernstadium lernen wir, uns immer mehr hinzugeben, und auf diese Weise gelingt es uns, unsere Lektionen erfolgreich zu lernen. Lernen wir unsere Lektionen nicht, sind Schmerz oder Abstumpfung die Folge. Dies wird zu einem grundlegenden Merkmal auf unserem weiteren Weg. Wir lernen zudem, in immer höherem Maße zu empfangen. Wenn wir gelernt haben, umfassend zu geben und umfassend zu empfangen, sind wir zu Hause angekommen und wieder umfassend in unser *Wesen* eingesetzt. Unsere Seele erlangt Verwirklichung und wir erkennen uns als unbegrenzten, reinen Geist im EINSSEIN. Wir lernen, dass es zwischen anderen Menschen und uns keinen Unterschied und keine Trennung gibt – ebenso wenig wie zwischen uns und GOTT mit SEINER innewohnenden Macht. Auf dieser Reise tauschen wir die Macht des Egos gegen unsere Gaben ein. Wir tauschen die Hölle gegen den HIMMEL und die Kreuzigung gegen Erlösung ein. Wenn wir nicht lernen, umfassend zu geben und zu empfangen, bleiben wir in Knauserigkeit, der Ursache von Mangel, und im Rückzug, der Ursache von Aufopferung, stecken.

2

Das Spiel des Lebens

Kehren wir noch einmal zurück zum Lehrplan deiner Seele. Stelle dir vor, dein Leben wäre ein Videospiel. Wie gut spielst du das Spiel? Wie weit bist du gekommen? Würdest du sagen, dass es gut läuft? Hast du das Gefühl, das Spiel meisterhaft zu beherrschen, oder bist du nur „ganz gut" darin? Suchst du einen besseren Weg oder Unterstützung oder hältst du dich gerade eben noch über Wasser? Bist du kurz davor, aus dem Spiel auszusteigen? Unabhängig von der Punktzahl, die du dir selbst gibst, ist es auf jeden Fall an der Zeit für unverbrauchte Ideen, für einen neuen Blick auf die Welt. Wenn du neue Dinge lernst, bleibst du jung und dein Geist bleibt beweglich. Was wünschst du dir von deinem Leben? Es wäre hilfreich, jetzt eine Liste zu erstellen. Das mag zwar ein wenig Zeit in Anspruch nehmen, ist aber sinnvoll, weil es dir hilft, deinen Geist zu fokussieren.

Wenn du mit einem Wort sagen könntest, was du im Leben willst, wie würde es lauten? Könntest du es mit einem Satz sagen? Mit drei Sätzen? Erstelle eine Liste der Dinge, die du im Leben willst, und eine zweite Liste mit den Zielen, die du erreichen möchtest. Vergleiche beide Listen. Gibt es Ähnlichkeiten? Erstelle zuletzt eine Liste der Dinge, die du allgemein und konkret zum Leben beitragen willst. Wenn du solche Übungen hasst, nimm dir insgesamt mindestens fünf Minuten Zeit dafür. Es wird sich als hilfreich erweisen. Muskeln baut man durch Widerstand auf und das gilt ebenso für die Muskeln des Geistes. Wie viele Punkte auf deinen Listen sind für dich selbst? Wie viele Punkte sind für deine Familie? Wie viele Punkte sind für dein Ego? Wie viele Punkte sind Dinge, zu denen du dich berufen fühlst? Sie stehen für einen Aspekt deiner Bestimmung, für einen Aspekt dessen, der du in der Welt sein wolltest, und bilden eine eigene Kategorie, die es zu untersuchen gilt.

Ein weiterer wichtiger Bereich, den es zu untersuchen gilt, befasst sich mit der Frage, inwieweit du glaubst, Herr oder Herrin deines Lebens zu sein. Bestimmst du selbst oder bestimmt jemand oder etwas anderes über dein Leben? Kontrolliert dein Ego dich oder hast du die Kontrolle? Hast du die Kontrolle verloren? Inwieweit lässt du zu, dass der HIMMEL die Kontrolle übernimmt? Bist du im Fluss? Läuft dein Leben reibungslos oder eher schwierig? Bewegt sich dein Leben in die von dir gewünschte Richtung? Wovon brauchst du mehr? Bist du unglücklich? Was kann dich deiner Meinung nach glücklich machen? Was kann deiner Meinung nach eine Veränderung bewirken?

Wenn du darauf wartest, dass dein Glück sich wendet, dann kannst du unter Umständen lange warten.

Wer entscheidet über dein Glück? DU!

Wer entscheidet, ob du deine Lebensaufgabe erfüllst und ein erfülltes Leben lebst? DU!

Wer entscheidet darüber, was du wirst und ob du deine Bestimmung lebst, indem du dich zu ihr bekennst und all das bist, was du in der Welt sein wolltest? DU!

Wir leben in einer außergewöhnlichen Zeit und wenn du mutig genug bist, kannst du ein außergewöhnliches Leben führen. Es ist eine Zeit des großen Übergangs hin zu einem besseren Weg und du bist hier, um ein Teil davon zu sein. Erinnerst du dich nicht? Erinnerst du dich nicht daran, wer du in der Welt sein wolltest? Dein Leben wartet auf dich … auf dein wahres Ich. Es braucht nur eine Zutat, um dein Leben in eine positive Richtung zu lenken, und diese Zutat bist DU.

Worauf wartest du? Die Zeit ist *jetzt*. Wie lange musst du auf DICH warten?

DU bist der einzige Mensch, dem es gelingen kann, dein Lebensglück zu finden. Was braucht es dazu? Ganz gleich wie tief das Loch ist, in das du dich eingegraben hast: Der HIMMEL steht hinter dir mit allem, was nötig ist, um dich zu befreien. Alle Menschen, die dich jemals geliebt haben, stehen hinter dir, ob im Körper oder im Geist. Die entscheidende Frage lautet: *Stehst du hinter dir?* Es mag dir nicht bewusst sein, aber auch ich stehe hinter dir. Verstehst du denn nicht? Ich habe dieses Buch für einen einzigen Menschen geschrieben: DICH.

Meine Zeit, mein gesamtes Wissen und all meine Liebe gebe ich hier für DICH. Wir sind alle ein Lichtteilchen des einen reinen Geistes. Lasse mich dir helfen. Spüre meine Gegenwart und meine Unterstützung. Alles, was ich jemals gelernt oder geheilt habe, steht dir hier und jetzt zur Verfügung. Immer wenn du das Buch aufschlägst, immer wenn du seine Gedanken denkst, bin ich für dich da. Wenn dieses Buch *dir* hilft, dann ist es ein Erfolg. Dann hat es seinen Zweck erfüllt und ich habe einen Teil meiner Lebensaufgabe erfüllt. Dann bin ich froh um *deinetwillen*. Lasse diese Worte nicht zu einer Brücke werden, die ins Nirgendwo führt. Lasse dein Leben nicht zu einer Brücke werden, die ins Nirgendwo führt. William Shakespeare hat einmal geschrieben: „Ende gut, alles gut." Selbst am Ende deines Lebens kannst du dich dem Licht zuwenden und dich neu erfinden. Du kannst zu dem werden, der du sein wolltest. Das Licht kann sich in deinem Leben immer stärker ausbreiten, denn wenn du es teilst, nimmt es zu und mehrt dein Glück, egal in welchem Lebensabschnitt du dich befindest.

Wenn du den Entschluss gefasst hast, dein Leben der Kleinheit oder Übertreibung des Egos zu entreißen, kannst du es zurückgewinnen. Du gewinnst deine Zuversicht zurück. Deine Erlösung hängt von dir ab. Der HIMMEL hat seinen Teil beigetragen. Ich habe meinen Teil beigetragen und werde es auch weiterhin tun. Nun ist es an der Zeit, dass du deinen Teil beiträgst. Alle Gaben und alle Wunder, die der HIMMEL dir geschenkt hat, warten noch darauf, dass du sie annimmst.

In diesem Buch dreht sich alles um Ressourcen und im Kern geht es um die größte Ressource in deinem Leben – um *dich*. Du magst es jetzt noch nicht glauben, aber du trägst alles in dir, was du brauchst. Du trägst die QUELLE in dir. Wir alle tragen GOTT in unserem Herzen und natürlich sind wir alle im GEIST GOTTES geborgen. Bei meiner Einweihung zum Kahuna – ein einmaliger Vorgang für einen Nicht-Hawaiianer – übergab meine Kahuna mir als Zugangspforte zu einer langen Abstammungslinie von Kahunas, die ihrer Gemeinschaft gedient hatten, einen Fisch, dessen hawaiianischer Name ebenfalls QUELLE bedeutet – dann hauchte sie den heiligen Atem des Lebens in mein Kronenchakra ein. Es sollte mich daran erinnern, mich immer der QUELLE zuzuwenden und dass diese QUELLE in uns liegt.

Dem Ego ist sehr daran gelegen, dich zurückzuhalten, denn wenn du auf deinem Weg vorangehst, verliert es die

Kontrolle über dich und wird durch deinen Entwicklungsprozess geschwächt. Das Ego ist nicht daran interessiert, dass du glücklich bist, denn wenn du glücklich bist, beginnt es sich aufzulösen, weil es überflüssig geworden ist. Durch Schwierigkeiten, Auseinandersetzungen und Fallen will das Ego deshalb beweisen, dass es unentbehrlich ist. Es hat viele gute Ratschläge, die aber alle nicht zum Erfolg führen. Ein Beispiel ist sein Narzissmus. Es will deine Besonderheit herausstellen und wenn es dieses Ziel nicht durch deine Leistungen und Verdienste erreichen kann, baut es seine Macht durch Opfersituationen, Misserfolg und Unterlegenheit aus. Tatsächlich existiert ein Teufelskreis von Überlegenheit und Unterlegenheit und jeder, der überlegen sein will, ist in der Abwärtsspirale dieses Teufelskreises gefangen.

Wenn ich mit Menschen spreche, die sich nach außen hin überlegen geben, gestehen sie oftmals, dass sie sich insgeheim unterlegen fühlen und andere Menschen mit Herablassung behandeln, um den bohrenden inneren Zweifel zu unterdrücken. Dagegen sind Menschen, die sich nach außen hin unterlegen geben, insgeheim der Auffassung, dass sie besser als alle anderen sind. Ein ähnlicher Teufelskreis existiert auch zwischen Bedürftigkeit und dissoziierter Unabhängigkeit. Der eine ist das Opfer und der andere ist der Kontrolleur. Der eine hat einen Herzensbruch erlitten und der andere will auf seine Weise alle davor bewahren, jemals wieder einen Herzensbruch zu erleiden. Beide sind in der Rolle der Aufopferung gefangen, da keiner von beiden empfangen kann. Du hast zwei Stimmen in dir und du kannst wählen, auf welche Stimme du hören willst. Das ist im Grunde die einzige Wahl, die du hast. Eine Stimme ist die Stimme der inneren Führung, die für den HIMMEL spricht, während die andere Stimme tausend Ideen hat, um dich abzulenken, und nur darauf bedacht ist, dich aufzuhalten, in die Irre zu führen oder zumindest zu verwirren. Das Ego hat dich in viele Panzer oder Schichten der Dissoziation gehüllt und dich in ein Gefängnis gesperrt, das Nähe, echten Erfolg, Empfangen, wahre Bedeutung und Freude verhindert. Es sperrt dich mit dem Schmerz ein, statt dich von ihm zu befreien.

Je älter ein Mensch wird und je größer seine Enttäuschung ist, umso größer ist auch die Todesversuchung. Dieses Buch soll dir zeigen, was dich wirklich glücklich macht und wie du es erreichen kannst. Dein Glück ist deine Freude. Es ist deine Liebe. Es kommt daher, dass du hilfst und Heilung erlangst. Es kommt daher, dass du die Vergangenheit loslässt. Es ist deine Vergebung. Glück und LIEBE sind das Wesentliche, nicht die Religion oder ihr Gegenteil, der Autoritätskonflikt, der gegen die Religion rebelliert. Alle Selbstkonzepte, die du erschaffen hast, haben dich in das Gefängnis der Zeit gesperrt. Das Ego ist mit diesem Maß an Trennung aber nicht zufrieden und erschafft immer weitere Selbstkonzepte. Jedes weitere Selbstkonzept verstärkt den Panzer der Selbstidentität um eine zusätzliche Schicht und schneidet dich von anderen Menschen, von dir selbst und vom Fluss ab. Dieser FLUSS – oder das TAO – soll dich zum EINSSEIN zurückbringen. Je mehr du im Fluss bist, umso glücklicher fühlst du dich und umso mehr hast du das Gefühl, dein bestes Selbst zu sein. Der FLUSS wurde gesandt, um dich zu retten, als du dich verirrt hattest. Es spielt keine Rolle, welchen Namen du ihm gibst: FLUSS, TAO, HEILIGER GEIST, UNIVERSALE INSPIRATION. Er ist deine Fahrkarte nach Hause. Er hat die Antworten, die du brauchst, und er gibt sie dir, wenn du ihn einfach darum bittest.

Du gelangst nicht durch den Tod – den großen Schlaf – nach Hause, sondern durch das Erwachen. Je lebendiger du wirst, umso müheloser wird das Leben, weil du im Fluss bist. Je wohlmeinender das Leben ist, umso mehr lässt du zu, dass alles durch dich geschieht. Je strahlender und großzügiger du wirst, umso mehr erlaubst du dir zu empfangen, und deine Effektivität wächst ebenso wie deine Fähigkeit, eine Beziehung zu anderen Menschen herzustellen. Du erkennst, dass das, was Bestand im Leben hat, die Liebe ist, die du gibst und empfängst. Das Leben wird zu einem Abenteuer. Du kehrst zu einem immer höheren Maß an Ganzheit zurück. In jedem Stadium des Wachstums, das du meisterst, lernst du die mit diesem Stadium verbundene Lektion und steigst zum nächsten Stadium auf. Jedes Stadium bringt größere Herausforderungen mit sich, denn alles andere würde dich langweilen. Mit jedem Stadium wächst dein Potenzial. Du gewinnst Gaben und Anteile deines Bewusstseins zurück, die du dort verloren hast, wo du ein Opfer warst, die du aber insgeheim benutzt hast, um unabhängiger zu werden.

Nun bist du im Begriff, dich auf die innere Reise zu begeben. Wenn du erfolgreich bist, wirst du dich verändern. Du wirst mehr du selbst. Du erlangst ein höheres Maß an Ganzheit. Du brauchst weniger und gibst mehr. Deine Einsamkeit löst sich auf und das hat zur Folge, dass du in höherem Maße empfangen kannst. Du gewinnst dein Herz zurück und wenn du dich in ausreichendem Maße erneuert hast, hilfst du nicht mehr nur dir selbst, sondern auch anderen Menschen. Schließlich erkennst du, dass du gekommen bist, um eine Veränderung in der Welt zu bewirken, und dass du nicht nur die Vision und die Gaben besitzt, um es zu tun, sondern auch Zugang zu der Gnade hast, die du brauchst. Du trägst die Welt in dir. Du kannst dein Denken über sie ändern und das führt dazu, dass sie Heilung erlangt. Wenn du deine Reise der Heilung fortsetzt, wirst du andere Menschen finden, die mit dir gehen, und du wirst erkennen, dass du gesegnet bist als GOTTES kostbares Kind.

3

Das Alltagsbewusstsein, das Unterbewusstsein und das Unbewusste

Das Unbewusste

Das Unbewusste ist das Seelenbewusstsein. Man kann auf der Ebene des Unbewussten mit Mythen, Geschichten, Symbolen und Metaphern arbeiten. Ich benutze Metaphern, die in der praktischen Anwendung eine heilende Wirkung entfalten. Diese tiefste Bewusstseinsebene ist meiner Auffassung nach in *Ein Kurs in Wundern* und im Buddhismus am besten dargestellt. Weitere Einblicke habe ich zudem in tiefen Heilungssitzungen erhalten.

Ich glaube, dass wir das EINSSEIN und die damit verbundene Erfahrung des HIMMELS verlassen haben, weil wir besonders sein wollten und weil wir Gott in unserer eigenen Welt sein wollten. Wir haben auf die Stimme des Egos gehört und versucht, dieses Ziel durch Trennung zu erreichen. Das hat großes Leid, Schuld und Angst verursacht, aber wir haben auch Selbstkonzepte erschaffen. Wir haben uns vom Licht und von den Gaben, die uns angeboten wurden, abgewandt und sind nach unserem Fall aus dem EINSSEIN weiter gefallen. Das hat zu zerschlagenen Träumen und dunklen Nächten der Seele geführt. Wir haben den Schmerz dissoziiert und den schmerzenden Anteil abgeschnitten. Diese Bewusstseinsanteile waren sehr mächtig. Wir haben sie verurteilt und sie wurden dunkel und schienen ein eigenes Bewusstsein zu haben. Sie wurden zu dem, was wir als Dämonen, Teufel und dunkle Götter bezeichnen. Manchmal hatte es den Anschein, als würden sie uns angreifen, aber in Wahrheit wollten sie nur den Weg nach Hause finden. Diese Bewusstseinsanteile können äußerst toxisch und furchteinflößend erscheinen, sind in Wirklichkeit aber nur Anteile unseres uralten Egos. Als sich genug fragmentierte Anteile in uns angesammelt hatten, wurden sie „ausgespuckt“ und erschufen zuerst die materielle Welt und dann einen Körper, um das Ego zu beherbergen. Wir fingen an, ein materielles Leben zu leben, obwohl der einzige Ausweg nach innen führt. Es ist der einzige Weg nach Hause.

Unser fortgesetzter Fall und unsere falschen Entscheidungen waren Teil unseres Autoritätskonflikts, in dem wir GOTT die Schuld an unseren Fehlern gegeben haben. Als wir anfingen, uns als Körper zu identifizieren, der ein rein äußeres, materielles Leben führt, verloren wir immer mehr das Bewusstsein dafür, dass wir Liebe, Licht und der unbegrenzte, reine Geist sind, als der wir nach GOTTES Ebenbild geschaffen wurden. Wir kamen aus der HIMMLISCHEN Welt in eine materielle Welt, jeder mit einem eigenen Körper, um zu beweisen, dass wir wirklich getrennt waren. Im Bewusstsein entstand daraus eine Ebene des Geistes, die von falscher Einstellung und Halsstarrigkeit, Anhaftung an die äußere Welt und dem Autoritätskonflikt erfüllt war. Doch unter dieser Aufsässigkeit liegen große, seltene und mächtige Gaben verborgen, die zur Heilung der kollektiven Ebene beitragen können. Das Unbewusste birgt Dunkelheit, vergangene Leben, Ahnenmuster, die Höllenwelten und die persönlichen Höllen. Es birgt das Reich zorniger Geister und das Reich hungriger Geister. Es birgt Emotionen aus Primärprozessen, die uns in die Knie zwingen, weil es keinen natürlichen Abwehrmechanismus dagegen gibt. Das Unbewusste birgt Dualismus, die großen Kriege und Dichotomien. Es birgt Prüfungen auf der Meisterschaftsebene und auf der schamanischen Ebene. Es birgt Bedeutungslosigkeit, Wertlosigkeit sowie Orte von Hass und Selbsthass. Es birgt die tiefsten Schattenfiguren. Es birgt dunkle Geschichten und Verschwörungen, die so gut eingefädelt sind, dass es keinen Ausweg zu geben scheint. Es birgt unterbewusste und unbewusste Konflikte, die in Form von Krankheiten und Verletzungen in den Körper verlagert werden. Zugleich ist es ein Ort der Transzendenz, der Wunder, weltverändernder Gaben, des tiefen Friedens, des HIMMELS auf Erden, spiritueller Schau, einer schöpferischen menschlichen Schau, die es der positiven Zukunft ermöglicht, in der Gegenwart den Weg zu weisen, oder der Gnade, die GÖTTLICHE LIEBE ist. Das Unbewusste birgt unsere Lebensaufgabe und unsere Bestimmung. Es birgt übersinnliche Gaben und die Möglichkeit, den Körper zu überschreiten. Wir sind viele tausend Jahrtausende lang gefallen, aber nun scheint es, dass wir einen bestimmten Wendepunkt erreicht haben und wieder auf das Licht zusteuern. Es mag ebenso lange dauern, bis wir zum EINSSEIN zurückgelangen, und vielleicht sogar noch länger, bis wir in die Ewigkeit zurückkehren, deren Teil wir sind. Derzeit kommen auf der kollektiven Ebene starke, uralte Gifte an die Oberfläche. Dennoch ist dies für uns persönlich und auch auf der kollektiven Ebene eine

Zeit großer Chancen, wenn wir erkennen, dass Heilung der Zweck der Welt ist, damit wir Liebe und Freude als Lebensweise verwirklichen können. Unser Unterbewusstsein ist als ein Abwehrmechanismus gegen das Unbewusste entstanden, das mit Dämonen, Drachen und Schätzen gefüllt ist. Alle diese Dinge tragen wir in unserem eigenen Geist. Wenn wir lernen, unsere Gaben, unsere Lebensaufgabe und unsere Bestimmung anzunehmen, und wenn wir lernen, uns partnerschaftlich mit dem HIMMEL zu verbinden, um Heilung zu erlangen und Wunder zu bewirken, werden sowohl unser Lernprozess als auch unsere Heilung und unser Aufstieg ganz wesentlich beschleunigt. Wenn du dich in das vom Geist des Egos bestimmte Unterbewusstsein und Unbewusste wagst, denke daran, dass du nicht nur den HIMMEL in dir trägst, sondern auch alle *Wesen*, die zum EINSSEIN gelangt sind, zum Gewahrsein ihrer selbst als SEIN. Sie reichen alle zu uns herab, um uns zu helfen. Jeder, der das innere Licht und das EINSSEIN erreicht hat, ist auch ein Teil unseres eigenen Geistes. Buddha, Kuan Yin, Mutter Maria, Christus und viele andere sind hier, um uns als liebende ältere Brüder und Schwestern zur Seite zu stehen. Dieses Leben ist eine wunderbare Chance und ein großes Abenteuer. Erlaube dir, so viel zu lernen und ein so hohes Maß an Heilung zu erlangen, dass du beim nächsten Mal auf einer wesentlich höheren Ebene des Glücks, der Macht und der Gnade zurückkehrst.

Dieses Buch soll dir helfen, ganz gleich aus welchem Grund du es liest. Es soll wichtiger für dich sein als jedes Problem, jedes Thema, alle Verzweiflung und alles Schwelgen.

Das Unterbewusstsein

Während meiner Zeit am Drogenrehabilitationszentrum der Marine in San Diego in den 1970er Jahren wurde unser Therapiebudget gekürzt. Unser 120-Tage-Programm, das die besten Rehabilitationsergebnisse weltweit erzielt hatte, wurde zuerst auf 90 Tage und dann auf 75 Tage reduziert. Ab diesem Punkt wurden die Ergebnisse schlechter. Als das Programm schließlich auf nur fünfzehn Tage für die Therapie und fünf Tage für die Wiedereingliederung ins Militär zusammengeschnitten wurde, kamen alle am Rehabilitationszentrum arbeitenden Zivilpsychologen zusammen, um sich zu beraten, denn für die jungen Soldaten hieß es nun: „Überwinde deine Probleme rasch oder gib auf."

Ich machte den Vorschlag, eine Reihe von Workshops als Ergänzung zu den täglichen Gruppensitzungen und gelegentlichen Einzelsitzungen durchzuführen. Im Workshop würden die Teilnehmenden ein bestimmtes Prinzip lernen, gefolgt von einer therapeutischen Übung und einem daran anschließenden Austausch. Ich sagte zu, die ersten viereinhalb Tage der Workshops für die neuen Matrosen und Marinesoldaten zu übernehmen, die zu uns kamen, um an ihrem Drogenproblem zu arbeiten. Nach einer Weile boten die anderen Therapeuten von sich aus an, einen halben Tag zu übernehmen. Am Ende ihres Rehabilitationsprogramms wurde dann eine Empfehlung ausgesprochen, ob die Matrosen und Marinesoldaten in den Militärdienst zurückkehren oder entlassen werden sollten. Anfangs waren alle sehr abweisend. Es war nicht ihr Problem, sondern das ihres Kommandeurs, oder das

Militär selbst war das Problem. Die Gruppe der Drogenabhängigen im jungen Erwachsenenalter galt zur damaligen Zeit als besonders therapieresistent.

In diesen kurzen Workshops stellte ich bald fest, dass es eine Sache gab, die den jungen Männern wichtiger war als ihr Widerstand, ja sogar wichtiger als ihr Verlangen danach, Drogen zu konsumieren. Es war der Wunsch nach Selbsterkenntnis. Auf einfache, aber dennoch tiefgehende Weise erläuterte ich, warum Menschen taten, was sie taten, sprach über Eigenverantwortung und darüber, dass es darum ging, die Verantwortung für ihr Leben zu übernehmen. Mit dem Thema der Eigenverantwortung tauchten wir tief ins Unterbewusstsein ein. Es zeigte, dass die Wurzeln ihres Verhaltens in ihren Emotionen lagen und dass ihre Emotionen von ihren Gedanken und Glaubenssätzen herrührten. Ich zeigte ihnen, wie sie die Vergangenheit umprogrammieren konnten, um sich in der Gegenwart von Stress zu befreien. Manche leisteten Widerstand, aber die meisten waren fasziniert und zumindest bis zu einem gewissen Grad bereit, sich einzulassen. In meinen Kursen erfuhren sie viele Dinge, die ihnen bisher verborgen gewesen waren, beispielsweise darüber, wie Ahnenmuster zu Familienmustern wurden. Die jungen Männer waren zwischen 18 und 21 Jahre alt, mussten sich aber bereits mit chronischen und schmerzhaften Familienthemen auseinandersetzen. Bereits vor der Beschneidung der Therapiezeiten und der Verschlechterung unserer Erfolgsstatistiken hatte ich begonnen, psychotherapeutische Kurzzeitmodelle zu untersuchen. Ich fand heraus, dass die wirksamste Form der Motivation darin bestand, den jungen Männern etwas über sich selbst mit auf den Weg zu geben, das von Wert war und ihr Leben verändern konnte.

Die Tatsache, dass es das Unterbewusstsein und das Unbewusste gibt, bedeutet, dass dir viele Dinge, die in deinem Leben vor sich gehen, gar nicht bewusst sind. Der Anteil, den dein Ego vor dir verbirgt, ist weit größer als der Anteil, dessen du dir bewusst bist. Alles, was verborgen ist, entmächtigt dich, denn du triffst Entscheidungen, obwohl dein Wissen darüber, was in deinem Leben wirklich vor sich geht, noch nicht einmal zehn Prozent beträgt. Aus diesem Grund kennst du nicht das ganze Bild. Du kennst noch nicht einmal das halbe Bild. Schuldzuweisungen, Urteile und Schuld entspringen diesem verschütteten Bereich des Bewusstseins ebenso wie Herzensbrüche, Niederlagen und Versagen, Mangel in allen Bereichen und Krankheit. Willst du wichtige Lebensentscheidungen mit so wenig Wissen darüber treffen, was wirklich geschieht? Wenn du alles, was in deinem Unterbewusstsein verborgen liegt, entdecken und zutage fördern würdest, dann wüsstest du, dass es in deinem Leben niemanden gibt, der schuldig ist, noch nicht einmal du selbst. Wenn alle Menschen in deinem Leben unschuldig wären, dann hättest du keine Probleme und wärest mehr oder weniger frei von Angriff und Selbstangriff. Sobald das, was im Unterbewusstsein verborgen liegt, ans Licht kommt, erkennst du, dass du die Verantwortung für jede Entscheidung trägst, die du in deinem Leben getroffen hast. Mit der Unterscheidungsfähigkeit und dem Wissen des Unbewussten kannst du dann auch den Einfluss von Ahnenmustern, Seelenmustern und kollektiven Mustern auf dein Leben erkennen. Sobald die tieferen Bewusstseinsschichten zur Oberfläche aufsteigen, kommen auch deine Lebensaufgabe, deine Bestimmung und viele hundert Gaben wieder zum Vorschein, die du vor dir selbst verborgen hast, weil du Angst hattest, dein

Licht leuchten zu lassen. Wenn du aufdeckst, zu welchem Zweck sich das Ego insgeheim deiner Probleme bedient, dann erkennst du das heilige Versprechen deiner Lebensaufgabe, die durchscheint und nicht nur dich, sondern auch andere Menschen ermächtigt. Sowohl deine menschliche als auch deine geistige Bestimmung werden dann sichtbar. Du erkennst, dass Heilung möglich ist, weil alle Probleme, aller Schmerz und alle Fallen nur Illusionen sind, in die du nicht zu investieren brauchst. Das bedeutet, dass aller Schmerz in deinem Leben ein Fehler war und ist. Das kannst du jetzt ändern, denn solange du dich an den Schmerz erinnern kannst, beeinflusst er dein Leben. Natürlich hast du Schmerz im Leben erfahren, aber es ist nicht notwendig, ihn weiterhin zu fühlen. Sage dir immer wieder: „Es muss einen besseren Weg geben." Damit gibst du deinem höheren Bewusstsein die Macht, diesen besseren Weg zu finden. Du hast ein schöpferisches Bewusstsein, das mit dem HIMMEL verbunden ist, und das ist alles, was du brauchst.

Das Ego hat unser Bewusstsein und damit unser Leben gekapert. Ein Blick ins Unterbewusstsein offenbart, dass alle negativen Ereignisse und alle großen Themen in unserem Leben vom Ego eingefädelt wurden. Das muss aber nicht so bleiben. Willst du dein Leben nicht zurückerlangen? Willst du nicht die Chance haben, glücklich und erfolgreich zu sein? Was braucht es, damit du freudvoll sein und dein Leben dort zurückgewinnen kannst, wo das Ego sich in dein Bewusstsein geschlichen hat? Was dich unglücklich macht, kommt von deinem Ego. Was dich unglücklich macht, sind die Fehler, die du im Namen des Egos begangen hast, das Angriff, Selbstangriff, Kampf, Schmerz, Schuld, Krankheit, Probleme und andere schmerzhafte Emotionen liebt, damit es sich trennen und seine Macht ausbauen kann. Das bringt dir Schuld und Angst ein und es erhält deine Bedürfnisse – vor allem nach Besonderheit – aufrecht. Das Ego strebt nach Beherrschung und Unterwerfung, nicht nach der Ebenbürtigkeit, die Partnerschaft und Nähe mit sich bringt. Es will, dass du in der Opferrolle, in Aufopferung oder in dissoziierter Unabhängigkeit gefangen bist. Doch stattdessen könntest du erfolgreich sein und die wahre Liebe finden. Du könntest glücklich und gesund sein. Du könntest deine Lebensaufgabe leben und deine Bestimmung annehmen. Was willst du? Stelle dir immer wieder diese Frage: „Was will ich?" Sie klärt deinen Geist und bewirkt, dass du die schmerzhaften und falschen Pläne deines Egos loslässt, die dich daran hindern, das zu tun, was du wirklich tun willst. Wenn du dich immer wieder für das Leben entscheidest, setzt du die Orte außer Kraft, an denen das Ego dich dazu bringen will, dich für Schmerz, Dunkelheit und Tod zu entscheiden. Das ist nicht die Richtung, in die du gehen solltest. Weder der Weg selbst noch das böse Erwachen an seinem Ende werden dich glücklich machen. Strebe nach Glück. Entscheide dich für das Glück. Wünsche es dir von ganzem Herzen. Erhebe Anspruch darauf. Erbitte es vom HIMMEL, der dir Glück und einen Ausweg aus deinen gegenwärtigen Schwierigkeiten schenken will. Schwierigkeiten sind ein sicheres Zeichen dafür, dass du versuchst, alles selbst zu tun. Das verstärkt deinen Stress, bringt dir aber nur wenig Erfolg ein.

Bitte stattdessen um Gnade. Bitte auch dann darum, wenn du nicht an Gnade glaubst. Du hast nichts zu verlieren. Willst du recht haben oder willst du glücklich sein? Bist du bereit, im Unrecht zu sein, wenn du einen Fehler gemacht hast, der berichtigt werden kann, damit du glücklich sein kannst? Natürlich willst du glücklich sein, wenn du deinem wahren Willen folgst. Dein höheres Bewusstsein will, dass du glücklich bist. Der HIMMEL will, dass du glücklich bist. Dein Ego will genau das nicht. Was willst du? Worin willst du deine Energie und dein Leben investieren? Entscheidest du dich für den schweren Weg, um etwas zu tun? Oder entscheidest du dich für den mühelosen Weg und erlaubst der Gnade, es durch dich und für dich zu tun? Du hast die Wahl. Auf deinem weiteren Entwicklungsweg wirst du lernen, dass deine heimlichen Entscheidungen die gegenwärtige Lage herbeigeführt haben. Zweifellos hat das Ego diese Entscheidungen befürwortet, aber es gibt einen besseren, einen weit besseren Weg. Eine der wichtigsten Lebenslektionen besteht darin, dass du lernst, zwischen der Stimme des Egos und der Stimme deines höheren Bewusstseins zu unterscheiden. Es hilft dir, den Unterschied zwischen der Entscheidung für den HIMMEL und der Entscheidung für die Hölle zu erkennen. Wenn du lernst, welche Macht deinen Entscheidungen innewohnt, kannst du sie dir bewusst machen, ehe du sie im Bruchteil einer Sekunde triffst und sofort verdrängst. Außerdem kannst du unterbewusste Entscheidungen zutage fördern und ändern, indem du dich der Wahrheit bedienst, die dich führt und befreit.

Das Unterbewusstsein enthält alles, was du seit deiner Zeugung vor dir selbst verborgen hast. Werkzeuge wie Hypnose oder deine Intuition können dir helfen, diese verborgenen Dinge aufzuspüren. Ich habe eine Ausbildung in Hypnose, aber nachdem ich entdeckt hatte, wie mühelos wir mithilfe unserer Intuition zur Wurzel des Problems vordringen können, habe ich die sogenannte „Intuitive

Methode" entwickelt. Sie hat sich als sehr effektiv erwiesen und du kannst sie nutzen, um deine Antworten zu erhalten. Ein wichtiger Grundsatz, den du dir merken solltest, lautet, dass das Ego aus Schuld und Schuldzuweisungen besteht. Wenn es niemand anderen beschuldigen kann, versucht es, dich zu beschuldigen. Beides ist unwahr und das würdest du erkennen, wenn du das Unterbewusstsein in seiner gesamten Tiefe sehen könntest. Wenn du dich schlecht fühlst, fühlst du dich immer auch schuldig. Das Ego fügt jeder Emotion, die du fühlst, Schuld hinzu, aber Schuld entspricht nicht der Wahrheit und kann darum geheilt werden. Wir benutzen sie, um uns selbst anzugreifen, statt uns unserer Angst zu stellen und den nächsten Schritt zu gehen. In *Ein Kurs in Wundern* heißt es: „Das muss nicht sein. Ich könnte stattdessen Frieden sehen." Wenn du diese Worte in schmerzhaften Situationen oder bei Problemen immerzu wiederholst, werden sie schließlich Schicht um Schicht abgetragen.

Das Unterbewusstsein und das Unbewusste beherrschen dein Leben und sie schlagen eine andere Richtung ein als dein Alltagsbewusstsein, denn sonst müsste dein Ego diese Tatsache nicht vor dir verbergen. Wir brauchen das Ego nur bis zum achtzehnten Lebensjahr, um in der Welt zurechtzukommen, aber auch danach hat es uns in seiner Gewalt. Wenn du ein Opfer bist, bestimmt das Ego dein Leben. Wenn du dissoziiert und unabhängig bist, bestimmt das Ego dein Leben. Wenn du dich aufopferst, bestimmt das Ego dein Leben. Ist es das, was du willst? Was willst du? Wenn das, was im Unterbewusstsein und im Unbewussten verborgen ist, ans Licht kommt, kannst du andere Entscheidungen treffen und dadurch dein Ego auflösen, sodass du zurücktrittst und der HIMMEL in höherem Maße präsent ist. Das Ego ist auf Schmerz, Schuld und Ungerechtigkeit aufgebaut. Das Ego ist das Prinzip der Trennung und die Wurzel allen Schmerzes und aller Probleme. Das Ego erzeugt Konflikte, weil es dein Bewusstsein spaltet, und deine inneren Konflikte haben äußere Konflikte zur Folge. Wenn du diese verborgenen Entscheidungen wieder zutage förderst, erlangst du deine Macht zurück. Die Heilung deines gespaltenen Bewusstseins lässt Frieden, Ganzheit und die Zuversicht entstehen, dass du in allen Bereichen erfolgreich sein kannst.

Überall dort, wo du keinen Erfolg hast, ist dein Bewusstsein gespalten, und das macht dir Angst. Du kannst es ändern. Einzig deine Angst hält dich vom Erfolg fern. Sie entspringt der Trennung, die mit der Spaltung deines Bewusstseins begonnen hat. Du hast Angst, mit der Veränderung oder dem nächsten Schritt nicht umgehen zu können. Dies ist eine der Wurzeln aller Probleme. Die folgenden Punkte können dir helfen, deine Angst aufzugeben.

1. Denke daran, WER mit dir geht.
2. Gehe den nächsten Schritt.
3. Bringe Verbundenheit, wo Trennung herrscht.
4. Integriere das, was du willst, mit dem verborgenen Anteil, der Angst hat, seine Unabhängigkeit zu verlieren, wenn du Erfolg hast.
5. Vertrauen heilt Angst. Es ist die Kraft deines Geistes, die du positiv und nicht negativ einsetzt.
6. Verpflichtung heilt Angst.
7. Liebe heilt Angst.
8. Vergebung heilt Angst.
9. Loslassen von Anhaftungen heilt Angst.

10. Akzeptanz heilt Angst, weil sie dich über den Punkt hinausbringt, an dem du feststeckst.
11. Angst wird geheilt, wenn du einem anderen Menschen hilfst und die helfende Energie durch die negative Emotion hindurchleitest.
12. Gnade und Wunder zu empfangen heilt Angst.
13. Du trägst eine Seelengabe in dir, die das perfekte Gegenmittel gegen deine Angst ist. Du musst sie nur öffnen.
14. Bereitschaft zur Veränderung heilt Angst.
15. Geben und Empfangen heilt Angst.
16. Vollkommene Selbsthingabe heilt Angst.

Du glaubst, Glück sei davon abhängig, was gerade geschieht. Das ist es nicht. Es war und ist weiterhin von den Entscheidungen abhängig, die du triffst.

Was willst du? Glück bringt dich in einen Fluss hinein, der zu mehr Glück führt. Übe zu lächeln. Es ist eine Entscheidung. Es ist das, was du der Welt schenkst, und Glück gehört zu den besten Geschenken, die du machen kannst. Wenn du nicht glücklich bist und glaubst, dass du dich auch nicht dafür entscheiden kannst, glücklich zu sein, dann entscheide dich dafür, Heilung zu erlangen. Verpflichte dich deiner eigenen Heilung. Wünsche dir Heilung und Ganzheit aus tiefstem Herzen. Es ist das, was der HIMMEL für dich will. Bitte darum. Erhebe Anspruch darauf. Ganzheit ist der Zustand, in dem du geschaffen wurdest. Liebe ist der Zustand, in dem du geschaffen wurdest. Unser Ego hat uns davon abgetrennt, aber er ist unser Wesenskern und wir können zu ihm zurückkehren. Der Rest ist nur eine Illusion des Egos. Wenn du dich immer wieder für das Glück entscheidest, egal wie sich eine Situation darstellt, dann wendest du dich allmählich in diese Richtung und lässt all deine falschen Entscheidungen hinter dir.

4

Sieben Prinzipien, die dein Leben verändern

Ich möchte in diesem Kapitel einige Grundsätze mit dir teilen, die ich im Laufe der Jahre gelernt habe und die mir als Leitfaden für mein eigenes Leben gedient haben. Es sind Prinzipien, die ich oft in Heilsitzungen und Workshops nutze und die es bereits vielen Menschen ermöglicht haben, den nächsten Schritt auf ihrem Weg hin zu positiver Veränderung und zu einem glücklicheren Leben zu gehen. Ich teile sie mit dir in der Hoffnung, dass sie auch dir helfen mögen, durch Veränderung auf einen besseren Weg zu gelangen. Einige dieser Ideen mögen „verrückt" erscheinen, weil sie so völlig anders sind als der Blick, den die meisten Menschen auf die Welt haben. Sie sind aus meiner Arbeit mit dem Unterbewusstsein und dem Unbewussten entstanden. In den letzten fünfundfünfzig Jahren habe ich viele Möglichkeiten entdeckt, die verborgenen und oft erstaunlichen Orte unseres Bewusstseins zu erforschen. Manche dieser Methoden sind ausgesprochen einfach. Die hier vorgestellten Grundprinzipien werden in den folgenden Kapiteln vertieft. Tatsächlich könnte man sagen, dass sie einen großen Teil des Wissens darstellen, das ich anzubieten habe und das ich in meinen Büchern, meinen Workshops und in meinem Leben in vielen Variationen wiederholt habe. Und da wir geistige Wesen sind, die eine menschliche Erfahrung machen, müssen wir unsere Lektionen oft wiederholen und uns ihnen aus unterschiedlichen Blickwinkeln nähern, damit wir endlich die Gaben empfangen können, die sie uns anzubieten haben.

Die schwierigsten Lektionen, die ich schließlich lernte, waren die, die ich für mich selbst am nötigsten brauchte. Als ich sie gelernt hatte, fiel es mir nicht mehr schwer, auch anderen Menschen in diesen Bereichen zu helfen. Meine Beziehungsprobleme waren immer besonders verworren. Zu den wichtigsten Dingen, die ich gelernt habe, gehört, dass Probleme und Schmerz eine Illusion sind und deshalb geheilt werden können. Wir leiden meist unter Problemen, weil sie so real erscheinen, aber wenn die Wahrheit ans Licht kommt, fallen die Illusionen fort. Viele Lektionen habe ich durch die Heilung von Dingen gelernt, die wir vor uns verbergen, im Unterbewusstsein vergraben und dann vergessen. Wir vergessen sogar, dass wir sie vergessen haben. Ich habe herausgefunden, dass Schmerz, Traumen und Probleme fast immer herbeigeführt werden, weil wir unserer Lebensaufgabe aus dem Weg gehen wollen, die uns zu groß erscheint, sodass wir glauben, sie nie und nimmer erfüllen zu können. Doch wenn wir vertrauen und uns partnerschaftlich mit dem HIMMEL verbinden, wird das, was wir für unmöglich gehalten haben, nicht nur möglich, sondern leicht.

1. Schmerz aus der Vergangenheit kann in der Gegenwart geheilt werden

Aller Schmerz kommt aus der Vergangenheit und kann in der Gegenwart geheilt werden, vor allem, wenn wir das Missverständnis an der Wurzel des Problems auflösen, das die Verbundenheit zerstört hat. Hinter jedem Problem steht eine schmerzhafte Trennung, die ein Missverständnis ist und unseren Groll gegen einen anderen Menschen verbirgt, der unserer Meinung nach dafür gesorgt hat, dass wir leiden. Doch der Groll verbirgt nur unsere eigenen Schuldgefühle, die daher rühren, dass wir uns selbst die Schuld für das geben, was wir verurteilt und auf andere Menschen projiziert haben, so als hätte es kein heimliches Einvernehmen gegeben. Wir haben die Opfersituation, in der wir gelitten haben, benutzt, weil wir Angst vor dem nächsten Schritt hatten. Wir haben uns außerdem für eine Schuld bestraft, die letztlich eine Illusion war. Wir waren in einem Konflikt gefangen, in dem andere Menschen unsere unbewussten Schatten und Selbstkonzepte in einem Film ausagiert haben, dessen Figuren wir in der Vergangenheit selbst einmal waren. Er war Teil des Selbstangriffs, den wir in uns tragen. Selbstangriff ist für alle Menschen das größte Problem. Das Opferereignis war aber nicht nur ein Selbstangriff, sondern auch ein Akt der Rache, der unter anderem gegen die an der Situation beteiligten Menschen, unsere Eltern, unsere früheren Partner und GOTT gerichtet war. Verletzungen und Probleme sind Teil eines Machtkampfs und eines Autoritätskonflikts mit wichtigen Bezugspersonen in unserem Leben. Sie sind ein Wutanfall, weil wir eine Anhaftung oder einen Götzen verloren haben, etwas, wovon wir glaubten, es würde uns glücklich machen. Wir haben einen anderen Menschen oder eine äußere Sache verloren, den oder die wir zu brauchen glaubten. Das hatte zerschlagene Träume zur Folge.

2. Statt stecken zu bleiben, können wir heilende Entscheidungen treffen

Ich habe herausgefunden, dass wir unmittelbar vor einem Opferereignis eine Wahl haben, und unser Schmerz zeigt, dass wir die falsche Wahl getroffen haben. Wir haben die Wahl, uns klein zu machen, vor unserer Lebensaufgabe davonzulaufen, uns zu trennen und zu leiden oder unser Licht leuchten zu lassen und uns für die Gabe zu entscheiden, die wir mitgebracht haben, um die Situation und die daran beteiligten Menschen zu retten. Dass wir an einer Wegkreuzung die falsche Wahl getroffen haben, erkennen wir an dem Schmerz, der uns darauf hinweist. Weil wir uns falsch entschieden haben, haben wir den Schmerz des sogenannten „Täters" übernommen, den zu retten wir versprochen hatten. Stattdessen haben wir das Ereignis benutzt, um uns zu trennen, andere Menschen zu beschuldigen, die Selbstkonzepte des Egos zu stärken und später mit Stress und Schmerz zu bezahlen. Im Nachhinein haben wir die Wahl, ob wir das Ereignis als Lernmöglichkeit und zur Heilung oder aber für das Streben des Egos nach Besonderheit nutzen wollen, um Aufmerksamkeit – im positiven oder im negativen Sinn – zu erlangen. Aller Schmerz, aller Stress und alle Probleme rühren daher, dass die Vergangenheit unsere gegenwärtigen Themen erschafft. Diese Themen zeugen von einer Angst vor Veränderung und von der Unwilligkeit, die Vergangenheit durch eine wahrhaftigere Brille zu sehen. Wenn wir uns für die Heilung entscheiden, können dunkle Ereignisse uns sowohl eine Seelengabe offenbaren, die auf uns gewartet hat, als auch eine Gabe des HIMMELS, die die Situation umfassend heilen und unsere Verbundenheit wiederherstellen kann. So können wir nicht nur unser Seelenversprechen erfüllen, andere an dieser schmerzhaften Situation beteiligte Menschen zu befreien, sondern auch unser Versprechen an uns selbst, glücklich zu sein.

3. Unterbewusste und unbewusste Muster verstehen und heilen

Das Unterbewusstsein birgt alle Erfahrungen in sich, die wir von unserer Zeugung bis zum gegenwärtigen Moment gemacht und vor uns selbst verborgen haben. Das Unbewusste birgt die Folgen aller Fehler in sich, die wir vom Fall aus dem Zustand des EINSSEINS bis zu unserer Zeugung gemacht haben. Dazu gehören auch Ahnenmuster und „frühere" Leben, bei denen es sich um Mythen, Geschichten und Legenden handelt, die wir benutzt haben, um die Reise unserer Seele mit ihren Lektionen und Fehlern bis zum heutigen Tag zu beschreiben.

Das Unbewusste birgt auch ein Stadium der falschen Geisteshaltung, in dem wir in unserem Autoritätskonflikt mit anderen Menschen und mit GOTT gefangen sind. Darüber hinaus gibt es das kollektive Unbewusste, das Muster erzeugt, die auf persönlicher und globaler Ebene aufbrechen. Wir haben die Wahl, ob wir sie benutzen, um Heilung zu erlangen oder um wieder in alte Fallen zu tappen. Wir können uns verstecken und von kollektiven Mustern zum Opfer machen lassen oder wir können helfen. Es ist unsere Berufung, Heilung zu erlangen, Illusionen aufzulösen und der Vergangenheit, die sich in der Gegenwart zeigt, Frieden zu bringen. Das schließt jeden Krieg, allen Hass, jedes Ungleichgewicht, jedes Erdbeben, alle Seuchen, jeden Mord, jede Vergewaltigung und alle Fallen sowohl auf persönlicher wie auch auf kollektiver Ebene ein. Dann gibt es noch das tiefere, dunkle Unbewusste, das unser Leben manchmal ebenfalls beeinflussen kann. Es ist von Dämonen, Teufeln und dunklen Göttern erfüllt, bei denen es sich um Fragmente unseres uralten Egos handelt, die uns anzugreifen scheinen, in Wirklichkeit aber nur einen Weg nach Hause suchen. Dieser Bereich des Bewusstseins birgt auch erlösende Gaben, die uns selbst und die Menschheit zu Liebe und Grenzenlosigkeit zurückführen. Sie sind unser wahres Erbe und Vermächtnis. Sie schützen und heilen und kommen dann an den Tag, wenn wir Fragmente des Egos ans Licht holen und die in unserem Bewusstsein verborgene Angst und Schuld heilen.

4. Trennung liegt an der Wurzel jedes Problems

Unter jedem Problem verbirgt sich ein Anteil unseres Bewusstseins, der beweisen will, dass wir getrennt sind. Daraus entstehen Selbstkonzepte und die Identität unseres Egos. Bei einer Krankheit oder einer Verletzung zwingt ein kleiner Bewusstseinsanteil dem Körper seinen Konflikt, seine Angst und seine Schuld auf. Die Konflikte des

Bewusstseins werden im Körper ausagiert. Das Bewusstsein kann den Körper als Waffe sowohl zum Angriff als auch zum Selbstangriff nutzen. Daraus entsteht dann ein Teufelskreis. Das Bewusstsein und der Körper befinden sich jedoch auf unterschiedlichen Ebenen und wir sollten den Körper deshalb nicht durch leidvolle Aufopferung für die Konflikte des Bewusstseins zahlen lassen. Der Körper ist von Natur aus neutral. Wozu er wird, hängt davon ab, was wir über ihn denken und wie wir ihn benutzen. Wir lassen ihn jedoch für unsere Konflikte und für unsere Angriffe auf andere Menschen und auf uns selbst bezahlen. Obwohl das Ego uns davon überzeugt hat, dass wir unser Körper sind, mögen die meisten Menschen ihren eigenen Körper nicht.

Der Zweck jedes Problems besteht darin, uns zu trennen, weil wir eine eigene Identität aufbauen wollen. Diese Trennung ist auf Angst, Schuld, Groll, Konkurrenzdenken und dem Autoritätskonflikt aufgebaut und birgt gleichzeitig alle diese Dinge in sich. Das Ego verschleiert und verbirgt die Seelenlektionen, die Fähigkeit zur Verwirklichung unserer Gaben und die Gnade des HIMMELS, die Teil unserer wahren Identität sind. Die Probleme, die aus jeder Falle entstanden sind, in die wir uns selbst gebracht haben, werden durch die Gnade und die Wunder des HIMMELS aufgelöst, sobald wir unsere Gaben annehmen. Wir können sie durch Intuition oder durch Schlussfolgerung entdecken, die uns erkennen lässt, welche Gabe eine Situation ganz natürlich klären würde.

5. Beziehungen sind der Weg des Wachstums

Beziehungen geben die Richtung für unseren Erfolg vor und können der schnellste Weg für unser persönliches Wachstum sein. Das Ego versucht unsere Niederlagen und unseren Mangel für sich selbst zu nutzen, indem es anderen Menschen die Schuld daran zweist. Es stellt unmögliche und versteckte Forderungen. Es fühlt sich privilegiert und glaubt, Ansprüche erheben zu können. Die Anhaftungen des Egos sind dafür verantwortlich, dass wir leiden. Wenn unsere Eltern uns nicht das geben können, was wir brauchen, versuchen wir es von unserem Partner zu bekommen. Wir haben tatsächlich keine Bedenken, praktisch jeden für das bezahlen zu lassen, was wir selbst weggeworfen und dann benutzt haben, um uns in dem Glauben zu wiegen, dass wir seiner beraubt wurden. Auf Geheiß des Egos versuchen wir dann, Bedürfnisse durch Fantasievorstellungen zu ersetzen, oder wir suchen uns einen Partner, von dem wir glauben, er könne unsere Bedürfnisse besser erfüllen. Dies ist eine Falle, denn auch wenn nicht alle Beziehungen für die Ewigkeit bestimmt sind, geben viele Menschen zu schnell auf, weil sie den Weg nicht kennen, der durch diese Falle hindurchführt.

Alle Probleme sind letztendlich Beziehungsprobleme. Alle Probleme stammen aus wichtigen Beziehungen in der Vergangenheit, die wir in die Gegenwart übertragen haben. An der Wurzel jedes Problems liegt Groll verborgen, den wir gegen einen anderen Menschen hegen. Ein Problem mit einem anderen Menschen spiegelt sowohl ein Problem mit uns selbst als auch ein Problem mit GOTT wider.

Beziehungsmuster entstehen auch aus Familienmustern und Familienmuster entstehen aus Ahnenmustern und Mustern vergangener Leben. Diese Muster werden genährt von den vielen Malen, die wir gefallen sind, noch bevor wir einen Körper hatten. Das Ego liebt uns nicht. Es will entweder Besonderheit, Aufmerksamkeit und Großartigkeit oder aber Kleinheit und Begrenzungen, um sich darin zu verstecken. Unser Ego ist auf Trennung aufgebaut, die es als Sünde betrachtet, und es führt uns in Richtung Tod, der unsere gerechte Strafe ist. Das höhere Bewusstsein führt uns dagegen immer in Richtung Liebe und Licht. Die Zeiten, in denen wir gelitten haben, zeigen uns, wo wir in unser Ego investiert haben und deshalb in erstarrter Wahrnehmung und Illusionen stecken geblieben sind. Das können wir ändern.

Wenn jemand negativ oder falsch handelt, bittet er um unsere Hilfe und unsere Liebe, ganz gleich wie sein Verhalten nach außen hin wirken mag. Wenn wir mit bedingungsloser Liebe darauf eingehen, können wir einen Menschen, der uns gebraucht hat, zu einem Verbündeten machen. Selbst die schlimmsten Situationen können wir durch Gnade ganz leicht und unbeschadet überstehen.

6. Eigenverantwortung ist der Weg zur Freiheit

Ein Blick in unser Unterbewusstsein zeigt, dass wir die Verantwortung für alles tragen, was in unserem Leben geschehen ist. Jeder trägt die volle Verantwortung und doch trägt niemand Schuld. Das Ego versucht in jeder Lernsituation, uns oder anderen Menschen eine Schuld zuzuweisen, aber das sorgt für Verwirrung, schwächt uns und bewirkt, dass wir in einem selbstsabotierenden Muster stecken bleiben. Eigenverantwortung befreit und ermächtigt uns. Wir verbergen unser heimliches Einverständnis und unsere falschen Entscheidungen nicht mehr in unseren Opferereignissen. Das bewirkt, dass wir uns in immer höherem Maße von Opfersituationen, Aufopferung und dissoziierter Unabhängigkeit befreien. Das Ego will nicht, dass wir lernen und selbstermächtigt handeln. Es will, dass wir von ihm abhängig sind. Unsere leidvollen Wahrnehmungen und Erfahrungen und die dunklen Ereignisse in unserem Leben entstehen aus Glaubenssätzen und Wünschen. Was wir sehen, ist das, was wir eingeladen haben. Wir schreiben Lebensgeschichten, die Muster erzeugen, wie beispielsweise Geschichten der Angst, der Schuld oder der Rache. Wir schreiben auch positive Geschichten und es gilt, die negativen Geschichten aufzuspüren und aufzugeben, während wir auf den positiven Geschichten aufbauen, bis unser Leben hinreichend geheilt ist, um sich in einen „glücklichen Traum" zu verwandeln. Das Ego setzt auch Verschwörungen in unserem Leben in Gang. Sie gehören zu den größten Fallen, die es uns stellt, weil sie so aufgebaut sind, dass sie vermeintlich nicht gelöst werden können. Das Ego will uns in einer Erfahrung festhalten, von der wir glauben, dass sie nicht geändert werden kann. Dieser Glaube ist in Wirklichkeit aber nur Angst vor Veränderung und Angst vor unserer Lebensaufgabe. Er zeugt von unserem verborgenen Widerstand.

7. Unsere Seelen- und Lebensaufgabe besteht darin, glücklich zu sein

Der Zweck unseres Daseins ist es, glücklich zu sein und diese Welt zu überschreiten, um zur Erfahrung des HIMMELS auf Erden und schließlich des HIMMELS selbst zu gelangen. In dem Maße, in dem wir heil werden, nehmen auch unsere Ganzheit und unsere Wahrhaftigkeit zu. Als Folge davon nimmt die Wahrscheinlichkeit zu, dass wir die Welt überschreiten können. Auf der allertiefsten Ebene ist die Welt eine Projektion unseres Bewusstseins. Wenn wir uns wieder verbinden, vergeben, loslassen und vertrauen, gewinnen wir die Bewusstseinsanteile zurück, die wir verurteilt und auf die Welt projiziert haben. Die Welt wird wohlmeinender und wir erlangen ein noch höheres Maß an Ganzheit. Das Ziel der persönlichen Entwicklung im Leben ist es, von der Abhängigkeit zur Unabhängigkeit, von der Unabhängigkeit zur Partnerschaft und schließlich zur radikalen Abhängigkeit aufzusteigen, in der wir vom HIMMEL abhängig sind. Das macht uns glücklicher, unser Geist und unser Herz werden weit und es ist viel wahrscheinlicher, dass wir den Sprung ins Paradies schaffen. Wir stehen vor vielen Herausforderungen und es wäre leicht genug, einfach aufzugeben und zu sterben. Wenn wir uns aber für den Frieden und das Leben entscheiden, können diese Gaben auf viele hundert oder sogar tausend Menschen auf der ganzen Welt ausstrahlen. Wir sind im Geist alle miteinander verbunden und wenn wir in die richtige Richtung gehen, können wir aufhören, für unser Ego zu leben, und uns stattdessen dafür entscheiden, für die Liebe und für die Wahrheit zu leben. Was willst du? Es gibt einen Weg, der Veränderung möglich macht, wenn du sie wirklich willst.

5

Deine Einstellung

Deine Einstellung ist entscheidend für dein Wohlgefühl, denn sie gibt die Richtung vor, in die du gehst. Schmerz soll dich darauf hinweisen, dass eine Kurskorrektur erforderlich ist. Dein Ego wird dir sagen, dass andere Menschen sich ändern müssen, aber diese Einstellung verhindert, dass du erkennst, wo *du* aufgerufen bist, dich zu ändern. Die erste Frage, die du dir in Bezug auf deine Einstellung stellen solltest, lautet: Gehst du auf das Leben oder auf den Tod zu? In welchem Ausmaß bewegst du dich in diese Richtung? Wenn dir die Richtung, in die du gehst, oder das Maß, in dem du es tust, nicht gefällt, dann ist es an der Zeit, anderen Geistes zu werden und dich dem Leben noch mehr zu verpflichten. Je mehr du das Leben annimmst, umso mehr ist es von Licht erfüllt, in dem sich die Dunkelheit ins Nichts hinein auflöst. Diese Veränderung geschieht durch eine Entscheidung. Wenn du auf das Leben zugehen willst, entscheide dich immer wieder dafür. So einfach ist das. Ebenso einfach ist es, das Maß zu bestimmen, in dem du auf das Leben zugehst, denn *du hältst den Regler in der Hand* und du bestimmst, wie weit du ihn drehst. Und weil es *dein Leben* ist, bestimmst du auch, in welchem Maße du es auf deinem Weg hin zum LEBEN selbst annehmen willst.

Sei dir bewusst, dass chronische Probleme oder Gefühle des Elends immer auf eine – mehr oder weniger gut versteckte – falsche Einstellung hinweisen. Es ist wichtig, alle diese falschen Einstellungen ans Licht zu holen. Dann kannst du sie einer Prüfung unterziehen, um herauszufinden, ob sie das sind, was du wirklich willst. Wir werden diese zerstörerischen Schichten des Bewusstseins im weiteren Verlauf des Buches noch näher untersuchen, wollen uns aber zuerst grundsätzlich dem Thema unserer Einstellungen zuwenden.

Bei einem Workshop, den ich kürzlich in Taiwan geleitet habe, fragte ich die Teilnehmenden, wie viele von ihnen glaubten, ungewollt zu sein. Etwa zwei Drittel der Anwesenden hoben die Hand. Ich bat einen jungen Mann, mir als Beispiel zu dienen, um das Prinzip zu veranschaulichen. Er erzählte, dass sein Vater ihn verlassen hatte, als er noch ein kleiner Junge war, und dass er deshalb das Gefühl hatte, von seinem Vater nicht gewollt zu sein. Ich bat ihn, einen Teilnehmer auszuwählen, der die Rolle seines Vaters verkörpern sollte. Dann sagte ich ihm, dass wir ein kleines Experiment durchführen würden, bei dem wir uns vorstellten, sein Vater sei glücklich, findig und voller Zuversicht gewesen und habe sich geliebt gefühlt. „Wenn dein Vater diese Dinge wirklich gefühlt hätte, hätte er dich dann gewollt?“ „Ja, natürlich“, antwortete er. „War es also so, dass dein Vater dich nicht wollte, oder war er unglücklich, hatte keine Zuversicht und keine Mittel und fühlte sich ungeliebt?“ „Ja“, erwiderte er. „So hat er sich gefühlt.“ „Wollte er dich also nicht oder glaubte er, kein guter Vater sein zu können?“ Er sagte: „Er glaubte, es nicht zu können!“ Ich fragte: „Wann hattest du das Gefühl, nicht gewollt zu sein?“ „Als ich zur Schule ging und feststellte, dass die anderen Kinder alle einen Vater hatten." Ich fragte: „Wie lange war er da schon fort?" Er antwortete: „Ungefähr drei Jahre." Ich fragte: „Du hast dich nicht ungewollt, einsam und ungeliebt gefühlt, als er ging, sondern erst drei Jahre später?" „So ist es", erwiderte er. Ich fragte: „Hatten die negativen Gefühle deines Vaters mit ihm selbst zu tun oder hat er dich als Person nicht gewollt?" „Sie hatten mit ihm zu tun", antwortete er. Daraufhin fragte ich: „War es also so, dass er dich nicht wollte, oder eher so, dass du ihn drei Jahre später nicht wolltest?" Er gab zu: „Ich wollte ihn nicht."

Ich sagte ihm, dass wir ein weiteres Experiment durchführen würden, in dem sein Vater derselbe blieb, er selbst seinen Vater jedoch mit drei unterschiedlichen Einstellungen betrachten würde. Die erste Einstellung bestand in der Überzeugung, dass sein Vater als Vater versagt hatte und ein schlechter Vater war, der ihn im Stich gelassen hatte. Ich fragte ihn, wie er sich ganz allgemein fühlte. Er sagte: „Nicht gut. Überhaupt nicht gut. Ich fühle mich verlassen." Dann fragte ich ihn, welche Einstellung er zu sich selbst hatte, und er erwiderte: „Ich fühle mich schlecht, so als sei ich unwürdig und ein Versager."

Als Nächstes bat ich ihn, seinen Vater mit einer neuen Einstellung zu betrachten: Er sollte sich vor Augen führen, dass sein Vater ein hartes Leben gehabt hatte, und ihn bedauern und bemitleiden, weil es ihm an Gelegenheiten gemangelt und er seine Lektionen nicht gelernt hatte. Ich fragte ihn wieder, wie er sich ganz allgemein fühlte. „Traurig", sagte er. „Ich bin wirklich traurig." „Und welche Einstellung hast du zu dir selbst?" „Ich bedaure mich selbst."

Ich sagte: „Versuchen wir es mit der dritten Einstellung. Stelle dir vor, dass dein Vater das Beste gegeben hat, dessen er fähig war, wenn man bedenkt, wie er selbst aufgewachsen ist. Betrachte ihn mit Verständnis. Wie fühlst du dich jetzt ganz allgemein?“ „Großartig!“, erwiderte er. „Ich fühle mich wirklich gut.“ „Und welche Einstellung hast du zu dir selbst?“, fragte ich. „Ich habe eine wirklich positive Einstellung zu mir selbst. So als hätte ich auch mein Bestes gegeben.“

Daraufhin erklärte ich ihm: „Dein Vater war in allen drei Situationen derselbe, aber deine Einstellung hat sich geändert. Und zusammen mit deiner Einstellung hat sich auch die Art und Weise geändert, in der du deinen Vater, dich selbst und das Leben erfährst. Deine Erfahrung ist eine Folge deiner Einstellung.“

Anschließend bat ich ihn, sich vorzustellen, dass er vor dem Fortgang seines Vaters sein eigenes Licht mit dem Licht seines Vaters verbunden hatte. Ich fragte: „Wie fühlt sich das an?“ „Gut. Wirklich gut.“ „Hat sich an der Verbindung deines Lichts mit seinem Licht etwas geändert, nachdem dein Vater gegangen ist?“ „Nein, ich fühle die Verbindung immer noch.“ „Hat dein Vater also dich im Stich gelassen oder hast du deinen Vater im Stich gelassen?“ „Ich erkenne, dass ich tatsächlich ihn im Stich gelassen habe!“ Ich sagte ihm, dass er sich nur dann im Stich gelassen, ungewollt oder zurückgewiesen fühlen konnte, wenn er seinen Vater nicht gewollt, im Stich gelassen oder zurückgewiesen hatte. Seine Erfahrung erwuchs aus dem, was *er* tat. Nicht das, was im Außen geschah, sondern seine Einstellung brachte seine Erfahrung hervor.

Am selben Tag arbeitete ich mit einem anderen Mann, dessen Vater in seinen Augen ein strenger Zuchtmeister, ein Sklaventreiber war. „Ich hatte immer das Gefühl, dass ich für ihn nie gut genug war, egal was ich tat. Ich habe nie die Erwartungen erfüllt, die er an mich stellte." Ich fragte ihn, ob er den Wunsch hatte, diese Erfahrung zu verändern. Er ergriff die Chance sofort. Er sagte: „Weil ich mich jetzt selbst so antreibe, wie mein Vater mich angetrieben hat."

Ich bat auch ihn, einen Teilnehmer auszuwählen, der die Rolle seines Vaters verkörpern sollte, und sagte: „Wir führen ein ähnliches Experiment durch wie heute Morgen. Dein Vater verändert sich auch hier nicht, aber du nimmst ihm gegenüber drei unterschiedliche Haltungen ein. Die erste Einstellung besteht in der Überzeugung, dass er ein schlechter Vater ist, der dich ständig antreibt und weder dich noch deine Bemühungen oder Erfolge jemals anerkennt. Er wird nie verstehen, was es bedeutet, Vater zu sein." Anschließend fragte ich ihn, wie er sich ganz allgemein fühlte und welche Einstellung er zu sich selbst hatte. Er sagte: „Ich fühle mich schlecht und will mich antreiben, um meine schlechte Meinung über mich selbst wettzumachen."

Danach bat ich ihn, seinen Vater mit einer Einstellung des Mitleids zu betrachten, weil er aufgrund seiner eigenen schweren Kindheit und der Tatsache, dass sein Vater ein noch härterer Zuchtmeister gewesen war, nur so wenig vom Leben und vom Vatersein verstand. „Sieh deinen Vater als einen traurigen Mann in einer traurigen Situation, der versucht, diese Situation mit seinen Forderungen zu kompensieren." Als ich ihn fragte, wie er sich fühlte, antwortete er: „Ich bin deprimiert, traurig und bedaure mich selbst."

Zum Schluss bat ich ihn, seinem Vater gegenüber eine dritte Haltung einzunehmen, nämlich die, dass er als Vater sein Bestes getan hatte, ihm dankbar zu sein und anzuerkennen, wie hart er gearbeitet hatte, um ihre Lage zu verbessern, indem er sich immer wieder antrieb und sein Bestes gab, um voranzukommen. „Er hat dir die gleiche Botschaft vermittelt wie sich selbst. Wenn du ihn mit dieser Einstellung betrachtest, wie fühlst du dich dann und welche Einstellung hast du zu dir selbst?“ Er antwortete: „Ich fühle mich gut, unbeschwert und habe eine gute Einstellung zu mir selbst.“

Ich sagte: „Nicht dein Vater hat sich verändert, sondern dein Stress und deine Gefühle haben sich abhängig davon verändert, wie du deinem Vater begegnet bist. Als du geglaubt hast, er sei als Vater nicht gut genug gewesen, hast du dich als Sohn nicht gut genug gefühlt. Als du geglaubt hast, er habe sein Bestes getan und alles gegeben, hast du dasselbe auch über dich gedacht. Das Gefühl, nicht gut genug für ihn zu sein oder seinen Erwartungen nicht gerecht zu werden, rührt daher, *dass er deine Erwartungen nicht erfüllt hat.* Wenn du dich also nicht unzulänglich und gestresst fühlen willst, musst du deinen Vater mit ganz anderen Augen als bisher betrachten. Du kannst anderen Geistes werden und dich jetzt entscheiden, welche Einstellung du deinem Vater gegenüber einnehmen willst.“

Dann fragte ich ihn: „Mit welcher Einstellung bist du deinem Vater bisher fast immer begegnet?“

„Mit der ersten“, antwortete er.

„Und für welche Einstellung möchtest du dich jetzt entscheiden?“, hakte ich nach.

„Für die dritte natürlich“, lautete die Antwort.

„Dann betrachte deinen Vater jetzt mit dieser Einstellung und nimm dir ein wenig Zeit, um zu beobachten, wie sich dein Stresspegel verändert, der daher rührt, dass du dich ständig antreibst.“

Einige Minuten später fragte ich ihn, wie er jetzt über seinen Vater und sich selbst dachte.

„Völlig anders“, antwortete er.

Deine Einstellung erzeugt deine Erfahrung und deine Gefühle. Wenn du das erkennst, kannst du dich immer gut fühlen und Fehler, die du in der Vergangenheit gemacht hast, verändern, indem du deine Einstellung änderst und eine neue Entscheidung triffst. Dies wäre ein guter Zeitpunkt, um dir einmal anzuschauen, wo in deinem Leben du nicht glücklich warst. Welche Einstellung hast du zu anderen Menschen, zur Situation und zu dir selbst? Glaubst du, schlechte Karten zu haben, oder siehst du sie als wichtige Lernsituation? Ist dein Partner in deinen Augen ein schrecklicher Mensch? Wie denkst du über deine Arbeit? Hast du das Gefühl, in einem schlechten Job festzustecken? Du kannst dich dafür entscheiden, deinen Partner als den perfekten Partner zu betrachten, um deine Lektionen über das Leben und die Liebe zu lernen. Schaust du deine Beziehung an, um herauszufinden, wie du ein besserer Partner sein kannst, oder bist du der Auffassung, es sei an deinem Partner, seine Sache besser zu machen? Lässt du am Arbeitsplatz dein Licht leuchten? Bist du in jeder Situation bereit, deine Gaben zu entdecken, um sie zu verändern? Wenn du dich mit diesen Situationen befasst, lausche nach innen, um herauszufinden, wie du vorgehen sollst und welche Einstellung eine Situation erfolgreich verbessern kann. Dass du die richtige Einstellung gefunden hast, merkst du daran, dass du im Fluss bist und dass du eins bist mit dir selbst, mit deinem Partner und mit deiner Arbeit.

Wenn du entschieden hast, mit welcher Einstellung du die wichtigen Themen in deinem Leben betrachten willst, kannst du sowohl dein Leben als auch deine „schlechten Erfahrungen“ einer systematischen Prüfung unterziehen. Sie können dir deine falsche Einstellung zeigen, damals wie heute. Du kannst diese Situationen mithilfe deiner Einstellung verändern. Ein schlechtes Gefühl ist immer ein Hinweis darauf, dass du etwas an der Situation noch nicht verstanden hast oder nicht loslassen willst. Es zeigt dir, wo du insgeheim immer noch eine falsche Einstellung hast. Wenn du dich immer wieder für dieselbe Richtung entscheidest, wird daraus eine Einstellung. Chronische Probleme, große Probleme oder Opferereignisse weisen auf eine – mehr oder weniger gut versteckte – falsche Einstellung hin. Es sind Orte, an denen andere verlieren oder sich aufopfern sollen, damit du gewinnen kannst. Verpflichte dich immer wieder der Heilung und der Wahrheit. Verpflichte dich Bewusstheit und Ebenbürtigkeit ebenso wie dem festen Wunsch, dass alle gewinnen mögen. Dass du diese Ziele verwirklicht hast, erkennst du daran, dass du auch ein Gefühl von Freiheit und Mühelosigkeit verspürst.

6

Schlüsselaspekte des Verstehens

Ich möchte in diesem Kapitel einige wichtige Erkenntnisse vorstellen, die so vielen Menschen geholfen haben, dass sie inzwischen zu Prinzipien meiner Arbeit geworden sind. Du glaubst vielleicht nicht, dass sie wahr sind, und das ist völlig in Ordnung. Du musst sie nicht verstehen. Da sie sehr vielen Menschen geholfen haben, wäre es aber vielleicht ratsam, sie zumindest einmal auszuprobieren, um zu schauen, ob sie dich befreien können. Hüte dich vor dem Wunsch des Egos, Dinge zu verbergen. Es ist immer darauf aus, Verantwortung in Schuld zu verwandeln. Es will, dass du es ablehnst zu empfangen, weil du dich schuldig und unwürdig fühlst. Um die Schuld zu verbergen, will es dich dazu bringen, sie durch eiserne Rechtschaffenheit zu kompensieren. Diese Form der Kompensation sollte dir verdächtig vorkommen, weil sie eine Strategie des Egos ist.

Die folgenden Aspekte kommen aus dem Unterbewusstsein. Es sind Prinzipien, die ich bei meiner Arbeit mit den verborgenen Aspekten des Bewusstseins und in vielen Seminaren, Workshops und Einzelsitzungen mit Menschen auf der ganzen Welt gelernt habe.

1. Dein Schmerz ist ein Muster aus Schmerz. Das aktuelle Ereignis kann allen Schmerz, alle Wut, alle Nie-

dergeschlagenheit, alle Schuld und allen Herzensbruch zutage fördern.

2. Jedes schlechte Gefühl ist eine Fehlwahrnehmung, die von einem Ereignis in der Vergangenheit herrührt, bei dem du dich von einem anderen Menschen getrennt hast. Dieser Akt der Trennung hat die Illusion erzeugt. Dieser Akt der Trennung hat dich an einen anderen Ort der Trennung geführt. Wir benutzen jede negative Situation, um die Trennung zu verstärken, damit wir unabhängig und selbstgerecht sein und die Kontrolle behalten können. Damit stärken wir das Ego, zerstören aber unser Leben.
3. Jedes Ereignis in unserem Leben erfüllt einen bestimmten Zweck. Wir sind zweckgerichtete Wesen. Wir verbergen unsere Motive und unsere Entscheidung für ein negatives Ereignis ebenso wie unser heimliches Einverständnis.
4. Jedes Problem und jedes schmerzhafte Ereignis zeigt, dass unser Bewusstsein gespalten ist. Diese Konflikte erzeugen Angst, weil es scheinbar keine Möglichkeit gibt, beide Seiten zufriedenzustellen. In der Regel verbergen wir den unakzeptablen Bewusstseinsanteil, der beispielsweise den Wunsch nach Rache oder Selbstbestrafung hat, weil er sich schuldig fühlt, oder das Verlangen nach Überlegenheit und danach hat, andere Menschen zu kontrollieren.
5. Negative Emotionen, die nicht zur Heilung eingesetzt werden, sind im Grunde ein Hilferuf. Wir benutzen negative Emotionen für Rache und Angriff, Erpressung und Manipulation. Diese Emotionen weisen auf Muster hin, die der Heilung bedürfen.
6. Das Ego will uns davon überzeugen, dass wir unser

Ego und unser Körper sind. Seine Werkzeuge sind Besonderheit, Selbstüberhöhung und Erniedrigung. Wenn wir nicht so behandelt werden, wie wir es unserer Meinung nach verdient haben, greifen wir andere Menschen an oder wir greifen uns selbst an, um andere Menschen anzugreifen. Wir leiden mit jedem Akt der Trennung und mit jedem Angriff, den wir führen, um uns zu trennen. Unser Glaube an Sünde und unser Bedürfnis nach Besonderheit bilden einen Teufelskreis. Jedes Urteil und jede negative Emotion kann der Keil der Trennung sein, den das Ego benutzt, um seine Macht auszubauen. Das ist zwar gut für das Ego, aber schlecht für unser Leben. Die Hilfe des Egos trägt niemals Früchte, weder auf kurze noch auf lange Sicht. Was es vorschlägt, mag eine Zeit lang funktionieren, ist irgendwann aber unweigerlich zum Scheitern verurteilt und lässt uns im Regen stehen. Sogar jetzt plant das Ego unseren Tod. Es will uns durch Groll und Selbstangriff dazu bringen, in die falsche Richtung zu gehen, bis unser Elend so groß ist, dass es uns den Tod als einzigen Ausweg vorschlägt. Das Ego ist nicht dein Freund. Es ist an der Zeit, nach der Wahrheit zu streben, denn das Ego ist nur auf sich selbst bedacht. Es sabotiert unsere Beziehungen, um uns am Weiterkommen zu hindern. Erfolg dient für das Ego nur dem Zweck, Besonderheit und Überlegenheit zu beweisen. Wenn ihm das nicht gelingt, hat es auch kein Problem damit, Besonderheit durch Unterlegenheit zu erreichen.

7. Dinge geschehen nicht einfach. Bei allem, was uns widerfährt, sind heimliche Entscheidungen im Spiel. Alle Ereignisse spiegeln unsere Gedanken, Glaubens-

sätze und Wünsche wider. Niemand außer uns verletzt uns. Niemand außer uns entzieht uns etwas. Niemand tut uns etwas an, das wir uns nicht bereits selbst antun.

8. Häufig glauben wir, dass uns andere Menschen das antun, was wir insgeheim anderen Menschen antun. Das Gefühl, zurückgewiesen zu werden, rührt beispielsweise daher, dass wir das Verhalten eines anderen Menschen zurückweisen und es persönlich nehmen. Es ist nicht möglich, uns zurückgewiesen zu fühlen, wenn wir nicht selbst zurückweisen, aber diese Tatsache verbergen wir natürlich vor uns selbst.
9. Du kannst nur dann leiden, wenn du über andere Menschen urteilst und einen Groll gegen sie hegst. Urteile und Groll sind die zentralen Werkzeuge des Egos, mit denen es seine Macht sichert. Groll zeigt, dass du einen Fehler machst, der aber berichtigt werden kann. Groll raubt dir die Freude im Leben. Er sorgt dafür, dass du unglücklich bist und auf den Tod zusteuerst.
10. Die Bedeutung, die du einer Sache gibst, rührt von deiner eigenen Deutung her, die sie zu dem macht, was sie für dich ist. Schmerz ist die Bedeutung, die das Ego einem Groll zuweist und die es benutzt, um ein Selbstkonzept zu erschaffen. Du kannst ein Ereignis jedoch auch mit dem Ziel der Heilung deuten. Das führt zu Verbundenheit, einem höheren Maß an Ganzheit, Frieden und Glück.
11. Emotionen sind eine Folge der Entscheidungen, die wir treffen. Sie rühren von unserem Urteil und unserer Reaktion auf Ereignisse her. Dabei handelt es sich um alte Ereignisse aus der Vergangenheit, die in der Gegenwart erneut zutage gefördert werden. Wir können

sie benutzen, um Heilung zu erlangen oder um anzugreifen, um zu erkennen, was der Berichtigung bedarf, oder um ein Bedürfnis zu befriedigen.

a) Niedergeschlagenheit rührt daher, dass wir einen Verlust nicht losgelassen haben, sondern daran festhalten. Der Verlust rührt daher, dass wir jemanden oder etwas nicht in vollem Umfang wertschätzen. Er rührt von unserem gespaltenen Bewusstsein her, dessen verborgene Seite insgeheim etwas anderes mehr will. Ein Verlust ist eine Form der Aufopferung, die eine falsche Vorstellung von Sünde tilgen soll.
b) Das Gefühl, zurückgewiesen zu werden, rührt daher, dass wir einen anderen Menschen oder sein Verhalten zurückgewiesen haben.
c) Gefühle des Ungewolltseins rühren daher, dass wir denjenigen nicht wollten, von dem wir geglaubt haben, er habe uns nicht gewollt.
d) Wir erzeugen Schuld, um den nächsten Schritt nicht gehen zu müssen, um an der Trennung festzuhalten und unseren Kampf gegen GOTT weiterzuführen. Wir benutzen Schuld, um uns vor Angst zu schützen.
e) Das Gefühl, den Erwartungen unserer Eltern nicht gerecht geworden zu sein, rührt daher, dass sie unseren Erwartungen nicht gerecht geworden sind.
f) Angst rührt von unseren Angriffsgedanken, unseren Urteilen und unserem Groll her. Wir investieren in eine Illusion, die wir manchmal zumindest für uns selbst wirklich werden lassen.
g) Trennung erzeugt Schmerz, das gespaltene Bewusstsein, die Rollen des Opfers, der Unabhängig-

keit und der Aufopferung, Angst, Schuld, Illusion, Bedürfnisse und Verlust.

h) Trennung kommt daher, dass wir geglaubt haben, dissoziierte Unabhängigkeit könne uns glücklich machen. Unabhängigkeit ist jedoch nicht gleichbedeutend mit Freiheit, sondern ist eine Rolle, die den Fluss zum Stillstand bringt und verhindert, dass wir empfangen und genießen können.
i) Unabhängigkeit ist der Gipfel der Dissoziation. Sie will, dass wir kontrollieren und unseren eigenen Weg gehen. Unabhängigkeit verhindert, dass wir empfangen, und erzeugt Leblosigkeit. Sie ist das, was *Ein Kurs in Wundern* die „verborgene Geschichte" nennt.
j) Das Ego besteht aus Trennung und es will, dass wir weiterhin in Trennung investieren – als ob Unabhängigkeit, Kontrolle, der Wunsch, recht zu haben, oder unseren eigenen Weg zu gehen uns jemals glücklich gemacht hätten.
k) Trennung geht mit der irrigen Vorstellung einher, dass äußere Dinge uns glücklich machen können, aber das vorübergehende Vergnügen oder Glück, das sie uns bringen, hält uns davon ab, nach innen zu schauen, wo wir die QUELLE dauerhaften Glücks finden können.
l) Die Folgen unserer äußeren Suche sind Enttäuschung, tiefe Desillusionierung und Todesversuchung.
m) Das Maß, in dem wir außerhalb von uns suchen, ist auch das Maß, in dem wir Schmerz in uns eingeschlossen haben. Das spaltet unser Bewusstsein, wenn es darum geht, unsere Ziele zu erreichen,

und macht es uns erheblich schwerer, erfolgreich zu sein.

n) Aller Schmerz ist Schmerz aus der Vergangenheit, den wir aus alten, ungelösten Situationen in uns tragen.
o) Letztendlich entsprechen weder Dunkelheit noch schmerzhafte Situationen der Wahrheit. Aus diesem Grund können sie geheilt werden.
p) Unsere Bestimmung besteht darin, Licht, reiner Geist und das Kind GOTTES zu sein, das alle guten Dinge verdient. Wir haben sie mit Groll überdeckt.
q) Groll überdeckt unsere wahre Identität der Liebe, des Lichts und der Freude, die Teil des EINSSEINS ist.
r) Schuld kann viele Schichten tief hinabreichen. Wir sind uns nur der ersten Schicht bewusst. Wenn wir Schuld und Sünde in uns tragen, bestrafen wir uns selbst, aber Schuld und Strafe entsprechen nicht der Wahrheit.
s) Wenn der Angriff und der Selbstangriff, auf denen das Ego aufgebaut ist, aufgelöst würden, bliebe nichts außer Liebe und Freude.
t) Das Streben nach äußeren Dingen führt zu Groll, der unsere Identität *als* Licht und Liebe überdeckt.
u) Die Welt ist aus Urteilen aufgebaut. Es sind unsere projizierten Selbsturteile.
v) Die Welt ist dein Spiegel. Alle Menschen und Dinge spiegeln deine eigenen Selbstkonzepte wider.
w) Dein Leben ist die Summe deiner Entscheidungen sowie der positiven und negativen Geschichten, die du schreibst, um die Geschichte deiner Entwicklung zu erzählen.

x) Wir sehen die Welt durch die Augen unserer persönlichen und kollektiven Glaubenssätze. Alle Glaubenssätze und Konzepte sind in Wirklichkeit Selbstkonzepte.
y) Am Ende laufen alle negativen Emotionen auf Angst und alle positiven Emotionen auf Liebe hinaus. In *Ein Kurs in Wundern* heißt es, dass nur die Liebe wirklich ist, während die Angst eine Illusion ist.
z) Je mehr Heilung wir erlangen, umso größer ist unser Maß an Ganzheit, die uns von Grenzen befreit und uns Zuversicht und Frieden schenkt. Die Entscheidung, einen Weg der Heilung zu gehen, gehört zu den wichtigsten Entscheidungen, die wir im Leben treffen können.

Unsere Emotionen zu verstehen und zur Heilung zu nutzen bedeutet, Groll zu überwinden und die Verbundenheit dort wiederherzustellen, wo Trennung, Autoritätskonflikte, dunkle Geschichten und Angst geherrscht haben.

7

Zweite Meinung

Du bist vielleicht verzweifelt, tieftraurig und hast zu große Angst, um den nächsten Schritt zu gehen. Es hat vielleicht den Anschein, als seiest du in einer ausweglosen Lage, aus der es keinen Ausweg gibt, aber wenn du dich in eine ausweglose Lage gebracht hast, schaue auf und bitte um die Hilfe des HIMMELS. Wenn man dir eine Diagnose stellen würde, die nur wenig Hoffnung lässt, würdest du dann nicht ganz selbstverständlich eine zweite Meinung einholen? Und selbst wenn die Prognose dieselbe bliebe, würdest du nicht nach Alternativen suchen?

Selbst wenn deine Situation noch so düster aussehen mag, kann sie dennoch transformiert und du kannst gerettet werden. Denke daran, dass es nicht der WILLE GOTTES und auch nicht dein eigener wahrer Wille ist, dass du in irgendeiner Form leidest. Gemeinsam lassen sich ein besserer Weg und auch ein weit besserer Ort finden als der, an dem du jetzt bist. Der Weg des HIMMELS birgt Wunder, die die Gesetze von Raum und Zeit verändern und illusionäre Probleme in die Wahrheit verwandeln können. Dein Leben mag zwar mit Eltern begonnen haben, die nicht nach deinem Geschmack waren, aber das kannst du jetzt durch Heilung ändern. Deine Eltern mögen zwar einige grundlegende Muster in deinem Leben in Gang gesetzt haben, die nicht geheilt wurden, aber die Schuld, die du anderen Menschen zuweist, weist du auf der tiefsten Ebene auch dir selbst und GOTT zu. Wenn du GOTT als liebenden Vater betrachtest, beschuldigst du IHN entweder ebenso wie deine Eltern oder aber du heißt SEINE Gnade willkommen. Das führt entweder dazu, dass du ein stark ausgeprägtes Opfermuster entwickelst, um unabhängig zu sein, oder aber dazu, dass du glücklich bist. Ein grundlegendes Muster der Unabhängigkeit zeugt in Wirklichkeit davon, wie groß das Maß an Schmerz ist, das noch in dir eingeschlossen ist und das sich irgendwann in deinem Leben in Form von Krankheiten, Unfällen oder anderen Zwischenfällen äußern kann. Du kannst deine Fehlwahrnehmung heilen. Gaben und die Erfüllung deiner Lebensaufgabe sind die Alternativen.

So schmerzhaft und verzweifelt die Situation, in der du dich befindest, auch sein mag – es gibt einen besseren Weg. Ich habe in meiner mehr als fünfzigjährigen Arbeit mit Menschen gelernt, dass aller Schmerz eine Illusion ist, und das bedeutet, dass er verändert und mit der Wahrheit in Einklang gebracht werden kann. Schmerz bedeutet immer, dass es ein Missverständnis gibt, das in der Regel auf tieferen Bewusstseinsebenen eingeschlossen ist. Bist du nicht zumindest neugierig zu erfahren, was in dir vorgeht und dass die Wurzeln der Situation, in der du dich befindest, in deinem eigenen Herzen und Geist zu suchen sind? Sogar körperliche Schmerzen entspringen einem inneren Konflikt, da emotionaler Schmerz auf den Körper verlagert wird. Schmerz entsteht durch Urteile und Groll, den wir in uns tragen. Auch wenn deine Situation noch so schrecklich ist, kann und wird sie sich entwickeln. Wenn du allerdings nicht akzeptierst, was geschieht, bleibst du dort stecken, wo du bist. Dein Widerstand hält dich in diesem Akt der Kreuzigung fest, der sich auch auf die Menschen in deiner Umgebung auswirkt.

Zeiten, in denen wir einen großen Verlust oder Herzensbruch erleiden, zeugen von einem enorm starken Widerstand gegen das, was geschieht. Dafür nehmen wir sogar unseren eigenen Herzensbruch in Kauf. Da nur wir Zugang zu unserem Herzen haben, können auch nur wir dafür sorgen, dass es bricht. Solche leidvollen Situationen sollen anstelle von Trauma und Herzensbruch eigentlich eine Neugeburt, einen Neuanfang bewirken. Eine Situation muss uns nicht gefallen, um sie zu akzeptieren, aber wenn wir sie nicht akzeptieren, sind wir darin gefangen. Akzeptanz ist normal, wenn uns etwas gefällt, aber die Kraft der Akzeptanz wird gerade dann besonders gebraucht, wenn uns etwas nicht gefällt. Akzeptanz ist eine Entscheidung für die Heilung. Sobald wir eine Sache akzeptieren, gehen wir einen Schritt nach vorn und der Schmerz lässt nach. Wenn wir immer wieder akzeptieren, gelangen wir immer weiter voran und wenn wir eine Situation voll und ganz akzeptiert haben, ist der Schmerz fort. Akzeptanz bringt ein Loslassen mit sich, ein Aufgeben von Anhaftungen, denen *aller Schmerz* entspringt. Anhaftung ist nicht gleichbedeutend mit Liebe. Sie ahmt die Liebe nur nach. Loslassen rückt ein Thema, das dich blockiert, weil du daran festhältst, ins richtige Licht, sodass du diesen Teil deines Lebens in einem größeren Zusammenhang sehen kannst. Du wünschst dir die Selbstbefähigung und die Gaben, die mit Heilung einhergehen. In Wirklichkeit wünschst du dir auch Akzeptanz, weil du anderenfalls das Leben, dich selbst, andere Menschen und die Situation zurückweist. Der Herzensbruch wird durch *deine* Verletztheit und *deine* Zurückweisung verursacht. Ein Herzensbruch führt jedoch zu Rückzug, Hass, Selbsthass, Rache, Schuld, Unwürdigkeit, Selbstbestrafung, Zynismus und Bitterkeit. Diese Muster solltest du in deinem Leben weder in Gang setzen noch fortführen, sondern aufspüren und heilen. Deine Vergangenheit hat dich an diesen Punkt geführt. Alle Probleme entspringen der Vergangenheit. Wenn du ganz im Hier und Jetzt leben würdest, wärest du von Frieden erfüllt. Es war eine der großen Entdeckungen auf meiner eigenen Reise der Heilung, dass meine vielen Herzensbrüche aus der Vergangenheit herrührten und weitere Herzensbrüche zur Folge hatten. Ich habe es mit Dissoziation versucht und bin „meinen" Weg gegangen, damit es mir nicht so viel ausmachte. Das ist, wenn überhaupt, nur ein halber Schritt voran. Es setzt sich nicht mit dem Schmerz auseinander, sondern unterdrückt ihn nur und vertagt ihn auf später.

Schaue dir deine aktuelle Situation an. Willst du darin stecken bleiben oder den nächsten Schritt gehen? Den nächsten Schritt zu gehen heißt, keinen Widerstand mehr zu leisten. Keinen Widerstand mehr zu leisten heißt, die Situation so zu akzeptieren, wie sie ist, weil du anderenfalls darin gefangen bleibst. Es läuft auf eine einfache Entscheidung hinaus: Willst du die Situation akzeptieren oder darin stecken bleiben? Wenn du sie akzeptierst, dann akzeptierst du das, was ist, so, wie du es erlebst. Das erlaubt dir, einen Schritt weiterzugehen hin zu dem, was darauf folgt. Wie fühlt sich der nächste Schritt an und wie stellt er sich für dich dar? Willst du darin stecken bleiben oder ihn akzeptieren und weitergehen? Wie fühlt sich der nächste Schritt an? Der Prozess der Akzeptanz kann sich sehr bald in eine positive Erfahrung verwandeln, die dir neue Gaben erschließt. Irgendwann in diesem Prozess gelangst du an einen Punkt des Neubeginns oder gar der Glückseligkeit. Du kannst in die Vergangenheit zurückkehren und jede leidvolle Situation in deinem Leben immer wieder akzeptieren, bis sich ein in jeder Hinsicht positives Ergebnis einstellt. Alle negativen Ereignisse in deinem Leben verbergen Gaben. Je größer die Falle oder der Schmerz ist, umso größer ist auch die Gabe, die auf dich wartet. Akzeptanz kann dich an diesen Punkt bringen. Denke daran, dass der WILLE GOTTES für dich deinem wahren Willen entspricht. Wolle nichts anderes.

8

„Entweder sie geht oder ich"

Diese Worte soll Oscar Wilde angeblich einige Wochen vor seinem Tod gesagt haben, als er in einem heruntergekommenen Hotel in Paris das Bewusstsein wiedererlangte und die billige Tapete an der Wand seines Zimmers sah: „Entweder sie geht oder ich."

Wenn wir mit einer Todesversuchung ringen, gibt es auch oft etwas, das wir unerträglich finden, ob wir uns seiner bewusst sind oder nicht. So können wir tief in unserem Inneren manchmal an einen Punkt gelangen, an dem wir genau die gleiche Entscheidung treffen: „Entweder das geht oder ich ..."

Dies ist ein Wutanfall, eine „Masche". Unser Wohlbefinden rührt nicht daher, dass wir versuchen, die Welt nach unserem Willen zu verändern. Das Leben besteht aus einer Reihe von Lektionen, die wir lernen müssen, damit unser Bewusstsein sich weiterentwickeln kann. Du kannst dir diese Lebenslektionen als ein Videospiel vorstellen, das du spielst. Würdest du das Spiel aufgeben, nur weil du eine Ebene erreicht hast, die du einfach nicht schaffst und auf der dein Avatar immer wieder stirbt? Lässt du dein Ich im Spiel sterben und gibst damit alles auf, was du bisher gelernt und gewonnen hast, nur um wieder ganz von vorn anzufangen? Oder denkst du nach, schaust dir die Situation genau an und wirst immer geschickter darin, das Spiel zu beherrschen? Es ist nicht klug, dem Leben oder der Welt ein Ultimatum für die Erfüllung deiner eigenen Wünsche zu setzen. Sogar GOTT lacht, wenn du Pläne schmiedest. Das Leben will dich etwas lehren. Ihm ein Ultimatum zu setzen ist so, als würdest du von deinem Lehrer fordern, den Lehrplan so zu ändern, dass er dir genehm ist. Es ist töricht, der Welt ein Ultimatum zu setzen, wenn die Welt sich nicht darum schert.

Es wäre besser, wenn du dich stattdessen darauf konzentrierst, die wichtige Lektion zu lernen, die vor dir liegt und die gelernt werden muss, damit du in deiner Entwicklung voranschreiten kannst. *Du entscheidest darüber, wie schwierig sie ist.* Du entscheidest darüber, ob du sie lernst oder nicht. Wenn du ihretwegen einen Wutanfall bekommst, dann heißt es: „Mehr Glück im nächsten Leben!"

Zuerst solltest du erkennen, dass dein Ego nicht will, dass du diese Lektion lernst, selbst wenn es dich das Leben kostet, vor allem, wenn es dich das Leben kostet. Das Ego mag dich nicht. Es glaubt, viel besser zu sein als du. Es will dich tot sehen und verspricht, dich auch über den Tod hinaus zu verfolgen. Es ist nicht dumm – es ist wahnsinnig. Es erkennt nicht, dass es untrennbar mit dir und deinem Leben verbunden ist. Wenn du gehst, geht es ebenfalls. Das Ego gibt dir immer Antworten, die nicht funktionieren, und wenn die Dinge aus den Fugen geraten, schlägt es dir eine andere plausible Lösung vor, die ebenso wenig von Erfolg gekrönt ist. Jede Antwort, die es dir gibt, bringt dich dem Tod immer näher, bis deine Situation schließlich aussichtslos erscheint, sodass es dir den Tod als einzig möglichen Schritt vorschlägt. Doch es gibt einen Ausweg, denn der HIMMEL will, dass es immer einen Ausweg gibt, und er bietet ihn dir an, wenn du darum bittest.

Du bist weit über jedes Maß hinaus geliebt, das du erfahren oder dir auch nur vorstellen kannst. In *Ein Kurs in Wundern* heißt es, dass die größte Liebe, die du auf der Erde erfahren kannst, einer Kerze, die LIEBE GOTTES zu dir hingegen der Sonne gleicht. Dieser Vergleich vermittelt dir vielleicht eine Vorstellung davon, wie groß das Maß an LIEBE ist, das dir zur Verfügung steht. Der HIMMEL will, dass du diese Lektion lernst und frei bist. Wenn du sie lernst, teilst du sie ganz von selbst mit den Menschen in deiner Umgebung. Der HIMMEL denkt wirtschaftlich, ist aber auf deine Erfolgsbereitschaft angewiesen. Wenn du diese Bereitschaft nicht hast, ist laut *Ein Kurs in Wundern* schon die Bereitschaft ausreichend, bereit zu sein. Der HIMMEL schickt dir, was immer nötig ist, um dich zu befreien. Wenn du ein Wunder brauchst, wird er ein Wunder schicken, wenn deine Angst, es zu empfangen, nicht zu groß ist. Du bist aufgefordert, dich zu ändern, denn nur dann kann die Situation sich in eine positive Richtung entwickeln. Sei unbesorgt, wenn du nicht weißt, wie du dich ändern sollst, oder wenn du nicht die Energie hast, dich zu ändern. Das ist nicht deine Aufgabe. Deine Aufgabe ist die Bereitschaft, bereit zu sein, weil dies die Angst durchbricht und dafür sorgt, dass die Situation wieder in Bewegung kommt.

Angst kann nur entstehen, wenn du das Gefühl hast, allein zu sein. Die Angst entspringt deiner Unabhängigkeit und hier kannst du um Hilfe bitten. Wenn dir das unmöglich erscheint, denke einfach daran, WER mit dir geht. Du bist nicht allein und du siehst dich nur dann so, wenn du dich so sehen willst. Willst du tatsächlich so sehr darauf beharren, dass du in deiner Situation im Recht bist, dass es dich das Leben kostet? Wenn du auf den Tod zusteuerst, obwohl die Zeit noch nicht gekommen ist, dann willst du in Bezug auf etwas - oder viele Dinge - Recht behalten. Damit hast du dich in eine Position gebracht, die unveränderlich ist, und du bist unbelehrbar. Du änderst dich nicht. Wenn du dich nicht änderst, steckst du fest und steuerst auf den Tod zu. In *Ein Kurs in Wundern* heißt es: „Das muss nicht sein." Du könntest stattdessen Frieden haben. Für dein Wohlergehen ist Veränderung unerlässlich. Wenn deine Verteidigung so stark ist, dass sie jede Veränderung blockiert, schickt das Leben dir hin und wieder eine Bombe, um sie zu durchbrechen und dich zu öffnen. In diesem Fall hast du die Wahl, entweder die Lektion zu lernen oder einen Wutanfall zu bekommen und aufzugeben, weil der Schmerz zu groß ist. Rechthabenwollen ist ein Abwehrmechanismus. Es ist ein Versuch, deine innere Schuld zu verbergen und zu beschützen, indem du einen anderen Menschen ins Unrecht setzt. Das befreit dich aber nicht von der Schuld. Der Angriff auf einen anderen Menschen lenkt dich nur von ihr ab und verstärkt sowohl deine Schuld als auch das Maß deines Selbstangriffs. Selbstgerechtigkeit, Schuld und Selbstangriff bilden einen Teufelskreis, der spiralförmig abwärts führt, bis du dich entweder daraus befreist oder aufgibst. Du kannst dich daraus befreien, indem du dich auf die Wahrheit berufst.

„Entweder das geht oder ich." Es gibt tatsächlich einen anderen Weg, der dir als Alternative offensteht - lerne die Lektion! Wenn du die Lektion lernst, wirst du sprichwörtlich anderen Geistes und veränderst damit die Welt, weil deine Welt ein Spiegel deines Geistes ist und du deinen Geist verändern kannst. Es ist nahezu unmöglich, die Welt ohne innere Arbeit und Heilung zu verändern. Heilung ist nichts anderes als die Berichtigung dessen, was unwahr ist. Deine Heilung liegt in deinen Händen. Wenn du dich vom Pfad des Lebens so weit entfernt hast, dass du denkst, es gäbe kein Zurück, mache dir bewusst, dass nur das Ego aus diesen Gedanken spricht. Der HIMMEL kennt den Weg und wenn du dich von ihm auf den ebenen Pfad zurückführen lässt, dann erlangst du die Fähigkeit, andere zu führen, die ebenfalls vom Pfad abgekommen sind. Der Weg zurück beginnt mit einem einfachen Ja, das dein höheres Bewusstsein bittet, ihn dir zu zeigen.

9

Zur Hölle mit dem Himmel

Die streng religiöse Erziehung, die vielen Menschen zuteilgeworden ist, hat manchmal einen bitteren Nachgeschmack hinterlassen. Mitunter war auch körperlicher, emotionaler oder seelischer Missbrauch im Spiel. Man hat uns so eindringlich mit dem Weltgericht und der Hölle gedroht, dass wir gelernt haben, in den engen Gassen eines beschränkten Lebens zu verharren, ein guter Mensch zu sein und alles zu tun, um nicht verurteilt und verdammt zu werden. Irgendwann im Laufe unseres Heranwachsens haben wir alles über Bord geworfen, weil wir nicht länger bereit waren, einen so einschränkenden Weg zu gehen. Wir hatten genug und sagten: „Zur Hölle mit dem HIMMEL!" Oder zumindest mit dem Bild des HIMMELS, das man uns vermittelt hat, und mit einem GOTT, der seinen Donnerkeil schwingt, um uns in eine ewigwährende Hölle zu werfen. Wir wurden zu Atheisten oder Agnostikern. Wir wurden zum sprichwörtlichen verlorenen Sohn und waren stolz darauf. Die Kirche und ihre Amtsträger waren nur eine weitere Form von Tyrannei und reihten sich in die lange Reihe der Enttäuschungen in unserem Leben ein.

Doch es ist durchaus möglich, dass wir das Kind zusammen mit dem Bade ausgeschüttet haben. Wir haben die Spiritualität zusammen mit der Religion zum Fenster hinausgeworfen. Spiritualität ist das Streben nach Glück und nach dem REINEN GEIST. Wenn du auf der Suche nach GOTT bist, die Religion dir diesen Namen aber verleidet hat, denke stattdessen an die LIEBE. Möglicherweise ist es an der Zeit, der Religion, mit der du aufgewachsen bist, ihren Vertretern und sogar GOTT selbst zu vergeben, DER so schlecht vertreten und in so hohem Maße verleumdet wurde. Wir wollen jedoch einen Schritt nach dem anderen gehen. Vielleicht bist du bereit, dich zu dem Satz zu bekennen: „Meine Religion ist die LIEBE." Es scheint ein erstrebenswertes Ziel zu sein, wenn du bereit bist, das, was du für Religion gehalten hast, durch die LIEBE zu ersetzen. Wenn du die dunkle Vergangenheit loslässt, kannst du die Tür für einen neuen Beginn öffnen. Du kannst darum bitten, dass dir der Rückweg zu deinem Herzen, deinem Leben und auch zur LIEBE gezeigt werden möge. Zurückgegeben werden dir Führung, Gnade und sogar Wunder, um die Zeit zu verkürzen, in der du das verlorene Staunen und die verlorene Weite zurückgewinnen kannst. Du kannst es jetzt tun. Was hast du zu verlieren, außer dass du Recht bekommst in Bezug auf eine Vergangenheit, die dich zurückhält? Wenn du es tust, dann gibst du eine dunkle Geschichte auf, gegen die du anderenfalls kämpfen oder die du kompensieren musst. Jedes Mal, wenn du vergibst, wird ein dunkler Schmutzfleck der Schuld aus deinem Bewusstsein gelöscht.

Liebe ist Verbundenheit und du kannst dir zum Ziel setzen, dass die LIEBE zum EINSSEIN werden möge, das vollkommene Freude in sich birgt. Untersuchungen haben gezeigt, dass der Glaube an eine HÖHERE MACHT dich auch in den schlimmsten Situationen tragen kann. Religion kann die Menschen trennen. Wahre Spiritualität erkennt dagegen die Macht an, die zur Verbindung einlädt und die Einheit willkommen heißt.

10

Drei hilfreiche Prinzipien

Das erste Prinzip: Verantwortung

Wenn du dein Leben verändern willst, besteht das erste Prinzip darin, die Verantwortung dafür zu übernehmen. Wenn du glaubst, jemand anderer sei für dein Leben verantwortlich, dann fühlst du dich hilflos und von den Menschen in deiner Umgebung abhängig. Du ärgerst dich darüber, dass sie sich nicht besser um dich gekümmert haben, und sinnst auf Rache, wenn du dich als Opfer fühlst. Deine Verletzungen zeigen, in welchem Maß dein Leben von Rache geprägt ist. Du hast das Gefühl, in der Falle zu sitzen, weil das, was geschehen ist, in der Vergangenheit liegt und du glaubst, nichts daran ändern zu können.

Dabei hast du dein Leben aus dem Blick verloren. Weil du dich davor gefürchtet hast, den nächsten Schritt zu gehen, hast du zu Unrecht einen anderen Menschen beschuldigt, dem du hättest helfen sollen. Er hat dir einen idealen Vorwand geliefert. Du benutzt ihn, um deine Lektion nicht zu lernen. Du hast dir selbst etwas vorgemacht, wie wir es alle tun, wenn wir Angst bekommen und glauben, den nächsten Schritt nicht meistern zu können. Unter deinem Schmerz liegt Schuld verborgen, weil du dein Versprechen nicht gehalten hast, dem betreffenden Menschen zu helfen. Dazu hättest du vortreten und dich rückhaltlos einbringen müssen, indem du die Seelengabe öffnest, die du nach wie vor in dir trägst, und sie mit ihm teilst. Es hätte ebenso bedeutet, dich zum nächsten Schritt in deiner Lebensaufgabe und deiner Bestimmung zu bekennen, indem du auch die Gabe des HIMMELS empfängst, um sie zu teilen. Damit hättest du selbst das schmerzhafteste Trauma abwenden können. Du hättest die Lektion mit Bravour bestanden und ein Fundament für die weiteren Stadien in deinem Lernprozess geschaffen. Das Maß deines Schmerzes entspricht dem Maß deines Versagens. Meist muss die Lektion in einer aktuellen Situation wiederholt werden, in der sich die Vergangenheit als Gegenwart maskiert. Verpflichte dich, diese Lektionen zu lernen, ehe sie zur Prüfung werden.

Betrachte einmal die Probleme, mit denen du es in deinem Leben zu tun hast. Sie sind auch ein Ort, an dem du nicht die volle Verantwortung übernimmst. Probleme weisen auf ein gespaltenes Bewusstsein hin. Du willst zwar den Erfolg, fürchtest dich aber vor der Antwort. Du willst zwar die Antwort, aber auch deine Unabhängigkeit, die nur möglich ist, wenn du die Antwort nicht erhältst. Das hat dazu geführt, dass du dich vor der Lösung fürchtest. Du fürchtest dich vor dem nächsten Schritt. Du glaubst, ihm nicht gewachsen zu sein, und willst dich lieber in der sogenannten „Sicherheit" deines Problems verstecken, als vorzutreten und dich deiner Angst zu stellen. Deine Angst liegt unter schlechten Gefühlen und Schuld verborgen. Weil du dich deiner eigenen Schuld nicht stellen willst, hast du sie einem anderen Menschen zugewiesen. Du steckst fest, aber nur so lange, bis du einige wichtige Lektionen lernst.

Wenn du einmal auf die Herzensbrüche, Traumen, Niederlagen und Misserfolge in deinem Leben zurückblickst, entdeckst du, welche Muster für deinen Mangel an Erfolg verantwortlich sind. Auch dies sind Orte, an denen du nicht die volle Verantwortung übernommen hast. Wenn wir die volle Verantwortung übernehmen, kommt das, was im Unterbewusstsein verborgen liegt, allmählich ans Licht und erzählt eine vollkommen andere Geschichte als die, die wir uns selbst erzählt haben. Jedes Problem zeigt, dass wir einen Groll hegen. Wir haben jemand anderen zum „Bösewicht" gemacht und geben ihm die Schuld an unserem Problem. Jedes Trauma zeigt, dass wir es mit einem besonders bösen Buben zu tun haben. Zu einem bösen Buben wird jemand dann, wenn wir ihm nicht helfen, wie wir es versprochen haben.

Probleme und Traumen zeugen von Schuldzuweisung, die ihrerseits von einem Mangel an Verantwortung zeugt. Wie kannst du dich ändern, wenn jemand anderer für dein Leben verantwortlich ist? Du hast keine Macht. Du hast sie aus der Hand gegeben, weil du dich fürchtest. Du hast sie aus der Hand gegeben, weil *du* Angst hast, dass du nicht anders bist als der „böse Bube" in deiner Geschichte. Tatsächlich trägst du diesen **Glaubenssatz über dich selbst** bereits in dir und bestrafst dich dafür. Verantwortung beendet die Selbstbestrafung, weil sie sowohl die Schuld als auch die Schuldzuweisung beendet. Schuld und Schuldzuweisungen sind zwei Seiten derselben Münze, die bezahlt wird, um zu verhindern, dass du dich änderst.

Es gibt keine bösen Buben. Nicht einmal du bist einer. Wenn es böse Buben in deinem Leben gibt, hast du keine Verantwortung übernommen, und sie ist das oberste Prinzip, wenn es darum geht, dein Lebensglück zu finden.

Anderenfalls bist du in einer Welt der Illusion gefangen, in der es Leiden gibt. Leiden hat den Zweck, dich von dem abzulenken, was wirklich geschieht, und es soll dich dazu bringen, dich zu verstecken. Das zeugt von Angst vor deiner Größe und deinen Gaben. Du läufst vor deiner Lebensaufgabe und deiner Bestimmung davon.

Veränderung ist an deine Gaben, deine Lebensaufgabe und deine Bestimmung geknüpft. Schuld und Schuldzuweisungen sind Wege, dich vor deiner Berufung und vor dem zu verstecken, der du in Wirklichkeit bist. Traumen zeugen von Angst vor dir selbst und vor deiner Größe. Du fürchtest, das heilige Verspechen deiner Lebensaufgabe nicht erfüllen zu können, und deshalb läufst du vor deiner Aufgabe davon. Schmerz, Traumen und Probleme liefern dir einen idealen Vorwand, um dich nicht zeigen zu müssen.

Du beschuldigst einen anderen Menschen, um deine eigene Schuld zu projizieren. Du willst keine Verantwortung übernehmen und die einzige Alternative ist Schuld. Wo es Schuld gibt, dort gibt es Selbstbestrafung. Wenn du dich selbst bestrafst, fühlst du dich schlecht, und immer wenn du dich schlecht fühlst, fühlst du dich schuldig. Ein schlechtes Gefühl ist gleichbedeutend mit Schuld. Schuld erzeugt einen eigenen Teufelskreis und um sie zu verbergen, spalten wir Abwehrmechanismen ab, die uns nicht von ihr befreien. Wir versuchen unsere eigene Schuld mithilfe von Groll, Urteilen und Schuldzuweisungen zu projizieren. Unser Ego benutzt diese Dinge jedoch, um die Schuld zu verbergen, mit deren Hilfe es seine Macht ausbaut, während es gleichzeitig vorgibt, uns von ihr zu befreien, indem es andere Menschen angreift. Dadurch wird sie jedoch lediglich verstärkt.

Leiden erzeugt Trennung und das Ego ist genau das – das Prinzip der Trennung. Verbindung heilt Trennung. Fehlende Verbindung ist eine Folge von Schuld.

Schuld nährt Konzepte von Sünde und Karma, die nicht nur destruktiv sind, sondern eine selbstdestruktive Wirkung haben. Ohne Schuld hättest du keine Probleme. Selbst wenn wir nicht bewusst an Schuld und Sünde glauben, tragen wir verborgene Kammern der Schuld und der Sünde in uns und sind aufgerufen, sie zu finden und zu heilen. Sünde ist ein Ort, an dem wir glauben, unsere Schuld sei unabänderlich. Schuld führt zu Selbstgerechtigkeit, Unwilligkeit, Aufsässigkeit und Unverbesserlichkeit. Wenn du einen besseren Weg finden willst, dann verpflichte dich deiner eigenen Unschuld ebenso wie der Unschuld aller anderen Menschen, denn das ist der Weg, der dich voranbringt. Schuld verhindert, dass du dich selbst einbeziehst und dich rückhaltlos gibst. Schuldzuweisungen, Groll und Urteile verhindern Partnerschaft und haben zur Folge, dass du nicht empfangen kannst.

Wenn wir uns aufopfern, erwarten wir von anderen Menschen, dass sie sich ebenfalls aufopfern. Aufopferung verhindert Nähe und Erfolg. Sie hält uns in einem Mangel an Ebenbürtigkeit gefangen und verhindert, dass unser Leben ins Gleichgewicht kommt. Aufopferung ist die häufigste Ursache für Burnout. Alles, was durch Aufopferung erreicht wurde, hätte auch ohne sie erreicht werden können. Rollen haben dieselbe Wirkung, denn sie sind eine Form von Aufopferung, die erfolglos versucht, Schuld zu tilgen. Wir alle setzen sie zu diesem Zweck ein.

Abwehrmechanismen, die Aufopferung verbergen oder auslöschen sollen, sind immer zum Scheitern verurteilt. Hilfreich ist die Erkenntnis, dass Schuld eine Illusion ist, die das Ego uns aus reinem Eigeninteresse aufzwingt. Schuld baut das Ego auf, aber sie zerstört unser Leben und gleicht einem Superkleber, der verhindert, dass wir vom Fleck kommen. Schuld verbirgt Angst. Chronische Schuld ist ein Kampf gegen die LIEBE und gegen GOTT. Schuld hat zur Folge, dass wir die Lektion nicht lernen und den Fehler nicht berichtigen. Es ist hilfreich, das Leben aus einer Perspektive jenseits der Vorstellung von Gut oder Böse zu betrachten, denn wenn du dieses Glaubenssystem verinnerlicht hast, fühlst du dich immer schuldig, egal wie sehr du dich auch bemühst, ein guter Mensch zu sein. Betrachte dein Leben unter dem Aspekt, was wahr ist und was dir Erfolg bringt oder nicht. Betrachte das Leben mit der Einstellung, dass es unabhängig von deinem eigenen Verhalten oder vom Verhalten eines anderen Menschen entweder Liebe oder ein Hilferuf ist. Verpflichte dich deiner eigenen Unschuld und der Unschuld anderer Menschen und heile Schicht um Schicht den Groll und die Schuld, die ans Licht kommen, um vergeben und losgelassen zu werden.

Das zweite Prinzip: Unsere Lebensgeschichten

Unser Leben ist eine Geschichte, die wir selbst schreiben. Es wird uns nicht in die Wiege gelegt, sondern von unserem Ego gestaltet. Unsere Seele hat bestimmte Lektionen für uns vorgesehen, die wir lernen sollen, aber sie müssen weder schwierig sein noch sich zu Traumen entwickeln. Wir haben die Wahl, ob wir dunkle Geschichten schreiben wollen oder ob unsere Lebensgeschichten uns Freude bringen.

Alle negativen Geschichten sind letztlich Geschichten der Angst und alle positiven Geschichten sind Geschichten der Heilung. Das Ego will uns dazu überreden, dunkle Geschichten zu schreiben, um seine Macht zu vergrößern, während das höhere Bewusstsein fest entschlossen ist, Geschichten der Liebe und der Heilung zu schreiben, die uns erlauben sollen, zu lernen und zu wachsen.

Unsere dunklen Geschichten erfüllen einen bestimmten Zweck. Wir verbergen uns vor uns selbst und unserer Lebensaufgabe. Wir wollen uns vor Angst schützen, etwas beweisen, eine Ausrede haben, recht haben, einen anderen Menschen in einem Machtkampf besiegen, uns rächen, Schuld tilgen, einen anderen Menschen retten, rebellieren, unabhängiger sein, unseren eigenen Weg gehen, einen Wutausbruch rechtfertigen, uns beschweren, protestieren, den nächsten Schritt nicht gehen, unser Licht nicht leuchten lassen, uns selbst, andere Menschen und GOTT angreifen, uns nicht ändern, dunklen Glanz nähren, festhalten oder kontrollieren. Die Liste ließe sich beliebig fortsetzen.

Unsere positiven Geschichten bringen uns auf einem immer helleren Pfad der Freude nach Hause voran. Es erscheint töricht, dass wir uns für dunkle Geschichten entscheiden, aber wir alle haben es dennoch getan. Geschichten entspringen dem Unbewussten und wurden häufig auf einer Ahnenebene weitergegeben oder auf einer Seelenebene aus „anderen Leben" mitgebracht. Dessen ungeachtet zählen sie zu den Aspekten des Unbewussten, derer wir uns besonders leicht bewusst werden können. Eine Möglichkeit besteht darin, dein Leben einfach mit Blick auf das zu betrachten, was darin vorkommt. Wenn es von Mangel, Herzensbruch, Machtkampf oder Verrat gekennzeichnet ist, erscheint es naheliegend, dass du diese Geschichten schreibst. Wenn es in deinem Leben mehr dunkle Geschichten als Geschichten der Heilung gibt, kommst du kaum voran. Du leidest.

Ich kann deinem tieferen Bewusstsein eine Frage stellen und obwohl du nicht weißt, warum ich diese Frage stelle oder worum es dabei geht, weiß dein tieferes Bewusstsein ganz genau, worum es geht und wie die Antworten lauten. Wähle drei Zahlen zwischen eins und zweiundvierzig. Schreibe sie nieder. Sie stehen für die drei dunklen Geschichten, die den größten Einfluss auf dein Leben haben und dich aktuell am stärksten zurückhalten. Schaue dir die Geschichten hinter den Zahlen an. Frage dich, wie viele dieser Geschichten du jeweils in dir trägst und welchem Zweck sie in deinem Leben gedient haben. Welche Auswirkungen hatten sie auf dein Leben?

1. Geschichten des Verlusts
2. Geschichten des Opfers
3. Geschichten des Pechs
4. Geschichten der Unzulänglichkeit
5. Tragische Geschichten
6. Geschichten des Verlassenseins
7. Geschichten der Angst
8. Geschichten des Herzensbruchs
9. Geschichten der Rache
10. Geschichten des Mangels
11. Geschichten der Schuld
12. Geschichten der Unwürdigkeit
13. Geschichten der Aufopferung
14. Geschichten der Schuldzuweisung
15. Perfektionistische Geschichten

16. Geschichten, in denen du dich selbst und andere antreibst
17. Geschichten des Festhaltens
18. Geschichten der Kontrolle
19. Geschichten der Unabhängigkeit
20. Geschichten des Machtkampfs
21. Geschichten der toten Zone
22. Allen-Widerständen-zum-Trotz-Geschichten
23. Rollengeschichten
24. Geschichten des Unglücklichseins
25. Geschichten des Wutausbruchs
26. Geschichten des Starrsinns
27. Geschichten der falschen Einstellung
28. Geschichten der Scham
29. Schattengeschichten
30. Geschichten des Ärgers
31. Geschichten des Selbstangriffs
32. Geschichten des Angriffs
33. Geschichten der Grausamkeit
34. Geschichten des Märtyrers
35. Geschichten der Trennung
36. Geschichten der Halbherzigkeit
37. Geschichten, die davon handeln, dass du das Leben anderer Menschen ruiniert hast
38. Geschichten des Bösewichts
39. Geschichten der Eifersucht
40. Geschichten über chronische Probleme
41. Geschichten der Zurückweisung
42. Geschichten des Versagens

Das sind beileibe nicht alle dunklen Geschichten, die es gibt, aber sie können dir Orte zeigen, an denen du dich nicht nur gegen Veränderung wehrst, sondern auch Selbstkonzepte in dir trägst, die diese Geschichten stützen. Alle Figuren in deinen Geschichten, auch der Bösewicht und die Schattenfiguren, entspringen deinen eigenen Selbstkonzepten.

Es ist an der Zeit, deinen Geschichten auf den Grund zu gehen und eine neue Entscheidung im Hinblick darauf zu treffen, was du in deinem Leben erschaffen willst. Du kannst diese dunklen Geschichten loslassen und entscheiden, welche positiven Geschichten du an ihre Stelle setzen willst.

Das dritte Prinzip: Wahl

1. Was in deinem Leben geschehen ist, ist die Folge einer Entscheidung, die du getroffen hast. Du kannst die falschen Entscheidungen berichtigen und die guten Entscheidungen stärken. Niemand anderer ist schuld. Du hast andere Menschen in deinem Drehbuch benutzt und du kannst das Drehbuch neu schreiben. Das Prinzip der Wahl ist eng mit dem Prinzip der Verantwortung verknüpft. Es ist der Grund, warum du verantwortlich bist. Diese Tatsache verbirgst du natürlich vor dir selbst. Du schreibst alle erdenklichen Geschichten des „Opfers" und des „bösen Buben", die nicht nur deine falschen Entscheidungen verbergen, sondern auch die Schuld, die du deshalb empfindest. Auch wenn es auf den ersten Blick verrückt erscheinen mag, war es deine Entscheidung, die Dinge so geschehen zu lassen, wie sie geschehen sind. Vielleicht wolltest du die Aufmerksamkeit auf dich lenken oder ein Bedürfnis erfüllt bekommen. Vielleicht hast du tief in dir einen Götzen des Leidens oder der Krankheit verborgen. Götzen sind die falschen Götter, die du auf unbewussten Ebenen anbetest, weil du glaubst, dass sie dich retten oder dir Befriedigung bringen können. Ungeachtet der Gründe hast du die falsche Entscheidung getroffen. Du kannst dich fragen, was das Problem oder das Trauma dir zu tun erlaubt hat oder was du nicht tun musstest, weil es geschehen ist. Wofür hast du die Situation benutzt? Dies sind nur einige der zahllosen Dynamiken, aus denen heraus wir falsche Entscheidungen treffen.

Jedes Problem oder Trauma ist ein Muster, das seine Wurzeln in der Vergangenheit hat. Du versuchst die Lektion neu zu lernen, während das Ego fest entschlossen ist, das ursprüngliche Problem zu verstärken. Ehe ein Problem auftritt, stehst du an einer Wegkreuzung, an der du wählen kannst. Erst wenn du erkennst, dass es eine Wegkreuzung gibt, wirst du dir auch bewusst, dass du eine Wahl hast. Das Ego und seine zahllosen lauten Stimmen fordern dich auf, seinen Weg einzuschlagen. Es bietet dir Besonderheit, eine Ausrede oder die Möglichkeit zu schwelgen. Es bietet dir Kontrolle oder die Möglichkeit, Rache zu üben. Vielleicht brauchst du den nächsten Schritt nicht zu gehen oder du musst deine Lebensaufgabe nicht annehmen. Wenn du dich bei Entscheidungen vom Ego leiten lässt, kannst du unabhängig sein und deinen eigenen Weg gehen. Du kannst andere Menschen, dich selbst und GOTT angreifen, wenn du einen Fehler machst. Das Ego sagt dir, dass deine Unabhängigkeit den geringen Preis des Schmerzes wert ist, den du dafür bezahlst, und es verspricht dir, dich vom Schmerz zu befreien. Es sagt dir, dass du anderen Menschen die Schuld an deiner Situation geben kannst und keine Verantwortung für sie übernehmen musst.

Es sagt dir nicht, dass du versprochen hattest, genau den Menschen von seinem Schmerz zu befreien, den du beschuldigst. Es sagt dir nicht, dass du sowohl Macht als auch Selbstvertrauen aufgeben musst, wenn du zum Opfer wirst. Es verrät dir nicht, dass die Opferrolle nur eine der Rollen ist, die du spielst, weil sie immer auch die Rollen der Aufopferung und der Unabhängigkeit einschließt. Das Ego sagt dir nicht, dass, wenn du dich auf die Seite der Trennung schlägst, deine Unabhängigkeit eine Rolle ist, die dich weder empfangen noch genießen lässt. Auch die Rolle der Aufopferung lässt nicht zu, dass du empfängst. Das führt dazu, dass du schwelgst, was wiederum Schuld, Krankheit und als Kompensation ein noch höheres Maß an Aufopferung zur Folge hat. Das Ego sagt dir ganz gewiss nicht, was dir entgangen ist, weil du dich nicht für den Weg des HIMMELS – den Weg deines eigenen wahren Selbst – entschieden hast. Es sagt dir nicht, dass das, was es dir versprochen hat, nur dafür sorgen sollte, dass du dich vor deinen Gaben, deiner Lebensaufgabe und deiner Bestimmung versteckst. Deine Gaben, deine Lebensaufgabe und deine Bestimmung fordern dich auf, dein Licht leuchten zu lassen. Sie bringen dir das große Glück und ein goldenes Leben. Das sagt es dir nicht, wenn du dich wieder einmal trennst. Trennung ist eine Entscheidung, dich von einem anderen Menschen abzuschneiden, weil du etwas verurteilt hast. Trennung erzeugt Angst, Schuld, Groll sowie einen Autoritätskonflikt. Sie erzeugt Gefühle von Verlassenheit, Ablehnung, Ärger und Widerstand. Sie setzt selbstsabotierende Muster in Gang, die Verlust, Schuld, Angst und Gefühle der Unzulänglichkeit verstärken, sodass du nicht wagst, den nächsten Schritt zu gehen, weil du fürchtest, nicht mit ihm umgehen zu können.

Du beschuldigst andere Menschen, weil ihr Handeln dir Schmerz bereitet hat, aber dein Schmerz kommt daher, dass du dich von ihnen losgesagt hast. Ein Blick in dein Unterbewusstsein beweist, dass du es getan hast, um unabhängig zu sein und die Selbstkonzepte aufbauen zu können, aus denen das Ego besteht.

Wir verbergen enorm viel vor uns selbst. Unser Unterbewusstsein ist erfüllt von unserem Angriff und Selbstangriff, während wir nach außen hin die Geschichte erzählen, dass wir das unschuldige Opfer sind und dass andere Menschen und das Leben uns schlimme Dinge angetan haben, die zur Folge hatten, dass wir gelitten haben und selbst schlimme Dinge tun mussten. Wir wollen keine Verantwortung für unser Leben und den Schmerz tragen, den wir darin erfahren. Wir wollen keine Verantwortung für unseren Mangel oder für das übernehmen, was uns widerfahren ist. Wir haben ein enorm hohes Maß an Macht dissoziiert und weggeworfen, weil wir beweisen wollen, dass jemand anderer und nicht wir selbst für das verantwortlich ist, was uns geschehen ist. Wir wollen zeigen, dass wir dem Ansturm des Lebens hilflos ausgeliefert sind und dass wir das Recht haben, andere Menschen anzugreifen, um uns zu schützen. Wir haben zahllose Ausreden dafür, dass wir sind, wer wir sind, und wer uns unrecht getan hat. Vor allem aber wollen wir nicht sehen, dass wir selbst dafür gesorgt haben, dass unser Leben dunkel und eine Bürde ist. Ob diese Bürde größer oder kleiner wird, hängt davon ab, wie hoch das Maß an Heilung ist, das wir erlangen.

Die gute Nachricht lautet, dass unsere dunkle und schmerzerfüllte Vergangenheit ein Fehler ist und dass Fehler korrigiert werden können. Wir selbst haben den Fehler gemacht und können uns deswegen auch dafür entscheiden, ihn zu berichtigen. Hinzu kommt, dass unsere dunkle und schmerzerfüllte Vergangenheit viele Gaben, neues Verständnis und höheres Bewusstsein verbirgt, die wir wie einen Schatz heben können. Gnade, unsere Lebensaufgabe und unsere Bestimmung warten auf uns. Wenn wir unsere Lektionen lernen und Heilung erlangen, wenden wir uns dem Licht wieder zu. Dass die Vergangenheit geheilt ist, erkennen wir am Erfolg und an der Fülle, die wir in der Gegenwart erleben. Wir sind von Frieden erfüllt, zuversichtlich und in unserer Mitte zentriert. Wir sind glücklich und bereit, anderen Menschen zu helfen. Wir sind in der Welt zu einer Kraft des Guten geworden. Unser Leben kennt keine dunklen Geschichten und auch keine Bösewichte mehr. Führung, Inspiration und Vision werden uns zuteil, weil wir uns zu unserer Lebensaufgabe bekannt haben. Abenteuer und ein goldener Glanz werden zu einem Teil unseres Lebens.

2. Wir haben unsere falschen Entscheidungen benutzt, um den HIMMEL *zu verleugnen.* Alle dunklen oder schrecklichen Ereignisse, die wir erlebt haben, entsprachen nicht dem Plan des HIMMELS für uns. Der HIMMEL ist nicht dunkel, sondern licht, nicht grausam, sondern großzügig, nicht hart, sondern zart, nicht Folter und Tod, sondern das LEBEN. Der HIMMEL steht für Gerechtigkeit durch Barmherzigkeit und Erlösung durch Liebe. Alles andere haben wir selbst erfunden. Wir haben es getan, um unsere Angst vor dem HIMMEL aufrechtzuerhalten, sodass wir unabhängig bleiben und unser eigener Gott oder Teufel sein konnten.

Wir haben jedes ungerechte oder negative Ereignis im Leben benutzt, um uns vom Licht abzuwenden. Wir haben

Gott durch unseren Schmerz verleugnet und angeklagt. Wir sind vor der göttlichen Präsenz und vor unserem Platz als Kind Gottes davongelaufen. Gott ist Liebe. Er kann seiner eigenen Natur nicht zuwiderhandeln. Wahre Integrität heißt, dass der Zweck nicht das Mittel heiligt, und das bedeutet, dass Gott niemals zulassen würde, dass ein dunkles Ereignis geschieht, nur damit es später Licht werden kann.

Um dort Heilung zu bewirken, wo ein selbstsabotierendes Muster und alter Schmerz am Werk sind, kannst du an den Ort zurückkehren, an dem du den Fehler gemacht hast, und die göttliche Präsenz darum bitten, sich in der Zeit unmittelbar vor dem Augenblick einzufinden, in dem die Situation eine schmerzhafte Wendung genommen hat. Wenn der Himmel präsent ist und du anerkennst, dass du ein Kind des Himmels bist, kann sich die Situation ganz anders entfalten.

3. Wenn die Vergangenheit nicht glücklich war, ist sie ein Fehler. Was in der Vergangenheit nicht geheilt wurde, bleibt uns erhalten. Wir tragen es in uns, auch wenn wir es scheinbar vergessen oder verdrängt haben. Es ist vielleicht an der Zeit, das ans Licht zu fördern, was der Berichtigung bedarf, und das Tao oder den Heiligen Geist in unser Leben einzuladen, um uns die Lösung zu bringen. Der Heilige Geist ist die Kraft des Guten, die in dieser Welt der Zeit und der Illusionen wirkt. Er kann uns leiten und uns Beistand leisten. Er bringt sowohl Wahrheit, die uns vorangelangen lässt, als auch Trost, der uns in unsere Mitte zurückführt. Auch wenn wir das Unterbewusstsein und das Unbewusste vollständig zutage fördern müssten, um zu erkennen, dass alles, was uns widerfahren ist, unsere Entscheidung war, so werden wir doch jedes Mal befreit und ermächtigt, wenn wir ein wenig Dunkelheit ans Licht bringen.

Dies sind drei einfache Schritte zur Veränderung:

1. Erkenne, dass das, was sich nicht gut anfühlt oder nicht zum Erfolg führt, *ein Fehler* ist, den *du* machst. Wolle, dass alle verborgenen Dinge in einer Situation ans Licht kommen. „Ich bin nicht glücklich und das bedeutet, dass ich im Irrtum sein muss." Glücklichsein geht Hand in Hand mit der Wahrheit. Vollkommene Wahrheit geht stets mit Glück einher.
2. Bitte darum, dass der Fehler dir gezeigt und für dich berichtigt wird, damit du die Lektion lernst und sie nicht wiederholen musst, bis sie zu einer noch schmerzhafteren Prüfung wird. „Ich weiß nicht, was es bedeutet. Bitte zeige mir die Bedeutung." Wenn wir leiden, haben wir eine falsche Entscheidung zugunsten egobasierter Werte getroffen, die uns niemals glücklich machen können.
3. Sei bereit, jeder Eingebung zu folgen, um deine Fehler zu korrigieren. Anderenfalls entspanne dich einfach und wisse, dass die Korrektur bereits in die Wege geleitet wurde.

Deine Hingabe an diesen Prozess macht eine mühelose Veränderung möglich. Du bist wieder eine Partnerschaft mit dem HIMMEL eingegangen und hast deinen Platz als Kind des HIMMELS eingenommen. Du kannst deine Zukunft in die Hände des HIMMELS legen und gewiss sein, dass mit der Sorge für die Zukunft auch die Vergangenheit ihren Segen und ihren goldenen Glanz zurückerhält.

4. Die Gaben erzählen die Geschichte. Wir sind vor uns selbst und vor dem, der wir in der Welt sein wollten, davongelaufen. Wir sind vor unserer Größe und unserer Lebensaufgabe davongelaufen. Wir sind vor unseren Gaben davongelaufen. Jedes Problem und jedes Trauma weist auf einen Ort hin, an dem wir Angst davor hatten, unser Licht leuchten zu lassen, Angst vor unseren Gaben, Angst davor, der zu sein, der wir in der Welt sein wollten. Wir wollten in der Menge aufgehen und so wie alle anderen sein. Wir wollten uns verstecken und „normal" sein. Wir wollten kein Riese im Land der Pygmäen sein. Wir haben traumatische Ereignisse benutzt, um unabhängig zu werden, statt nach der wechselseitigen Abhängigkeit zu streben, die unsere Gaben mit sich bringen. Unsere Gaben machen das Ego überflüssig, sodass es alles tut, was in seiner Macht steht, um uns dazu zu bringen, uns auf seine Seite zu stellen, statt uns für unsere Gaben zu entscheiden.

Der Schmerz und die Herzensbrüche der Vergangenheit, an die wir uns noch erinnern können, verbergen Gaben. Die Probleme, mit denen wir es jetzt zu tun haben, verbergen Gaben. Unsere Probleme helfen uns, den Ort zu erkennen, an dem Gaben auf uns warten. Diese Gaben lösen das Problem und heilen das gespaltene Bewusstsein, das die Probleme erschafft. Sie erzeugen Fluss und geben uns das Gefühl, unser bestes Ich zu sein. Wenn du sie von ganzem Herzen willst, kommen sie hervor. Sie kommen hervor, weil du willst, dass die Situation sich in eine positive Richtung entwickelt.

Gaben machen unser eigenes Leben und das Leben der Menschen in unserer Umgebung leichter. Sie geben uns und anderen das Gefühl, Wurzeln und Flügel zu besitzen. Sie sind authentisch und wahrhaftig und sie errichten eine

Brücke der Partnerschaft zu anderen Menschen. Sie vermehren sich im Laufe unserer Entwicklung von selbst und werden zu einem Teil unserer Lebensaufgabe und unserer Bestimmung. Alle unsere Probleme dienen dem Zweck, unsere Gaben zu verbergen. Nun ist es an der Zeit, die Angst vor uns selbst zu überwinden und sowohl in unserem eigenen Leben als auch im Leben anderer Menschen eine Veränderung zu bewirken. Es ist an der Zeit, unsere Probleme und unsere Niederlagen anzuschauen und durch Intuition oder durch Schlussfolgerung die Gaben zu finden, die sie verbergen. Wenn wir diese Gaben wieder willkommen heißen, lösen sich die Probleme ganz von selbst auf. Jede dieser Gaben bringt uns unserer Lebensaufgabe und unserer Bestimmung einen Schritt näher.

Eine Möglichkeit, deine Gaben zurückzugewinnen, besteht darin, sie von ganzem Herzen zu wollen. Auf diese Weise wird deine Schöpferkraft aktiviert. Wenn du vergibst oder um das Licht der Wahrheit bittest, dann schwindet die Dunkelheit und die Gaben bleiben zurück.

5. Traumata sind grausam. Es existiert eine verborgene Welt unter der Welt, die wir zu kennen glauben. Sie ist in einem solch hohen Maß von allen nur denkbaren Ängsten, Aggressionen und Wahrheiten erfüllt, dass das Ego uns davon überzeugt hat, sie fürchten zu müssen. Das gibt ihm die Möglichkeit, weiterhin die Kontrolle über unser Leben auszuüben, und es verhindert, dass wir uns unseres wahren Willens und unserer tiefsten Absicht bedienen, um zu herrschen, statt zu beherrschen. Wir wollen uns diese verborgene Bewusstseinswelt einmal genauer anschauen, denn sie birgt eine Fülle an Schätzen, Macht und Liebe.

Ein Aspekt, den es zu untersuchen gilt, ist Selbstangriff. Jedes dunkle Ereignis, das uns jemals widerfahren ist, ist nicht einfach so passiert. Es hat einem Zweck, manchmal auch vielen Zwecken gleichzeitig gedient. Es gibt kein Ereignis, das nicht einen bestimmten Zweck für uns erfüllt. Die Tatsache, dass wir ihn vor uns selbst verbergen, zeugt davon, dass zumindest ein Teil von uns erkannt hat, dass er falsch war. Jedes dunkle und schmerzhafte Ereignis ist eine Form von Selbstangriff, selbst wenn es sich in der Größenordnung einer Naturkatastrophe ereignet. Es gibt viele Gründe, warum wir uns selbst bestrafen. Nicht einer davon ist wahr. Wir greifen uns an, weil wir uns ablehnen, weil ein Selbstanteil in Konflikt mit einem anderen Selbstanteil steht, weil wir Selbstanteile abgespalten haben und weil manche der abgespaltenen Anteile Schmerz oder sogar Gefühle von Selbsthass in uns ausgelöst haben. Die Anteile, die wir aus Selbsthass abgespalten haben, sind zu Schattenfiguren geworden. Doch jeder Anteil, den wir abgespalten haben, birgt Angst und Schuld in sich. Angst und Schuld haben zur Folge, dass wir uns selbst angreifen. Schuld bewirkt, dass wir unaufhörlich versuchen, uns selbst zu bestrafen, weil wir glauben, sie auf diese Weise verringern oder tilgen zu können. Diese Strategie des Egos mindert die Schuld jedoch nicht, sondern vergrößert sie. Angst rührt von Angriffsgedanken her, denn wenn wir einen anderen Menschen angreifen, greifen wir zugleich auch uns selbst an. Das erzeugt Angst.

Jedes negative Ereignis in unserem Leben ist nicht nur ein Angriff auf uns selbst, sondern auch ein Angriff auf einen anderen Menschen. Jeder Misserfolg ist ein Angriff auf wichtige Menschen in unserem Leben. Jede Krankheit ist ein Akt der Rache. Unsere Opferereignisse sind Finger der Anklage, mit denen wir sagen: „Schau nur, was du mir angetan hast. Du hast dafür gesorgt, dass das geschieht." Alle diese Dinge verbergen wir natürlich vor uns selbst. In *Ein Kurs in Wundern* heißt es jedoch, dass Angriff niemals vereinzelt ist. Wir können einen anderen Menschen nicht angreifen, ohne auch alle anderen Menschen und uns selbst anzugreifen. Wir können denjenigen, dem wir die Schuld geben, nicht angreifen, ohne auch uns selbst und die Menschen anzugreifen, die wir lieben. Angriff und Selbstangriff sind das Fundament des Egos. Es benutzt sie, um Trennung und Unabhängigkeit zu erzeugen, die ihm so wichtig sind, weil es daraus seine Stärke bezieht.

Ein Ereignis birgt neben Angriff und Selbstangriff jedoch immer noch ein weiteres Element. Das Ereignis hätte gar nicht geschehen müssen. Es hätte verhindert werden können, aber wir haben uns auf die Seite des Egos gestellt und einen anderen Menschen unrechtmäßig als Bösewicht beschuldigt. Wir hätten ihn nicht zum Sündenbock machen müssen. Wir hätten ihm helfen können. Wir hätten ihn retten können. Wir glaubten, er habe uns benutzt, aber in Wirklichkeit haben wir ihn benutzt, um uns zu verstecken, unabhängig zu sein und unser Ego zu stärken. Wir haben ihn geopfert, damit wir selbst nicht vortreten mussten. Wir haben uns vor der Gnade und vor unseren Gaben, unserer Lebensaufgabe und unserer Bestimmung gefürchtet. Wir hatten Angst, unser Licht leuchten zu lassen. Wir haben uns vor der Transformation und vor der Größe gefürchtet, die uns angeboten wurden. Stattdessen haben wir uns auf die Seite unseres Egos gestellt, uns zum Opfer machen lassen und genau den Menschen geopfert, dem wir hätten helfen können und sollen. Wir waren hartherzig zu ihm und zu uns selbst. Wir haben die Schuld für uns beide vergrößert, obwohl wir alle Menschen, die an der Situation beteiligt waren, auf eine neue Ebene des Erfolges hätten heben können. Wir waren grausam zu uns selbst und zu anderen Menschen, obwohl wir die Lage hätten retten können. Nicht das, was uns angetan wurde, hat unseren Mangel und das selbstsabotierende Muster erzeugt, sondern unser hartherziges Verhalten gegenüber uns selbst und den anderen Menschen, die an der Situation beteiligt waren. Die Situation hätte für alle Erlösung bringen können, statt in einem Opferereignis zu enden, bei dem alle verlieren. Wir hätten eine dunkle Lektion abwenden können. Doch wir haben es versäumt, das zu tun, und die tiefste Schuld, die wir als Opfer erleiden, besteht darin, dass wir Frieden und die PRÄSENZ des HIMMELS anstelle der Ungerechtigkeit hätten haben können, die wir benutzt haben, um uns, andere Menschen und die HIMMLISCHE PRÄSENZ zu verleugnen. Unsere eigene Hartherzigkeit hat später zur Folge, dass wir uns von unserem Partner oder von unserer Familie nicht geliebt fühlen. Dies ist eine Form von Karma, ein Muster, das durch Schuld erzeugt wird, die es nur verstärkt, statt es aufzulösen. Die Gefühle der Zurückweisung und der Aufopferung, die wir erleben, sind ebenso Illusionen wie die Geschichte des Opfers, die wir uns selbst und anderen Menschen erzählen. Die gute Nachricht lautet, dass die mit dem Opferereignis verbundenen Emotionen wie Schuld und Versagen ebenfalls Illusionen sind und deshalb berichtigt oder losgelassen werden können.

Wir können zu diesen Ereignissen in unserem Leben zurückkehren und uns diesmal für die Wahrheit entscheiden. Wir können vortreten und uns zu neuen, höheren Gaben, der GÖTTLICHEN PRÄSENZ und Aspekten unseres heiligen Versprechens und unserer Bestimmung bekennen. Wir können die damit verbundene Lektion lernen und die Geschichte unseres Lebens neu schreiben.

6. *Wir sehen nur das, was wir zu sein glauben.* Was wir sehen, ist das, was wir von uns selbst denken. Was wir tun, tun wir uns selbst an. Die Welt zeigt uns unsere Glaubenssätze und alle unsere Glaubenssätze sind Glaubenssätze über uns selbst. Die Welt ist ein Film aus unseren Selbstkonzepten, die wir zu Geschichten verbinden. Diese Geschichten gleichen Träumen und sind wie jeder Traum ein Spiegel unserer eigenen Wünsche, Sehnsüchte und Entscheidungen, die wir zu einem bestimmten Zweck miteinander verwoben haben. Eine positive Geschichte heilt uns, macht uns glücklich und bringt uns ein höheres Maß an Freiheit. Eine dunkle Geschichte schränkt uns ein, unterstützt das Ego und vergrößert letztlich seine Macht.

Unsere dunklen Geschichten dienen ebenso wie unsere Probleme und Opferereignisse einem bestimmten Zweck. Unsere heimliche Belohnung besteht darin, dass wir etwas tun können, das wir uns anderenfalls nicht erlauben würden, und dass wir etwas nicht zu tun brauchen, das wir nicht tun wollen. Wir hoffen, dadurch die Kontrolle über andere Menschen und über uns selbst zu erlangen. Dunkle Geschichten machen uns besonders und geben uns eine Ausrede. Sie geben uns außerdem die Möglichkeit, uns zu verstecken, Recht zu bekommen, etwas zu beweisen oder andere Menschen und uns selbst anzugreifen. Die Liste dieser Dynamiken ließe sich beliebig fortsetzen.

Das Ego hat uns dazu gebracht, uns auf seine Seite zu schlagen und uns dann mit ihm zu identifizieren. Es macht seine Ängste zu unseren Ängsten. Es hat uns davon überzeugt, dass wir eins mit ihm und nicht mehr als unser

Körper sind. Es hat sich unseres Lebens bemächtigt. Wir haben uns von dem goldenen Leben abgewandt, das der HIMMEL für uns vorgesehen hat und das auch wir uns in Wirklichkeit wünschen. Die Welt ist ein Spiegel unseres eigenen Bewusstseins. Wir sehen immer nur uns selbst so, wie wir einmal waren. Wir bevölkern unser Leben mit unserer Vergangenheit. Einem anderen Menschen zu vergeben heißt, uns selbst zu vergeben. Einem anderen Menschen zu vertrauen heißt, uns selbst zu vertrauen. Die Familie, in der wir aufgewachsen sind, unser Partner, die schlimmsten „Bösewichte" in unserem Leben und unsere jetzige Familie zeigen uns zentrale Aspekte unserer Seele, die es in diesem Leben zu heilen gilt. Je besser uns dies durch Liebe, Vergebung und Verbindung gelingt, umso mehr fallen Unterschiede fort. Ihr Leiden wird geringer und endet ebenso wie unser Leiden. Unsere Gaben werden zu ihren Gaben und umgekehrt. Es entsteht Partnerschaft und von ihr gelangen wir zur Einheit und zur Vereinigung voran. Wenn das geschieht, erstrahlen wir mit unseren Gaben, unserer Lebensaufgabe und unserer Bestimmung. Wir benutzen andere Menschen nicht mehr, um uns zurückzuhalten, weil dies einen Konflikt in unserem eigenen Bewusstsein widerspiegelt. Jeder Kampf, den wir ausfechten, ist ein Kampf mit uns selbst. Jede Heilung, die wir erfahren, ist eine Integration hin zu größerer Ganzheit und innerer Harmonie und zu einer tieferen Freundschaft mit den Menschen in der äußeren Welt.

Vergebung ist die Entscheidung, uns nicht für das zu verurteilen, was wir außerhalb von uns sehen. Sie befreit uns und die Welt, die wir durch den Spiegel unseres Bewusstseins wahrnehmen. Die Heilung unserer Projektion befreit die Welt, während wir uns selbst befreien.

7. Was uns im Leben zurückhält, ist Angst. Es ist die Angst vor unserer Größe, unserer Lebensaufgabe und unserer Bestimmung. Es ist die Angst vor dem nächsten Schritt, weil wir glauben, ihn nicht meistern zu können. Wir fürchten uns vor der Liebe, vor GOTT und vor den guten Dingen, die wir vermeintlich wollen, denen wir aber zwiegespalten gegenüberstehen, denn wir besäßen sie, wenn wir sie vorbehaltlos wollten. Wir verbergen die Angst vor uns selbst – sowohl die Angst davor, nicht damit umgehen zu können, als auch die Angst davor, unsere Unabhängigkeit oder etwas anderes zu verlieren, das uns wichtig ist.

Was uns im Leben zurückhält, ist mangelnde Akzeptanz. Mangelnde Akzeptanz ist der Widerstand, der uns aufhält und auf Umwege schickt. Er zeigt uns sowohl unser gespaltenes Bewusstsein als auch das, was wir zurückgewiesen haben. Unser eigener Widerstand erzeugt Schmerz. Nicht das, was andere tun, verletzt uns, sondern unsere Zurückweisung. Es sind unsere Entscheidungen, die unsere Emotionen erzeugen. Es ist die Art und Weise, wie wir das Verhalten anderer Menschen deuten, die uns entweder verletzt oder unser Herz in Mitgefühl öffnet und uns erlaubt, die einem Ereignis innewohnende Güte zu erkennen. Auf einer tieferen, unbewussten Ebene schreiben wir selbst die Geschichte, die wir erleben. Auf einer bewussten und unterbewussten Ebene wird ein Ereignis durch unsere Interpretation und durch die Art und Weise, wie wir es benutzen, zu dem, was es für uns ist. Wir können es benutzen, um uns selbst zu verletzen und uns zu verstecken, oder wir können den Hilferuf hören, der sich darin verbirgt. Wir geben einem Ereignis die Bedeutung, die es für uns hat und die bestimmt, was es für uns ist.

Schuld ist eine weitere große Falle, die Veränderung verhindert. Sie verbirgt die Angst, die uns lähmt und die uns schrumpfen lässt, weil wir glauben, dem nächsten Schritt nicht gewachsen zu sein. Angst bewirkt, dass wir die Zukunft durch die Augen unserer Vergangenheit betrachten. Wenn die Vergangenheit dunkel war, sieht auch die Zukunft düster aus. Negative Dinge aus der Vergangenheit sind schuldbeladen, sodass wir die Zukunft als beängstigenden Ort sehen und vor ihr zurückschrecken. Jeder leidvolle Ort in unserem Leben ist eine Form von Selbstbestrafung, die mit Schuld begonnen hat. Schuld mag undurchdringlich erscheinen, aber sie ist eine Entscheidung. Sie dient unserer Angst, denn sie sorgt dafür, dass wir stecken bleiben und so den nächsten Schritt nicht gehen müssen. Im Endeffekt benutzen wir chronische Schuld, um gegen GOTT und gegen unsere Bestimmung zu kämpfen, denn auf einigen der tiefsten Ebenen des Bewusstseins ist unsere Schuld sowohl an unsere Angst vor Veränderung als auch an unsere Rebellion geknüpft. Schuld gibt uns die Möglichkeit, den Zustand der Trennung aufrechtzuerhalten. Schuld ist ein Fehler, der berichtigt werden kann und jeder anderen negativen Emotion gleicht. Es ist wahr, dass wir sie erfahren, aber sie ist dennoch unwahr. Sie existiert nur in unserer Erfahrung. Wir können den Weg hindurch zur Wahrheit finden und so die Schuld auflösen.

Ein weiteres großes Hindernis für Veränderung ist der Wunsch nach Unabhängigkeit. Unser Ego hat die Vorteile der Unabhängigkeit allzu sehr angepriesen. Unsere Unabhängigkeit ist zumeist Dissoziation und unser Verlangen danach gehört zu den versteckten Kerndynamiken, die immer dann auftreten, wenn wir uns in einer Opfersituation befinden. Negative Ereignisse werden zu unserer Ausrede, um Verbundenheit zu zerstören und unseren eigenen Weg zu gehen. Unabhängigkeit ist eine Rolle und stellt zusammen mit der Rolle des Opfers und der Rolle der Aufopferung eine Konstellation dar, die uns in der Unabhängigkeit festhalten soll. Sie verbirgt die mit dem Weg zur wechselseitigen Abhängigkeit verbundenen Ungewissheiten und ängstigt uns mit unserer abhängigen Seite und mit all dem Schmerz und der Bedürftigkeit, denen wir uns stellen müssten, um unser Herz zurückzugewinnen und zur wechselseitigen Abhängigkeit zu gelangen. Wechselseitige Abhängigkeit bewirkt, dass wir die Rebellion heilen, die das Ego zusammen mit Unabhängigkeit, Angriff, Selbstangriff, Besonderheit, Angst, Schuld und Konkurrenz benutzt, um sich selbst zu erschaffen. Diese Dinge bringen uns aus dem Fluss und sorgen dafür, dass unser wahrer Wille nicht auf den Willen des HIMMELS ausgerichtet ist. Alle erdenklichen Schwierigkeiten und Verzögerungen sind die Folge. Sie halten uns erfolglos auf Trab und wir können unser Leben nicht voll und ganz genießen, weil wir von uns selbst und vom Leben abgeschnitten sind. Zusammen mit dem Schmerz, den das Ego vorgeblich in unserem Interesse abgespalten hat, hat es auch unser Herz, unsere Gaben und die Wahrheit darüber abgespalten, was in der fraglichen Situation wirklich geschehen ist.

Mit unserer Rebellion haben wir uns von dem Glück abgewandt, das der WILLE GOTTES für uns ist. Mit unserem Autoritätskonflikt haben wir den HIMMEL von seinem Platz verdrängt und unser Ego an seine Stelle gesetzt. Durch die Zerstörung der Verbundenheit und die Abspaltung von der Ganzheit haben wir ein von Konflikten erfülltes Bewusstsein mit vielen tausend Selbstkonzepten geschaffen, die auf der Suche nach dem, was sie ihrer Meinung nach glücklich macht, alle unterschiedliche Richtungen einschlagen. Das erzeugt Angst, Verlust, Schwäche und widersprüchliche Absichten im Hinblick auf fast jedes Ziel, das wir erreichen wollen. Unser gespaltenes Bewusstsein wird so zu einem der zentralen Hindernisse für Veränderung.

11

Das Unterbewusstsein

Das Unterbewusstsein ist der Ort, an dem du alles verborgen hast, was du über dich selbst nicht wissen willst. Es verbirgt nicht nur deine dunkle Seite, sondern auch einen Teil deiner hellen Seite. Das Unterbewusstsein ist viel größer als dein Alltagsbewusstsein und als das, was du zu wissen glaubst. Es verbirgt das gesamte Ausmaß deines Angriffs und auch deine Schuld und deinen Selbsthass. Diese Dinge gehen Hand in Hand. Wenn du das, was in deinem Unterbewusstsein verborgen liegt, offenbaren und mit deinem Alltagsbewusstsein verbinden könntest, wärest du dir in weit höherem Maße der Wahrheit bewusst. Was wir verbergen, sind zumeist unschöne Dinge. Wir haben Angst davor, uns selbst zu erkennen, da wir sie anderenfalls nicht verborgen hätten.

Nachfolgend möchte ich dir einige der zentralen Prinzipien vorstellen, die ich im Laufe meiner Arbeit entdeckt habe. Das Unterbewusstsein ist dein Ego und wird auch von deinem Ego eingerichtet. Das Ego tut diese Dinge ausschließlich zu seinem eigenen Vorteil. Es ist im Besitz deiner Kreditkarten und deiner Bankdaten, aber es *scheint* nur so, als könntest du nicht verhindern, dass es seine Macht auf deine Kosten ausbaut. Es hat dich dein Herz gekostet, sodass Herzensbrüche dir Schmerz und Leid verursachen. Es hat dich dein Bewusstsein gekostet, das es mit jedem Akt der Trennung noch weiter gespalten hat. Das Ego ist das Prinzip der Trennung. Es hat dich Intelligenz, Mitgefühl und Bewusstheit gekostet und diese Dinge gegen die Illusion eingetauscht, die sich zeigt, wenn du dich von Wahrheit, Liebe und Verbundenheit trennst. Das Ego preist die Unabhängigkeit als einzig mögliche Lebensweise an, aber in Wirklichkeit handelt es sich dabei nur um dissoziierte Trennung, die es benutzt, um den Schmerz zu verbergen, den es durch sein Losbrechen hervorgerufen hat.

Das Unterbewusstsein hat jeden freudvollen und jeden schmerzhaften Moment seit deiner Empfängnis aufgezeichnet und überraschenderweise sind es gerade die Ereignisse zwischen Empfängnis und Geburt, die die aktuellen Muster deines Lebens bestimmen und die spätere Ereignisse in Gang setzen. Das Ego ist nicht dein Freund. Es mag dich nicht. Das Ego bezieht seine Stärke aus deinen Glaubenssätzen, die gleichzeitig deine Selbstkonzepte sind. Daher kommen die inneren Stimmen der Kritik, des Angriffs, des Urteils und des Selbstangriffs. Außerdem ist das Ego ein Speichellecker, ein „Schnorrer“ und ein Schmarotzer. Bis zum Alter von neunzehn Jahren ist es hilfreich, um die Welt zu verstehen und uns darin zurechtzufinden. Jetzt ist es an der Zeit, das Ego wieder aufzulösen, das sich mit Emotionen wie Angst, Schuld, Hass, Angriff und Selbstangriff, verdrängten sexuellen Gedanken und sexueller Energie sowie allen nur denkbaren Formen von Schmerz fest in uns eingenistet hat. Es hat durch Trennung sowohl sich selbst als auch unsere Bedürftigkeit erschaffen, die uns neben anderen Formen von Mangel das Gefühl vermittelt, niemals genug zu haben und niemals genug zu sein. Welchen Mangel gibt es in deinem Leben? Du kannst deinem Ego dafür danken. Es will mit deinem Mangel etwas „kaufen“. Was könnte es sein? Ist es das wert? Wenn du dir das, was das Ego verborgen hat, bewusst machst, kannst du eine neue Entscheidung treffen, um dich zu befreien. Dein Ego will bekommen und nehmen und das führt zu Herzensbrüchen und zerschlagenen Träumen, Enttäuschung und Desillusionierung. Das Ego sucht Glück und Erfüllung stets außerhalb von sich. Dabei sucht es an den völlig falschen Orten. In der äußeren Welt nach Vollständigkeit und Glück zu suchen ist der größte Fehler, den du im Leben und in Beziehungen machen kannst. Wenn du über dein Leben nachdenkst, kannst du erkennen, dass du dein Glück von äußeren Dingen abhängig gemacht hast. Leidvolle Orte zeigen, wo du aus dem durch Enttäuschung und Herzensbruch verursachten Hass und Selbsthass heraus begonnen hast, ein von Rache erfülltes Leben zu führen. Das Muster der Rache erzeugt weiteren Schmerz und noch mehr Herzensbrüche, bis du schließlich vor dem Leben zurückschreckst und einfach nicht mehr weiterleben willst oder dich damit abfindest, ein halbes Leben zu leben. Das Ego verschweigt dir, dass du jede Opfersituation im heimlichen Einvernehmen mit ihm selbst herbeigeführt hast. Es hat dich davon überzeugt, sie sei ein geringer Preis für die Trennung und dafür, dass du dich verstecken und deiner Lebensaufgabe aus dem Weg gehen kannst, die seiner Meinung nach ohnehin unerfüllbar ist. All dein Schmerz rührt von der falschen Entscheidung her, dich zu verstecken und deinen Seelengaben, deiner Lebensaufgabe und deiner Bestimmung aus dem Weg zu gehen. Es war die Entscheidung, das Leben zu leben, das dein Ego für dich entworfen hat. Es hat dich dazu gebracht, Entscheidungen im Bruchteil von Sekunden zu treffen, die es dann sofort verdrängt hat, oder sie sogar unterbewusst zu treffen, sodass es sie unter Verleugnung, Verlagerung, Dissoziation und Kompensation vollständig vor dir verbergen konnte.

Das Ego verbirgt die Tatsache, dass du für alles die Verantwortung trägst, was dir im Leben jemals widerfahren ist. Es versteckt sie entweder unter dem Schleier deiner Glaubenssysteme oder der Schuldzuweisung an andere Menschen, oder es benutzt die unter jedem Urteil, jedem Groll und jeder Schuldzuweisung verborgenen Schuldgefühle und weist dir die Schuld an allem anstelle der Verantwortung für alles zu. Das Spiel von Schuldzuweisung und Schuld verbirgt deine eigenen Entscheidungen und Fehler, die zeigen, dass du zwar voll verantwortlich, aber ebenso wie alle anderen Menschen vollkommen unschuldig bist. Das Ego benutzt Schuld und Schulzuweisungen, um seine Macht auszubauen. Verantwortung ist der Ort, an dem du deine Macht findest, sowie die Fähigkeit, alles in eine positive Richtung zu lenken. Sei also auf der Hut, wenn du dich schlecht fühlst, denn es handelt sich nur um die Schuld und die Selbstbestrafung, die das Ego benutzt, um dich aufzuhalten und den Fluss in deinem Leben zum Stillstand zu bringen. Es ist wichtig zu wissen, dass Schuld sowohl selbstdestruktiv als auch unwahr ist und dass das Ego sie nur zu seinem eigenen Vorteil, aber gewiss nicht im Sinne von Mühelosigkeit, Wahrheit und Freiheit nutzt. Wenn du dich schlecht fühlst, bitte den HIMMEL darum, diese Illusion zu zerstreuen, die dich dazu bringt, dich selbst und andere Menschen anzugreifen. Sie entspricht nicht der Wahrheit. Du könntest stattdessen Frieden haben. Dein Frieden und deine Unschuld können die Welt befreien.

Dein Ego will, dass das Leben sich nur um dich dreht. Es will, dass du der Mittelpunkt im Leben aller anderen Menschen bist, der Star, während alle anderen nur Nebendarsteller sind. Das Ego will immer recht haben. Dabei beweist es immer das, woran es in Wirklichkeit selbst nicht glaubt, denn welchen anderen Grund sollte es dafür haben? Es will kontrollieren und seinen eigenen Willen durchsetzen. Wenn es um seine Krankheiten und Empfindlichkeiten geht, sollen alle anderen wie auf rohen Eiern um es herumschleichen. Dein Ego beansprucht die gesamte Aufmerksamkeit für sich. Es will immer besonders sein und benutzt deinen Partner oder die Menschen in deiner Umgebung, um seine Besonderheit zu beweisen. Es ist bereit, sich zum Opfer machen zu lassen, um besonders zu sein und die Aufmerksamkeit auf sich zu lenken. Es greift an und rechtfertigt sein Handeln, als ob es der Wahrheit entspräche. Es ist streitsüchtig und defensiv, sucht nach jeder noch so geringfügigen Kränkung und stößt sich daran. Es hält an Beleidigungen fest und führt eine Strichliste. Es lässt immer andere Menschen für seine falsche Wahrnehmung bezahlen. Das Ego verheimlicht die Tatsache, *dass du dich für diese Wahrnehmung und diese Erfahrung entschieden hast, um etwas tun zu können, was du tun wolltest, oder etwas nicht tun zu müssen, was du nicht tun wolltest.* Du benutzt jede negative Erfahrung, weil sie einen Zweck für dich erfüllt oder dir eine Belohnung einbringt.

Denke an ein erschütterndes Ereignis in deinem Leben zurück. Wozu hast du es benutzt? Hast du es als Ausrede benutzt? Hast du es benutzt, um unabhängiger zu werden? Auf welche Weise hat es dir gedient? Hast du es benutzt, um dich an einem anderen Menschen zu rächen oder ihm eine Niederlage beizubringen? Opferereignisse und Herzensbrüche sind immer Akte der Rache an Menschen aus der Vergangenheit und aus der Gegenwart. Auch das Scheitern ist stets ein Akt der Rache an wichtigen Menschen. Opferereignisse sollen auf einer tiefen Ebene verbergen, dass wir selbst genau das getan haben, was wir einem anderen Menschen zur Last legen. Deshalb ist Vergebung wichtig, denn sie heilt sowohl unsere Wahrnehmung als auch unsere verborgene Schuld an dem Angriff, den jeder Akt der Trennung darstellt.

Das Unterbewusstsein verbirgt diese Dinge ebenso wie die Tatsache, dass jedes größere negative Ereignis in unserem Leben als Seelenlektion gedacht ist. Wenn wir gelitten haben, haben wir die Lektion nicht gelernt, aber wir können es nun nachholen, indem wir selbstsabotierende Muster korrigieren. Wenn der Schmerz sehr groß war, war es eine schamanische Prüfung, und wenn unsere Welt zusammengebrochen ist, hat es sich um eine Prüfung auf Meisterschaftsebene gehandelt. Nun können wir diese Prüfungen bestehen. Verborgen im Unterbewusstsein zeigt sich, dass wir versprochen hatten, genau die Menschen zu retten, die wir beschuldigen, sie stattdessen aber benutzt haben, um uns zu trennen, um unser Ego zu stärken, um uns selbst zurückzuhalten, um unseren Gaben aus dem Weg zu gehen, um eine Ausrede zu haben, vor unserer Lebensaufgabe davonzulaufen, und um eine ganz besondere, unabhängige Geschichte zu schreiben.

Diese Abtrennung von der Wahrheit hat drei zentrale Rollen entstehen lassen, die wie eine Triade agieren und sich gegenseitig unterstützen. Es sind die Rollen des Opfers, der Aufopferung und der Unabhängigkeit. Sie können nicht empfangen und sich deshalb weder erholen noch genießen. Rollen tun die richtigen Dinge, aber aus den falschen Gründen. Sie sind Kompensationen, die unsere wahren Gedanken und Gefühle verbergen. Sie führen zu leidvollen Ereignissen, lassen uns ausbrennen und sollen dem Ego als Versicherung dafür dienen, dass wir nicht zur Partnerschaft und zur wechselseitigen Abhängigkeit gelangen, in der das Ego stärker Gefahr läuft, die Kontrolle zu verlieren, weil wir andere Menschen lieben und uns mit ihnen verbinden.

Im Unterbewusstsein sind auch die vielen wunderbaren Seelengaben verborgen, die für uns verfügbar gewesen wären, um alle an der Situation beteiligten Menschen zu retten, wenn wir bereit gewesen wären, uns zu zeigen. Unsere Familie und ihre Herausforderungen waren die Blaupause für unsere Lebensaufgabe. In welchem Umfang du deine Lebensaufgabe erfüllst, kannst du immer daran erkennen, wie glücklich und erfüllt dein Leben ist. Du hättest die Herausforderungen in deinem Leben mühelos meistern können, wenn du deine Seelengaben zu deinem eigenen Wohl und zum Wohl aller geöffnet hättest. Wenn du dir gestattet hättest, dein Licht leuchten zu lassen, hätten deine Gaben die mühevoll erkämpften Selbstkonzepte des Egos zum Schmelzen gebracht. Das Ego mitsamt seinen Persönlichkeiten und Selbstkonzepten aufzulösen bedeutet, mehr Liebe, Gaben und Gnade zu empfangen. Die Identität, die du in der Welt geschaffen hast, tritt zurück, und der HIMMEL ist in stärkerem Maße in dir präsent. Das höchste Ziel. Der HIMMEL wird nicht durch den Tod, sondern durch Transzendenz erreicht.

Deine Lebensaufgabe besteht darin, dein Licht leuchten zu lassen. Sie besteht darin, glücklich zu sein, und wenn du nicht glücklich bist, besteht sie darin, Heilung zu erlangen. Deine Lebensaufgabe besteht darin, allen und allem zu vergeben. Du kannst der Welt vergeben. Du kannst einem anderen Menschen vergeben, bis alles, was du siehst, Licht ist. Es bringt dich, ihn und die Welt einen großen Schritt voran. Darüber hinaus sind wir dazu aufgerufen, das zu tun, wozu wir hier sind und was nur wir allein tun können. Und zu guter Letzt sind wir alle hier, um die Welt zu retten, indem wir das Licht in uns oder in anderen Menschen erreichen oder uns für die LIEBE und das Licht GOTTES öffnen. Der Weg der Heilung und der Vergebung bringt uns dorthin. Vergebung bringt wahre Freiheit und nicht die dissoziierte Unabhängigkeit, die das Ego „Freiheit" nennt. Sie bringt Verbundenheit und Glück und sie heilt Angst und Schuld.

Du solltest wissen, dass *du* deine Lebensaufgabe nicht aus eigener Kraft erfüllen kannst. Du erfüllst sie gemeinsam mit dem HIMMEL durch die Gnade und die Wunder, die der HIMMEL dir schenkt. Das Ego erzeugt das Unterbewusstsein, damit wir glauben, der HIMMEL sei zu weit entfernt und GOTT nur ein leeres Konzept und nicht die Erfahrung der HÖCHSTEN LIEBE. Das Ego erklärt dir, dass du auf dich allein gestellt bist, und das ist eine der Wurzeln deiner Angst, die wiederum eine der Wurzeln all deiner Probleme ist. Du kannst nur dann Angst haben, wenn du glaubst, allein zu sein und alles aus eigener Kraft tun zu müssen. Der HIMMEL ist mit dir, weil du den HIMMEL in dir trägst, und selbst wenn du im Augenblick durch die Hölle gehst, trägst du GOTT, den HIMMEL, Christus, Buddha, Kuan Yin und alle, die das EINSSEIN erreicht haben, in dir und du hast Zugang zu ihnen, wenn du sie aus tiefstem Herzen anrufst. Möglicherweise ist das vorliegende Buch die Antwort auf das unausgesprochene Gebet, das tief aus deinem Inneren kommt.

Wenn du dir das, was im Unterbewusstsein verborgen liegt, bewusst machst, kannst du andere Entscheidungen treffen, anstatt die Fehler zu wiederholen, die dich in deine jetzige missliche Lage gebracht haben. Die folgenden Punkte können hilfreich sein:

1. Sei entschlossen, dich selbst leicht und mit Humor zu nehmen.
2. Übernimm Verantwortung für dein gesamtes Leben.
3. Sei entschlossen, alles zu erfahren, was du vor deiner bewussten Wahrnehmung verborgen hast.
4. Vergib fortwährend anderen Menschen, dir selbst und Gott.
5. Verpflichte dich, deine Gaben zu deinem eigenen Wohl ebenso wie zum Wohl anderer Menschen zu verwirklichen.
6. Verpflichte dich deiner Lebensaufgabe und bitte die Gnade darum, sie durch dich zu erfüllen.
7. Verpflichte dich deiner Unschuld und deinem Glück ebenso wie der Unschuld und dem Glück aller anderen Menschen, denn sie sind die Wahrheit.
8. Bitte um und erhebe offen Anspruch auf Gottes Gnade, die seine Liebe zu dir ist.

12

Unsere Geschichte

Jeder von uns erzählt eine Geschichte. Es ist die Geschichte unseres Lebens. Die meisten Menschen erkennen allerdings nicht, dass *wir* diese Geschichte schreiben. Deshalb sind auch das Unterbewusstsein und das Unbewusste so viel größer als unser bewusstes Denken. Wir haben viele Dinge vor uns verborgen. Auf den tieferen Bewusstseinsebenen sind wir nicht das unschuldige Opfer, als das wir uns darstellen. Ebenso wenig sind wir der tragische, missverstandene Held. Andererseits sind wir aber auch nicht der zutiefst schuldbeladene Sünder. Wir haben nicht versagt, sondern uns vorgenommen, es zu tun, und das hat einen näheren Blick verdient.

Du bist *erfolgreich* gescheitert. Das ist das Drehbuch, das du selbst geschrieben hast. Eigenverantwortung ist Macht. Wenn du für das, was geschehen ist und geschieht, die Verantwortung übernimmst, kannst du neue Entscheidungen treffen. Du kannst dich ändern. Du brauchst nur zu erkennen, was vorgeht, um eine bessere, informiertere Entscheidung zu treffen. Das Ego verbirgt Dinge vor dir. Es hat dir versprochen, dass es die Dinge für dich regelt. Wie nicht anders zu erwarten, verfolgt es seine eigenen Ziele auf deine Kosten. Es will, dass du schwach bist. Es will, dass du Opfer bist, denn daraus bezieht es seine Stärke – aus Wunden, Ungerechtigkeit, Trennung und dem damit verbundenen Schmerz. Es hat dich dazu gebracht, dich mit ihm zu identifizieren, und es benutzt deinen Körper nicht nur als sein Hauptquartier, sondern als der, der du bist. Es will dich glauben machen, dass du dein Körper bist und nicht nur einen Körper hast, der dir als Lernwerkzeug dient. Du glaubst, dass dein Ego deine Identität ist, dass du es aufgebaut und in es investiert hast und dass es dich an den Ort gebracht hat, an dem du jetzt bist. Doch egal wie schlecht oder wie gut dieser Ort ist – es gibt weit bessere Orte, an denen du sein könntest.

Wie gut oder wie schlecht dein Leben verläuft, hängt davon ab, wie gut du deine Seelenlektionen gelernt hast. Schmerz ist ein Beleg dafür, dass du eine oder mehrere Lektionen nicht gelernt hast. Doch du kannst sie jetzt lernen. Sie sind Teil des Lehrplans deiner Seele und wenn du sie lernst, findest du sowohl Weisheit als auch die Seelengaben, die auf dich gewartet haben.

Stelle dir einmal vor, dein Leben sei ein Film. Welchem Genre gehört er an: Horror, Seifenoper, Drama, Romanze, eine spirituelle Reise oder eine Komödie? Wie würde der Titel deines Films lauten? Wenn dir dieser Film nicht gefällt, wie sollte er dann sein? Das Ego verbirgt viele Aspekte der dunklen Geschichten, die wir schreiben, einschließlich der Tatsache, dass sie als Drehbuch für unser Leben dienen. Wenn wir sie uns bewusst machen, können wir entscheiden, ob wir sie wollen oder nicht. Das Ego ist von diesen dunklen Geschichten abhängig. Sie erhalten es am Leben. Frage dich, wie viele der folgenden dunklen Geschichten du geschrieben hast:

Herzensbruch
Angriff
Dissoziierte Unabhängigkeit
Versagen
Selbsthass
Wertlosigkeit
Pech
Mein Weg
Konkurrenz
Verlust
Krieg
Falsche Einstellung
Stress
Verlierer
Bedürftigkeit
Entsetzen
Unwürdigkeit
Tragik
Urteil
Schmerz
Krankheit
Schuld
Hass
Rache
Selbstangriff
Opfer
Langeweile
Schuldzuweisung
Machtkampf
Festhalten
Leblosigkeit
Kontrolle
Angst
Bedeutungslosigkeit
Banale Ziele
Seifenoper
Harte Arbeit
Beherrschung und Unterwerfung
Überleben
Schurke
Tod
Groll

Frage dich, welche Auswirkungen diese Geschichten auf dein Leben haben. Was willst du durch sie erreichen? Wofür benutzt du sie? Wenn du die Antwort wissen willst, wähle eine Zahl zwischen eins und sechzehn, ehe du weiterliest. Die folgende Liste zeigt mögliche Themen auf und die Zahl, die du gewählt hast, zeigt dir die verborgene Dynamik, die deinen dunklen Geschichten zugrunde liegt.

1. Um den einfachen Weg zu gehen
2. Glaube an die Notwendigkeit von Aufopferung
3. Rache
4. Um Aufmerksamkeit zu erlangen
5. Festhalten
6. Selbstbestrafung für Schuld
7. Groll
8. Versuch, einen anderen Menschen zu besiegen
9. Angriff auf GOTT
10. Angst vor dem nächsten Schritt
11. Selbstangriff
12. Angst vor deiner Lebensaufgabe und deiner Bestimmung
13. Halsstarrigkeit
14. Um dich selbst oder einen anderen Menschen zu kontrollieren
15. Um unabhängig zu sein
16. Angst vor dem nächsten Schritt

Diese Geschichten des Egos verbergen nicht gelernte Lektionen und Angst vor dem nächsten Schritt, weil wir glauben, ihn nicht bewältigen zu können. Sie existieren nur, weil sie verborgen sind. Wir würden sie nicht unterstützen, wenn uns bewusst wäre, dass wir sie in uns tragen. Frage dich, wie viele dieser Geschichten du in dir trägst. Frage dich, wie alt das innere Selbst ist, das sie schreibt. Liebe es, bis es herangewachsen ist, wieder mit dir verschmilzt und Drähte in deinem Herzen, deinem Körper und deinem Geist neu verbindet. Wenn du aufhörst, in diese Geschichten zu investieren, fallen sie fort. Sie mögen Ziele des Egos erfüllen, aber sie können uns niemals glücklich machen. Sie sind ein schlechter Handel und du kannst sie loslassen. Du kannst sie dem HIMMEL übergeben und schauen, was dir im Gegenzug geschenkt wird, um es an ihre Stelle zu setzen. Loslassen bringt neuen Fluss in dein Leben. Dein Ego kontrolliert dich mithilfe seiner verborgenen Dynamiken, aber das brauchst du nicht zuzulassen. Du kannst dein Leben wieder in die eigenen Hände nehmen. Du kannst entscheiden, was du willst, sobald du erkannt hast, was dich zurückhält. Der HIMMEL ist auf deiner Seite, denn er will nicht, dass du in irgendeiner Weise gefangen bist. Dazu ist der HEILIGE GEIST da: um dich auf einen besseren Weg zu führen. Erlaube dir, dich für diesen besseren Weg zu entscheiden.

Jede Falle verbirgt Angst: Angst vor unserer eigenen Unzulänglichkeit, Angst, mit etwas nicht umgehen zu können, Angst, dass wir nicht genug sind, um dem gewachsen zu sein, was nötig ist. Unsere Angst rührt von Ereignissen her, die wir nicht überwunden haben. Sie rührt von Urteilen, Angriff und Selbstangriff her. Unser Ego ist von Angst erfüllt, weil es von Angriff und Selbstangriff erfüllt ist. Wenn die Angst uns überwältigt, wollen wir am liebsten erstarren oder dafür sorgen, dass etwas geschieht, das uns daran hindert, uns weiterzuentwickeln, den nächsten Schritt zu gehen oder zu geben und zu empfangen. Dabei gibt es viele Dinge, die Angst heilen können. Liebe heilt Angst. Vergebung heilt Angst. Das Loslassen unserer Anhaftung an Dingen, die wir zu verlieren fürchten, heilt Angst. Vertrauen heilt Angst. Ungeachtet unserer Angst den nächsten Schritt zu gehen heilt Angst. Bereitschaft durchschneidet Angst. Die Wahrheit heilt Angst. Rückhaltlose Hingabe heilt Angst. Hilfsbereitschaft heilt Angst. Die Angst aufzulösen heißt, unser Leben zurückzugewinnen, und wenn wir den nächsten Schritt gehen, inspirieren wir andere Menschen, es auch zu tun. Die Möglichkeiten, die das Leben uns bietet, sind zu gut, um in der Angst gefangen zu bleiben.

13

Ärger

Ärger ist eine Schutzemotion. Wir benutzen ihn, um anzugreifen und uns zu schützen. Wir benutzen ihn auch als Mittel, um andere Menschen zu kontrollieren, damit sie unsere Wünsche erfüllen. Wir benutzen ihn, um tiefer liegende Emotionen wie Verletztheit, Schuld, Verlust oder Angst zu verbergen oder zu schützen. Ärger ist immer mit einer tieferen Emotion verbunden, die es zu heilen gilt, und wenn wir die tiefere Emotion fühlen, kann der Ärger sich vollständig auflösen. Ärger ist eine Form von Angriff und wie alle Formen von Angriff ist er ein zweischneidiges Schwert, das nach außen und nach innen verletzt. Angriff und Selbstangriff bilden einen Teufelskreis, aber das gilt ebenso für Ärger und Schuld sowie für Ärger und Angst. Wie alle Emotionen halten wir auch Ärger für natürlich, aber wenn wir versuchen, uns vor bestimmten Emotionen zu schützen, indem wir sie in uns verbergen, dann stauen sie sich auf und beginnen an uns zu nagen.

Ärger ist aggressiv, ohne sich wirklich zu verbinden oder in Kontakt zu gehen, und deshalb ist er auch gleichbedeutend mit Rückzug. Das macht alles schwieriger. Ärger und Groll gehen Hand in Hand und alle unsere Illusionen und Probleme wurzeln in Groll. Unser Groll bringt uns um. Ein Blick in unser Unterbewusstsein zeigt, dass der Ärger in unserem Umfeld von unseren Wünschen herkommt. Wir haben unseren unterbewussten und unbewussten Ärger nach außen projiziert. Wir haben sogar unseren ursprünglichen Ärger über den „Sündenfall" verschoben, in dessen Folge wir den HIMMEL verloren haben. Jede Trennung von anderen Menschen erzeugt Ärger und Groll. *Wir versuchen, anderen Menschen die Schuld an dem zu geben, was wir getan haben.* Unser Ärger ist rechtschaffen, weil jemand anderer einen Fehler gemacht hat. Wir sind ungeduldig. Wir versuchen, unsere eigenen Bedürfnisse zu befriedigen und unsere eigene Arbeit zu erledigen. Unser Ärger tut kund, dass wir glücklich wären, wenn es sich mit einer bestimmten Situation, einem bestimmten Menschen oder einem bestimmten Thema anders verhielte. Unser Ärger ist ein Versuch, andere Menschen zu nötigen und sowohl sie als auch die Wirklichkeit zu kontrollieren, damit wir glücklich sein können. Wir versuchen das, was geschieht, zu kontrollieren und zu ändern, aber bei einem Blick in unser Unterbewusstsein würden wir erkennen, dass es unseren Wünschen genau entspricht. Diese Wünsche verbergen wir vor uns selbst. Sie sind der Grund, warum wir ein Unterbewusstsein haben. Wir befinden uns in einem Konflikt und Ärger ist immer ein Zeichen für die Spaltung unseres Bewusstseins. Wir kämpfen gegen die Realität an. Wir versuchen, Erfolg neu zu definieren, aber das Sprichwort besagt, dass nichts so erfolgreich ist wie Erfolg. Nur wenn wir richtig handeln, können alle an der Situation beteiligten Menschen glücklich und erfolgreich sein. Dazu heißt es in *Ein Kurs in Wundern*: „Eitle Wünsche und Groll sind Partner oder Miterzeuger beim Entwerfen der Welt, die du siehst. Die Wünsche des Egos haben sie hervorgebracht, und das Bedürfnis des Egos nach

Groll, der zu ihrer Aufrechterhaltung nötig ist, bevölkert sie mit Figuren, die dich anzugreifen scheinen und nach ‚gerechtem' Urteil rufen. Diese Figuren werden zu den Mittelsmännern, die das Ego benutzt, um Handel mit dem Groll zu treiben." (Ü-I.73.2:1-3) Und weiter heißt es: „Dein Wille ist dir in diesem sonderbaren Tauschgeschäft verloren gegangen, in dem mit Schuld hin und her gehandelt wird und der Groll mit jedem Tauschhandel zunimmt." (Ü-I.73.3:1)

Unser Ärger ist ein Angriff auf unsere Sicherheit. Er schwächt uns und erfüllt uns mit Angst. Schmerz, Krankheit, Verlust, Alterung und Tod sind die Folgen unseres Angriffs, den wir in hohem Maße vor uns selbst verbergen. Wenn du allen Ärger, den du in dir trägst, und allen Ärger, den du außerhalb von dir siehst, addierst, entspricht er dem Gesamtmaß des Ärgers, mit dem du es zu tun hast. Was du siehst, ist ein Spiegel dessen, was du zu sein glaubst. Du kannst auf dein ganzes Leben zurückblicken und erkennen, wie groß das Maß an Ärger in dir und außerhalb von dir war. Illusionen über die Welt und dich selbst sind ein und dasselbe. Alle Probleme und aller Schmerz entspringen deinen Angriffsgedanken und daran musst du etwas ändern, wenn du auf das Glück und den HIMMEL statt auf Angriff und Hölle zugehen willst.

Wenn du dein Leben verändern willst, müssen dein Angriff und dein Groll immer weniger werden. Vergebung und Segen lassen Freundschaft entstehen, während Angriff den Hass stärkt. Die Welt, die du siehst, ist eine Welt, die aus Illusionen besteht. Um in Frieden, Glück und Liebe zu leben, musst du über alle Formen von Angriff und Ärger hinausgelangen. Selbst wenn du mit dem, worüber du dich ärgerst, Recht hättest, wärest du dennoch im Unrecht, weil dein Ärger dir und der Welt schadet. Deine Angriffsgedanken führen dazu, dass du dich noch schuldiger fühlst, und als Folge davon errichtet das Ego noch höhere Mauern, die verhindern, dass du empfängst. Je größer deine Schuld wird, umso mehr verlangt sie nach Selbstbestrafung. Hier musst du deine Einstellung ändern, wenn du dich von deinen Problemen befreien und dich für das Glück öffnen willst. Ärger kommt immer vom Ego und das Ego ist, wie bereits festgestellt, nicht dein Freund.

Der Ärger eines anderen Menschen ist eine Bitte um Hilfe, auf die du eingehen kannst. Damit hilfst du dir selbst und ihm. Vergebung heilt deine Schuld und löst deine Illusionen ebenso auf wie die Schuld derjenigen, denen du vergeben hast. Du kannst dich jetzt verpflichten, dich vom Weg des Ärgers und des Angriffs abzuwenden. Du kannst auf deine Fehler achten und sie durch Loslassen und Vergebung berichtigen. Dein Ärger hat immer mit einem Missverständnis und mit Illusion zu tun. Vergebung bringt Verstehen.

Heilende Übung

Deine Emotionen zeigen, wo du nicht in deiner Mitte bist, und das hat zur Folge, dass du leidest. Du kannst den HIMMEL bitten, dich in deine Mitte zurückzutragen, wenn du dich über einen Menschen ärgerst oder wenn es um ein Ereignis in der Vergangenheit geht, das mit einem hohen Maß an Angriff verbunden war. Achte darauf, wie die Situation sich in dieser Mitte anfühlt und wie sie sich für dich darstellt. Bitte dann darum, in eine zweite Mitte zurückgeführt zu werden, die höher und tiefer zugleich ist. Nimm wahr, wie sich die Situation in dieser Mitte anfühlt und wie sie sich für dich darstellt. Wie stellen sich die daran beteiligten Menschen für dich dar? Bitte dann darum, in eine dritte Mitte zurückgeführt zu werden, die wiederum höher und tiefer zugleich ist. Wie stellt die Situation sich nun für dich und alle daran beteiligten Menschen dar? Bitte darum, dass alle in eine vierte höhere und zugleich tiefere Mitte zurückgeführt werden. Wie fühlt sie sich an und wie stellt sie sich dar? Bitte darum, dass alle in eine fünfte höhere und zugleich tiefere Mitte zurückgeführt werden. Wie fühlt sie sich an und wie stellt sie sich dar? Bitte dann darum, dass alle in eine sechste höhere und zugleich tiefere Mitte zurückgeführt werden. Wie stellt sie sich dar? Bitte darum, in eine siebte Mitte zurückgeführt zu werden. Wie stellt sie sich dar? Setze die Übung so lange fort, bis du von tiefem Frieden erfüllt bist.

14

Die Suche nach einem Ausweg

Bei einem niederschmetternden Rückschlag oder einem großen Verlust wollen wir manchmal aufgeben und uns vom Leben zurückziehen. Das ist zwar unsere Entscheidung, aber wir sollten uns darüber bewusst sein, dass sie viele Menschen betrifft. Wir sind auf der geistigen wie auch auf der spirituellen Ebene miteinander verbunden. Unser Handeln wirkt sich auf einige Menschen direkt, auf der kollektiven Ebene auf alle aus. Dazu gehören Menschen auf der ganzen Welt, denen du niemals begegnet bist. Du bist Teil einer Seelenmannschaft und dein Handeln wirkt sich auf das gesamte Team ebenso aus wie auf deine Familie.

Eins ist gewiss: Das Leben birgt eine Seelenlektion. Bei Sitzungen, in denen ich Menschen in vergangene Leben zurückgeführt habe, habe ich festgestellt, dass wir alle ernst zu nehmenden Themen bereits vor diesem Leben geplant haben. Wenn du dieses Leben und seine Umstände also gemeinsam mit der geistigen Führung selbst erschaffen hast, musst du überzeugt gewesen sein, es auch meistern zu können. *Nun ist es an der Zeit, dich dir selbst wieder neu zu verpflichten.* Dadurch erlangst du deine Macht zurück. Verpflichte dich immer wieder dir selbst und der Wahrheit, denn es kann dich Schritt um Schritt voranbringen und einen Konflikt aus der Vergangenheit heilen, der dich zurückgehalten hat.

Deine Todesversuchung rührt vielleicht daher, dass du einen großen Verlust erlitten hast, Schmerzen leidest, dich wertlos oder bedeutungslos fühlst, eine schwere Krankheit hast oder gerade eine andere schwierige menschliche Erfahrung durchmachst. Eine Erkenntnis aus meiner Arbeit besteht darin, dass jede Todesversuchung unserem Ego entspringt. Das höhere Bewusstsein spricht gleichzeitig die Einladung zur Neugeburt auf einer vollkommen neuen Bewusstseinsebene aus, die ein neues Kapitel in deinem Leben aufschlagen würde. Das Ego mag dich nicht. Es glaubt, dass du nicht gut genug für es bist. Es schützt sich selbst und seine Besonderheit um jeden Preis und will deinen Tod, was natürlich verrückt ist, wenn man bedenkt, dass es scheinbar glaubt, deinen Tod überleben zu können. Für ein Problem, das es selbst herbeigeführt hat, schlägt es eine vermeintlich gute Lösung vor, die sich aber bald als undurchführbar erweist. Deshalb schlägt es eine zweite Lösung vor, die natürlich ebenso wenig funktioniert wie sein dritter Lösungsvorschlag. Wenn wieder einmal eine sogenannte Lösung des Egos fehlgeschlagen ist, schlägt es dir den Tod als einzig möglichen Ausweg vor. Es ist wichtig, dass wir lernen, den Unterschied zwischen der Führung unseres höheren Bewusstseins und der des Egos zu erkennen, dem nicht unsere, sondern nur seine eigenen Interessen am Herzen liegen.

Frage dich, zu wie viel Prozent du dich aus dem Leben zurückziehen willst und zu wie viel Prozent du dich aus deiner Notlage befreien willst, um einen besseren Weg zu finden. Nehmen wir einmal an, dass du dich zu 30 % dem Leben und zu 70 % dem Tod zugewandt hast. Stelle dir vor, dass beide Prozentzahlen miteinander verschmelzen. Dies bewirkt ein neues Maß an Ganzheit, denn Integration löst das, was negativ ist, auf und erzeugt eine neue, positivere Aufteilung, die beispielsweise darin bestehen kann, dass du dich zu 40 % oder 50 % dem Leben zuwendest. Du kannst die Gegensätze immer wieder miteinander verschmelzen, bis du dich dem Leben voll und ganz verpflichtet fühlst. Es bringt dir Frieden, befreit dich von einer Schicht deiner Notlage und lässt dich einen Schritt vorangelangen. Wenn dein Schmerz sehr groß ist, sehnst du dich zudem von ganzem Herzen nach einem Ort des Friedens, nach einem Ort, der Veränderung bringt, der dich wirklich voranbringt, an dem du die Lektion lernst, die dein Leben erhellt.

Die wenigsten Menschen leben im Bewusstsein des HIMMELS oder der Gnade, aber du kannst den HIMMEL immer um Hilfe bitten, wenn du dich überfordert oder unzulänglich fühlst. Mein schnelles, einfaches und von Herzen kommendes Gebet „Hilfe!“ ist so manches Mal mit einem Wunder beantwortet worden. Es hat in einem Brandungsrückstrom einmal mein Leben gerettet. Manchmal musst du zuerst Groll aus dem Weg räumen, damit dein Geist offen dafür ist, das Wunder zu empfangen. Es ist immer für dich da, wenn du bereit bist, es anzunehmen.

15

In der Hölle

Die Hölle ist ein Zustand des Geistes. Sie ist gleichbedeutend mit einer Zerschlagung und einer Abkehr vom Licht. Sie bedeutet, dass wir uns aus Ärger, Protest, Rache und einem auf Schuld beruhenden Wutausbruch wegwerfen. Sie bedeutet Hass und Angriff, verbunden mit Selbsthass und Selbstangriff. Die Hölle ist der Ort, an dem sich unsere tiefsten Werte im Leiden gegen uns wenden. Sie birgt die Dinge, die wir wertschätzen, aber missbraucht und zerstört haben. Was uns lieb und teuer ist, wurde uns entrissen. Die Hölle ist ein Denkmal für unsere Gefühle vollkommenen Scheiterns.

Es gibt Zeiten in unserem Leben, die so leidvoll sind, dass bestimmte Anteile unseres Bewusstseins in der Hölle enden. Obwohl diese Anteile fragmentiert und von uns abgeschnitten sind, leiden wir weiterhin innere Qual und Pein. Fast alle Menschen haben Anteile ihres Bewusstseins in die Hölle verbannt. Allein durch die Erkenntnis, dass es so ist, haben wir die Schlacht jedoch schon halb gewonnen, denn nun können wir uns für unsere Rettung und Heilung entscheiden.

„Das Unwirkliche oder das Wirkliche, das Falsche oder das Wahre ist das, was du siehst, und einzig, was du siehst. Die Wahrnehmung stimmt überein mit deiner Wahl, und Hölle oder HIMMEL kommen als eins zu dir."

EIN KURS IN WUNDERN, Ü-I.130.10:2-3

„Akzeptiere einen kleinen Teil der Hölle als wirklich, und du hast deine Augen verdammt und deine Sicht verflucht, und was du dann erblickst, das ist fürwahr die Hölle. Und dennoch bleibt die Befreiung des HIMMELS immer noch im Bereich deiner Wahl, um an die Stelle all dessen zu treten, was dir die Hölle zeigen will. Du brauchst nur irgendeinem Teil der Hölle, welche Form er auch immer annimmt, einfach zu sagen: *Es ist unmöglich, zwei Welten zu sehen. Ich suche meine Freiheit und Erlösung, und dies ist nicht Teil dessen, was ich will.*"

EIN KURS IN WUNDERN, Ü-I.130.11:1-5

Sprich in jeder Situation, in der du dich in einer Hölle wiederfindest, die obigen Worte mit großer Entschlossenheit und bitte um die Hilfe des HIMMELS. Du wirst jedes Mal erleben, dass die Situation sich aufzulösen beginnt.

Wenn der Prozess abgeschlossen ist, wird es Zeit, in die Tiefe deines Bewusstseins zu gehen, vorbei an deinen persönlichen Höllen und hin zu den Selbstanteilen, die du verurteilt und in den Höllenwelten eingesperrt hast. Bitte eine Schar von Engeln und einen deiner FREUNDE AN HÖ-

HERER STELLE – beispielsweise Christus – darum, dich zu begleiten. Sinke durch dein Alltagsbewusstsein hindurch in dein Unterbewusstsein und weiter in dein Unbewusstes oder Seelenbewusstsein hinein. In der tiefsten Ecke findest du einen Tunnel von der Größe eines Flugzeughangars, der nach unten führt. Er mündet schließlich in einem Nachthimmel, der über den vielen Höllenwelten liegt. Sende die Engel aus, um die Selbstanteile zu finden, die du in diesem Leben zu einem Dasein in der Hölle verdammt hast. Bitte die Engel, sie zu läutern und zu segnen und sie dann zu dir zu bringen, damit du wieder mit ihnen verschmelzen kannst, um Ganzheit zu erlangen. Sende die Engel anschließend nach den Seelen aus, die du von deinen Ahnenlinien übernommen hast. Lasse auch sie läutern, um sie dann zu integrieren. Bitte zuletzt darum, dass alle in den Höllenwelten gefangenen Selbstanteile aus anderen Leben ins Licht zurückgeholt und zu dir gebracht werden, damit du ein höheres Maß an Ganzheit erlangen kannst.

Wenn dieser Prozess abgeschlossen ist, bitte die Engel darum, durch die Höllenwelten zu gehen und die Seelen zu versammeln, die bereit sind, Selbsthass und Selbstkreuzigung aufzugeben und den nächsten Schritt in ihrem Lernprozess und ihrer Entwicklung zu gehen. Lasse zu, dass die geretteten Seelen durch die Ebenen deines Bewusstseins hindurch nach oben ins Licht und zum nächsten Schritt geführt werden. Verbinde deinen Geist dann mit dem der Engel und deiner FREUNDE AN HÖHERER STELLE und lasse das Licht des HIMMELS durch dich hindurch in die Höllenwelten hineinströmen, um sie zu erheben. Wenn du das Gefühl hast, dass auch dieser Prozess abgeschlossen ist, kehre durch dein Bewusstsein hindurch in die Gegenwart zurück, danke den Engeln und deinen FREUNDEN AN HÖHERER STELLE und empfange ihren Segen.

16

Die positive Seite der Bedeutungslosigkeit

Bedeutungslosigkeit mag dir vorkommen wie eine Hölle, die du nicht ertragen kannst. Das Ego macht dir den Vorschlag, sie mit Ablenkungen, der Beschäftigung mit falschen Zielen und Verlockungen zu überdecken, die dir erlauben, dem Leben eine eigene Bedeutung zu geben, statt die Bedeutungslosigkeit und die damit verbundene Todesversuchung fühlen zu müssen.

Doch es gibt eine andere Möglichkeit und sie besteht darin, dich der Bedeutungslosigkeit zu stellen und den HIMMEL darum zu bitten, dir SEINE Bedeutung zu zeigen. GOTT hat keine bedeutungslose Welt erschaffen. Das haben wir selbst mit unserem Ego getan, weil wir über eine eigene Welt herrschen, uns trennen und besonders sein wollten. Wo der HIMMEL SEINE Bedeutung eingebracht hat, dort herrscht unbeschreibliches Glück. Nicht nur die Welt der zerschlagenen Träume ist vergangen, sondern die Bedeutungslosigkeit mit ihr. Immer wenn Gefühle der Bedeutungslosigkeit in dir hochkommen, kannst du den HIMMEL fragen: „Worin besteht meine Bedeutung?" Nach wenigen Sekunden stellen sich die Antwort und ein höheres Maß an Bedeutung ebenso ein wie die damit verbundene Gabe. Du kannst diese Frage stellen, bis du das Gefühl hast, dass du wieder von Bedeutung erfüllt bist. Du kannst diese Frage auch bei traumatischen Ereignissen oder Problemen stellen, bis sie sich schließlich auflösen. Du kannst sie sogar so lange stellen, bis du von tiefer Freude durchflutet wirst.

Bedeutungslosigkeit ist nicht nur eine Herausforderung, sondern auch eine Pforte der Einweihung. Wenn du diese Pforte durchschreitest, gehst du einen großen Schritt voran, der dich, wenn du dafür bereit bist, sogar bis zum ERWACHEN führen kann. Jeder richtige Schritt führt dich auf dem Weg der Freude vorwärts und lässt dich zur LIEBE und zur FREUDE selbst zurückgelangen. Bedeutung ist die Faser, die dem Leben zugrunde liegt. GOTT ist sowohl BEDEUTUNG als auch LEBEN und jeder Schritt, den wir auf den HIMMEL zugehen, entfernt uns weiter von der Welt der Trennung und der Illusionen, die wir geschaffen haben, und bringt uns dem HIMMEL auf Erden näher, der letzten Wegstation vor dem HIMMEL selbst.

17

Deine Gefühle fühlen

Die Tatsache, dass du dieses Buch liest, legt nahe, dass du dich in eine Notlage gebracht hast. Das Unterbewusstsein setzt sich aus Emotionen, Glaubenssätzen, Wünschen und Konflikten zusammen. Deine Gefühle zu fühlen ist eine elementare Form der Heilung, aber die meisten Menschen wollen ihre Emotionen nicht fühlen, weil sie ihnen einfach zu schmerzhaft erscheinen.

Wenn du in die missliche Lage geraten bist, dein eigenes Leben retten zu müssen, sind deine Emotionen Amok gelaufen. Sie wurden vielleicht verleugnet oder kompensiert, sind abgetaucht und haben sich zu einer Krankheit entwickelt oder sind so überwältigend, dass fast alles andere dir dagegen positiv vorkommt – fast. Dies ist deine Chance, dich selbst zurückzugewinnen.

C. G. Jung hat schmerzhafte Emotionen grundsätzlich von positiven Gefühlen unterschieden. Wenn du den Schmerz, die Negativität und die Toxizität deiner Emotionen wirklich fühlst in dem Wissen, dass es sich dabei um Illusionen handelt, die das Ergebnis der illusionären Gedanken, Glaubenssätze und Werte des Egos sind, hast du einen sicheren Stand, um in das Tal der Schmerzen hinunterzusteigen. Es sind Geburtswehen. Um die eigenen Emotionen zu fühlen, braucht man Mut, den die meisten

Menschen scheinbar nicht haben, weil sie stattdessen Verleugnung und Dissoziation vorziehen. Deine Emotionen zu fühlen hat den Vorteil, dass es dein Herz öffnet, dir Mitgefühl schenkt und Dissoziation heilt. Dadurch findest du den Mut, Partnerschaft zuzulassen und dich auch den tieferen Emotionen des Unbewussten zu stellen, damit sie dich nicht dazu bringen, Dinge vor dir selbst zu verbergen.

Du kannst dir deine Emotionen als Indikator dafür vorstellen, dass etwas nicht funktioniert, so wie das Aufleuchten der Motorkontrollleuchte in deinem Auto oder der Warnton des Rauchmelders in deinem Haus. Emotionen zeigen, *dass du einen Fehler machst*, der berichtigt werden muss. Eine einfache Methode besteht darin, die Emotion zu fühlen, bis sie sich in ein Gefühl des Friedens hinein auflöst wie Butter in einer heißen Pfanne. Es ist auch wichtig zu wissen, dass Emotionen nicht von Dauer sind. Sie haben ein Ende. Sie mögen groß oder klein sein, aber am Ende findest du Frieden, den Ort, dem Liebe, Fülle, Gesundheit und Freude entspringen. Das Ziel besteht also darin, die Emotionen zu „verbrennen", indem du sie fühlst, bis du zu diesem inneren Frieden gelangst. Du kannst diesen Prozess beschleunigen, indem du dich in die Emotion hineinlehnst und sie sogar verstärkst. Du schenkst dir selbst wahre Aufmerksamkeit. Du gibst dir selbst auf heilsame Weise. All das hilft dir, mit dir selbst in Kontakt zu kommen. Wenn du sie übertreibst, können deine negativen Gefühle dich nicht länger beherrschen. Du erlangst die Kontrolle über sie zurück, statt dich von ihnen überwältigt zu fühlen. Der Schlüssel besteht darin, deine Emotionen zu fühlen, statt sie zu verbergen, zu kontrollieren oder zu dissoziieren, denn das hat zur Folge, dass sie zu einem späteren Zeitpunkt wieder in Erscheinung treten und dich unvorbereitet treffen. Es führt dazu, dass alte Gefühle aus der Vergangenheit in der Maske eines vermeintlich aktuellen Problems aufbrechen. Wenn alle Schichten deiner Emotion aufgelöst sind, gibt es keine Geschichte mehr über das, was in der Vergangenheit geschehen ist, sondern nur noch Verbundenheit und wiederhergestelltes Glück.

Das Ego benutzt emotionalen Schmerz, um zwei Bewusstseinsanteile in einem Konflikt getrennt zu halten, anstatt sie auf natürliche Weise zu neuer Ganzheit zu integrieren. Integration bringt Frieden und das Beste beider Seiten hervor. Körperliche Schmerzen rühren von verschobenem emotionalem Schmerz her. Wir haben einen anderen Menschen verurteilt und das hatte Krankheit, Verletzung oder ein schwerwiegendes Problem zur Folge.

Die folgenden Übungen kannst du nutzen, um den Heilungsprozess zu beschleunigen:

1. Die erste Übung kannst du sowohl bei körperlichen Schmerzen als auch bei emotionalem Schmerz einsetzen. Sie erfordert lediglich ein wenig Vertrauen, um sie in Gang zu bringen. Fühle die Emotion oder den körperlichen Schmerz. Übertreibe und verstärke das Gefühl oder die Empfindung. Gehe ins Zentrum des Gefühls oder der Empfindung hinein. Nimm wahr, was dort ist. Fühle es. Verstärke es. Gehe dann ins Zentrum dieser Emotion oder Empfindung. Übertreibe sie. Fühle sie. Wenn du sie gefühlt hast, gehe ins Zentrum deiner Erfahrung. Fühle sie und nimm sie wirklich wahr. Gehe dann ins Zentrum dieser Wahrnehmung. Manchmal verwandelt die Emotion oder

Empfindung sich in ein Bild. Bleibe bei der Emotion, soweit es möglich ist, ohne sie zu erzwingen. Gehe ins Zentrum der Emotion. Fühle sie in ihrem tiefsten Kern. Gehe ins Zentrum dieses Gefühls. Fahre so lange fort, bis sich alles in Licht, Freude und Lachen verwandelt hat. Dies ist eine sehr einfache, leichte und wirksame Übung, um zu klären, was dir im Weg steht und dich ablenkt.

2. Erinnere dich daran, WER mit dir geht, und lasse zu, dass du von Christus oder Kuan Yin gehalten wirst. Du kannst in den ARMEN GOTTES ruhen. Wenn du Schritt für Schritt vorangehst, lässt du den Schmerz ab einem bestimmten Punkt hinter dir.
3. Sprich die folgenden Worte der Kraft immer wieder ins Zentrum der Emotion hinein: „Dies ist nicht die Wahrheit. Ich will die Wahrheit." Alternativ kannst du sagen: „Ich könnte stattdessen Frieden haben." Wiederhole diese Worte so lange, bis die Emotion sich in Freude verwandelt hat.
4. Frage, wer deine Hilfe braucht. Stelle dir vor, dass du durch deine Emotion hindurchtrittst, um den betreffenden Menschen zu umarmen. Wiederhole die Frage immer wieder und hilf allen Menschen, die deine Hilfe brauchen. Du befreist deine eigenen Emotionen, indem du anderen Menschen hilfst. Setze die Übung so lange fort, bis nur noch tiefer Frieden herrscht.
5. Segne immer wieder dich selbst, deine Emotionen, deine Situation, dein Glaubenssystem und alle anderen Menschen, die dir in den Sinn kommen.
6. Auf einer bestimmten Ebene soll die Emotion dich daran hindern, den nächsten Schritt zu gehen. Sage deshalb: „Ja!", während du sie fühlst, damit der nächste

Schritt zu dir kommen kann. Wiederhole den Prozess, bis du dich frei fühlst.

7. Fühle die Emotion so lebhaft wie möglich. Sauge dann alle Energie und alle Macht wieder in dich hinein. Nimm wahr, wie sie zu dir und in dich hinein zurückkehren. Setze den Prozess fort, bis das Problem oder Symptom sich aufgelöst hat.
8. Fühle die Emotion so lebhaft wie möglich. Stelle dir dann vor, dass du sie auf dem ALTAR DER WAHRHEIT neben der wundergesinnten Vergebung ablegst. Wiederhole diesen Prozess mit der nächsten Emotion und setze ihn so lange fort, bis nur noch Frieden und Freude bleiben.
9. Jede Emotion ist in Wahrheit eine Form von Angriff und Selbstangriff. Sprich die folgenden Worte der Kraft: „Ich will mich nicht in dieser Form angreifen." Fasse den festen Vorsatz und bitte um die Hilfe des HIMMELS. Normalerweise würde man den Prinzipien der NLP zufolge in einer solchen Aussage keine Verneinung verwenden, aber dies ist ein spirituelles Prinzip, das mit seiner Bitte um Gnade und spirituelle Erhöhung das psychologische Prinzip der NLP aufhebt. Nimm wahr, wie du dich fühlst, während du die Worte sprichst. Manchmal ändert sich eine Zeit lang nichts. Das ist völlig in Ordnung. Achte bei jeder Wiederholung einfach auf deine Erfahrung. Manchmal verschlimmert sich das Gefühl. Das ist tatsächlich eine positive Entwicklung, weil du entweder auf tief eingepresste Emotionen oder eine unbewusste Wurzel des Problems gestoßen bist. Sprich die Worte einfach in den Schmerz hinein und nimm wahr, wie du dich danach fühlst. Wenn die Emotion oder

das Bild sich auch nach der siebten Wiederholung der Worte „Ich will mich nicht in dieser Form angreifen" immer noch nicht verändert hat, hältst du an deinem Schmerz fest, weil er dir eine bestimmte Belohnung einbringt. Frage dich: „Wofür benutze ich diesen Schmerz? Was hoffe ich durch mein Leiden zu gewinnen?" Andere Worte der Kraft, die du in einer solchen Situation einsetzen kannst, lauten: „Ist es das, was ich will? Was will ich?" Wenn du die Antwort erhältst, nimm wahr, wie du dich jetzt fühlst. Stelle dir diese Fragen immer wieder, bis du dich glücklich fühlst. Du kannst Worte der Kraft so lange wiederholen, bis sich die ganze Situation in Licht verwandelt hat. Die folgenden Worte der Kraft stammen aus *Ein Kurs in Wundern*: „Ich lege die Zukunft in GOTTES HAND." Sie lösen die Angst vor der Zukunft, den Widerstand gegen den nächsten Schritt sowie den Schmerz, den Groll und die Schuld der Vergangenheit auf, sodass die Gegenwart in all ihrem Frieden und ihrer Schönheit zum Vorschein kommen kann. Wenn du sie mit großer Entschlossenheit sprichst, fällt die Illusion mehr und mehr fort.

10. Das folgende Prinzip wirkt nach einer paradoxen Gesetzmäßigkeit. Wenn dein Auto ins Schleudern gerät, musst du, um es wieder unter Kontrolle zu bringen, das Lenkrad in die Richtung drehen, in die es schleudert. Verstärke also das, was du fühlst. Übertreibe das Gefühl. Nun bewegst du dich in dieselbe Richtung. Übertreibe und verstärke die Emotion, bis sie sich verändert oder sich in ein neues, positives Gefühl verwandelt. Diese Übung hilft dir, dich deiner Erfahrung zu stellen. Wenn du ihr Widerstand leistest, gibst du

ihr Macht, statt sie lediglich als etwas zu sehen, das es zu erleben und zu durchleben gilt.

11. Akzeptiere das, was geschieht. Dein Widerstand nährt die Emotion oder Situation und verschlimmert sie damit. Der Ort, an dem du dich gerade befindest, oder das, was du gerade erlebst, muss dir nicht gefallen, um es zu akzeptieren. Wenn du es akzeptierst, gelangst du zum nächsten Schritt voran. Leistest du ihm Widerstand, bleibst du darin stecken. Dein Widerstand erhält es am Leben. Somit hast du eine Wahl. Willst du deine Erfahrung akzeptieren oder darin stecken bleiben? Es ist deine Entscheidung. Was willst du? Du kannst das, was du erfährst, so lange akzeptieren, bis du zur Freude oder noch darüber hinaus gelangst. Vergebung funktioniert nach dem gleichen Prinzip. Vergib deinen Emotionen und vergib auch deiner Erfahrung. Vergib deinem Glaubenssystem, das dich an diesen Ort gebracht hat. Vergib allen Menschen, die dir in diesem Zusammenhang ins Gedächtnis kommen. Vergebung ist die Entscheidung, nicht länger zu urteilen und anzugreifen. Sie ist der Schlüssel zur Transformation. Vergebung befreit die heimliche innere Schuld.
12. Lasse die Emotion los. Ein Weg besteht darin, dir vorzustellen, dass du sie in die HÄNDE GOTTES legst. Du kannst auch die Anhaftung an die Person oder Situation loslassen, die den Schmerz hervorgerufen hat. Du kannst sogar einen geliebten Menschen loslassen, der diese Welt bereits verlassen hat. Anhaftung ist nicht Liebe. Loslassen bringt Liebe auf neuen Ebenen. Du kannst die Anhaftung und die Emotion sogar in die Hände eines verstorbenen Angehörigen legen oder

in die Hände deines Engels, damit er sie für dich loslässt. Er wird sie als die Illusion erkennen, die sie sind. Buddha hat einmal gesagt: „Aller Schmerz rührt von Anhaftung her.“ Lasse den Schmerz ebenso wie alle Anhaftungen und alle Götzen los. Götzen sind Dinge oder Menschen, die du zu Göttern erklärt hast, um sie an die Stelle von GOTT zu setzen. Du glaubst, dass sie dich glücklich machen oder sogar retten können. Äußere Dinge können dich aber ebenso wenig retten, wie sie dich verletzen können. Dieser Glaube ist der größte Fehler, den du im Leben und in Beziehungen machen und den du jetzt berichtigen kannst. Alles, was geschieht, entspringt deinen oft unterbewussten Entscheidungen.

13. Deine Erfahrung steht für einen Konflikt, einen Kampf zwischen zwei Anteilen deines Bewusstseins. Dieser Konflikt ist eine Ursache für den Schmerz, die Angst und den Stress. Integration kann ihn relativ mühelos heilen. Integration ist die Vereinigung zweier unvereinbarer Teile. Ihre Verbindung lässt das, was negativ war, fortfallen, bringt neue Ganzheit und ist ein Gegenmittel gegen zukünftige Negativität. Ein einfaches und sehr hilfreiches Prinzip ist die Erkenntnis, dass der Körper eine Metapher für den Geist ist. Du kannst eine Hand auf den Teil des Körpers legen, der für dein höheres Bewusstsein steht, die andere Hand auf den Schmerz. Bewege die Hände auf deinem Körper, bis sie übereinander liegen und die Energie sich zu neuer Ganzheit verbunden hat. Nimm wahr, wie es sich anfühlt. Wenn sich neuer Schmerz oder eine andere Emotion einstellen, lege eine Hand auf diesen Bereich und bewege beide Hände auf deinem Körper,

bis sie wiederum übereinander liegen, um Integration und Ganzheit zu bewirken. Du kannst diesen Prozess der Integration für alles nutzen, was nicht von Frieden erfüllt ist. Du kannst alle Selbstkonzepte und Schattenfiguren des Opfers, alle Geschichten des Opfers sowie alle Verschwörungen des Opfers integrieren, indem du deine Hände auf dem Körper bewegst und sie mit dem vereinst, was bereits integriert ist. Wiederhole den Prozess der Integration mit allen Selbstkonzepten und Schattenfiguren der Aufopferung, allen Selbstkonzepten und Schattenfiguren des Märtyrers, allen Geschichten der Aufopferung und allen Verschwörungen der Aufopferung. Wiederhole den Prozess dann mit allen unabhängigen Selbstkonzepten und Schattenfiguren, allen Geschichten der Unabhängigkeit und allen Verschwörungen der Unabhängigkeit, da die Rollen des Opfers, der Aufopferung und der Unabhängigkeit an jeder Falle beteiligt sind. Wiederhole den Prozess anschließend mit allen an der Situation beteiligten Menschen, egal ob sie eine positive oder eine negative Rolle gespielt haben, denn alle Menschen stehen für deine eigenen Selbstkonzepte. Wiederhole den Prozess zuletzt mit der LIEBE, die GOTT dir entgegenbringt, und mit dem Wunder, das ER für dich bereithält. Integriere abschließend den Konflikt selbst und danach auch dein Ego mit dem Frieden und der Ganzheit.

14. Das Ego benutzt jeden Konflikt, um deine Angst vor dem nächsten Schritt oder Stadium in deinem Leben aufrechtzuerhalten. Wenn du einen Konflikt heilst, verbirgt sich darunter manchmal Schmerz oder ein anderer Konflikt. Aller Schmerz bewirkt, dass du ste-

cken bleibst. Deshalb kannst du ihn heilen, indem du dich dem nächsten Schritt verpflichtest. Verpflichtung ist gleichbedeutend mit der Entscheidung, dich der Sache, der du dich verpflichtest, voll und ganz hinzugeben. Jeder Akt der Verpflichtung heilt also einige der alten Konflikte aus der Vergangenheit, ohne dass du dorthin zurückkehren musst. Jede Verpflichtung, die du eingehst, kann dich voranbringen. Du kannst dich einem Menschen oder einer Sache verpflichten, damit sich die Situation in Wahrheit und Frieden weiterentwickeln kann. Verpflichte dich der Wahrheit. Verpflichte dich dem Frieden. Verpflichte dich dir selbst. Verpflichte dich einem anderen Menschen, der dir nahesteht. Verpflichte dich dem nächsten Stadium in deinem Leben. Verpflichte dich deinem höheren Bewusstsein, das dir einen Ausweg weist, der nicht wie alle Auswege des Egos so lange erfolglos bleibt, bis es dir den Tod als einzigen Ausweg vorschlagen kann.

Alle diese Übungen können dir helfen, dich aus deiner gegenwärtigen Erfahrung zu befreien und einen besseren Weg einzuschlagen. Gib dich nicht mit weniger zufrieden. Gib nicht auf, denn ein neuer und besserer Weg wartet auf dich, wenn du den Mut hast, ihn anzunehmen.

Deine Emotionen weisen dich auf Fehler hin, die berichtigt und dir als Frieden, Zuversicht und Ganzheit zurückgegeben werden können, statt zu verhindern, dass du empfängst, und sowohl Verbundenheit als auch eine mühelose Entwicklung zu blockieren. Emotionen sind Zeichen von Angriff und Selbstdestruktivität. Wenn du sie auflöst, löst du damit auch die Muster auf, unter denen deine Gaben verborgen liegen. Du hast die Lektion gelernt. Du kannst jeden Tag eine dieser heilenden Techniken praktizieren, bis du sie alle beherrschst und sie dir in Fleisch und Blut übergegangen sind.

18

Der Welt für das vergeben, was sie dir nicht gegeben hat

Wenn du dich in einer verzweifelten Situation befindest, fühlst du dich oft verloren, vernachlässigt oder deprimiert, und das Gefühl kann so stark sein, dass du akut leidest. Dies ist ein guter Zeitpunkt, um die Wahrheit anzurufen. Strebe von ganzem Herzen nach der Wahrheit, wenn du dich in einer düsteren Lage befindest, denn sie kann dir eine tiefere Ebene des Bewusstseins eröffnen, die den meisten Menschen oft nicht bewusst ist. Zunächst ist es wichtig zu wissen, dass Vergebung ein Allheilmittel ist. Sie ist die Grundlage aller Prinzipien der Heilung. Sie bringt Freiheit, Frieden und Glück. Sie löst Angst, Schuld und Urteil auf. Sie verwandelt den an jeder Emotion beteiligten Angriff und Selbstangriff in Frieden. Der Rückzug, in dem wir uns befinden, und der damit verbundene Groll und Mangel werden transformiert, sodass wir auf ganz neue Weise wieder mit uns selbst, anderen Menschen, dem Leben und dem HIMMEL verbunden sind. Kontakt bringt Selbstvertrauen, Nähe und Erfolg, neuen Fluss, ein Nachlassen des Kummers. Vergebung ist in Wirklichkeit ein Hingeben, und wenn wir geben, ziehen wir den Groll zurück, der an der Wurzel aller Probleme liegt.

Das Unterbewusstsein zeigt uns all die Dinge, die wir

vor uns selbst und unserem Alltagsbewusstsein verborgen haben. Es spielt eine große Rolle, wenn es um Vernachlässigung und Mangel geht, denn es verbirgt, was wirklich vorgeht. Es verbirgt, dass das, was geschehen ist, unsere eigene Entscheidung war. Den meisten Menschen fällt es schwer, das zu akzeptieren, aber in meiner langjährigen Arbeit mit dem Unterbewusstsein habe ich viele verborgene Muster und auch die falschen Entscheidungen entdeckt, die zu unseren leidvollen Erfahrungen geführt haben. Statt das Konzept also einfach zu ignorieren oder es nur zu glauben, weil ich es sage, solltest du es überprüfen. Wenn es für dich keinen Sinn ergibt und dich nicht befreit, kannst du es für den Augenblick außer Acht lassen. Ich habe herausgefunden, dass der Mangel und die Vernachlässigung, die wir erlebt haben, von uns selbst ausgegangen sind. Eine Dynamik, die an der Wurzel allen Mangels liegt, ist Unabhängigkeit. Wir haben nach Unabhängigkeit gestrebt oder hatten Angst zu empfangen und das zu bekommen, was wir bekommen wollten, weil es bedeutet hätte, dass wir uns wieder verbinden und die Unabhängigkeit verlieren. Das ist natürlich eine Falschinformation des Egos, das dissoziierte Unabhängigkeit will, um seine Macht und seinen Fortbestand zu sichern. Intuitive Antworten auf die folgenden Fragen können dir ein ganz neues Verständnis dessen vermitteln, was im Zusammenhang mit deiner Vernachlässigung oder deinem Mangel wirklich geschehen ist.

1. Wie wirkt sich der Mangel auf dich aus?
2. Welche Botschaft sendest du mit dem Mangel, den du erfahren hast oder aktuell erfährst, an deine Mutter, deinen Vater, deinen Partner, deine früheren Partner, dich selbst und Gott?

3. Was hat dir besser gedient als das, wonach du vorgeblich gestrebt hast?
4. Was wolltest du durch den Mangel beweisen?
5. Was ermöglicht er dir zu tun, das du dir anderenfalls nicht erlauben würdest?
6. Was brauchst du nicht zu tun, weil du diesen Mangel erlebst?
7. Wem willst du beweisen, dass er im Unrecht ist?
8. Welche Schuld überdeckst du, um ihn ins Unrecht zu setzen?
9. Wofür benutzt du den Mangel?
10. An wem rächst du dich durch deinen Mangel?
11. Was hofftest du durch deinen Mangel zu gewinnen?
12. Über wen hast du dich beklagt?
13. Jede Klage verbirgt deine eigene Knauserigkeit. Was hast du nicht gegeben?
14. Welchen Schritt hast du durch diesen Mangel vermieden?
15. Vor welcher Gabe hast du dich gefürchtet, sodass du diesen Mangel herbeigeführt hast, um sie nicht verwirklichen zu müssen?
16. Was hat dich dazu gebracht, die Tür vor dem zu verschließen, was du wolltest?
17. Welche Schuld wolltest du tilgen? Für welche Schuld hast du dich selbst bestraft?
18. Wofür hast du die Herzensbrüche benutzt, die zu deinem Mangel geführt haben?
19. Welches Urteil hast du über den Aspekt gefällt, der in deinem Leben fehlt?
20. Was, fürchtest du, würde passieren, wenn du das hast, was dir fehlt?
21. Welchen Reiz übt der Mangel auf dich aus?

22. Wem versuchst du durch Mangel eine Freude zu machen?
23. Wem gegenüber warst du durch deinen Mangel loyal?
24. Wen wolltest du durch diesen Mangel retten?
25. Wen hast du durch diesen Mangel bekämpft?
26. Inwieweit hat er dich selbstgefällig gemacht?
27. Ist es das, was du willst? Kann eines dieser Dinge dich glücklich machen? Was willst du?

Ein schlechtes Gefühl ist ebenso eine Form der Klage wie Probleme und Mangel. Wenn du anderen Menschen oder dir selbst geben würdest, hättest du das Gefühl, erfüllt zu sein. In *Ein Kurs in Wundern* heißt es: „Denk daran, dass dir nichts entzogen wird außer durch deine eigenen Entscheidungen." (T-4.IV.3:3) Du kannst die Mangelsituation verändern, wenn du dich nicht davor fürchtest, deine Vorstellung von dir selbst zu ändern. Wenn du dich für das Empfangen öffnest, kann das Ego Mangel und Vernachlässigung nicht mehr für seine eigenen versteckten Absichten benutzen.

Verschmelze deine unterbewussten und bewussten Entscheidungen zu neuer Ganzheit und triff eine andere Entscheidung. Die Integration deines bewussten Denkens mit dem, was du vor dir selbst verborgen hast, ermöglicht Empfangen und Frieden auf einer neuen Ebene. Mangel zeigt, dass dein Bewusstsein gespalten ist. Ein gespaltenes Bewusstsein verursacht Angst, weil du nicht beide Seiten mit ihren gegensätzlichen Wünschen befriedigen kannst. Wenn du das, was du vor dir verborgen hast, ans Licht bringst, erkennst du, dass nicht andere Menschen und die Welt dich von dem ferngehalten haben, was du willst, sondern du selbst, egal ob Angst, Schuld, Rache, der Wunsch, an deiner Unabhängigkeit festzuhalten, Scham, Unwürdigkeit oder etwas ganz anderes dich daran gehindert hat, deinen Herzenswunsch zu erfüllen. Dies zu erkennen ist ein großer Schritt in Richtung emotionaler Reife. Es in Bezug auf dein Leben vollständig zu verwirklichen ist Erleuchtung.

Vergib also anderen Menschen und der Welt, denn damit heilst du die verborgene innere Schuld, die diese Situation herbeigeführt hat. Du könntest auch dir selbst vergeben. Niemand fügt dir ein Leid zu, ohne dass du es vorher beschlossen hast. Wenn das, was geschieht, dir nicht gefällt, entscheide dich dafür, es zusammen mit all deinen Geschichten des Mangels, Verschwörungen des Mangels, Götzen des Mangels oder Schattenfiguren des Mangels loszulassen. Vergib ihnen. Lasse sie los. Verschmelze sie mit deinem höheren Bewusstsein, damit neue Ganzheit entstehen kann. Vergib deinem Glaubenssystem. Lasse die Anhaftung an deine Mangelidentität los und verschmelze auch sie mit deinem höheren Bewusstsein. Öffne alle Türen, die du vor der Fülle verschlossen hattest. Tritt vor und komme wieder in Kontakt mit der Fülle, vor der du dich zurückgezogen hattest. Heiße die Fülle in allen Bereichen, in denen du sie weggeworfen hattest, wieder willkommen.

19

Verzweiflung und der Schmerz des heiligen Feuers

> Der Geist, der nicht vergibt, ist verzweifelt, ohne Aussicht auf eine Zukunft, die irgendetwas anderes als mehr Verzweiflung bieten könnte. Und dennoch sieht er sein Urteil über diese Welt als unwiderruflich an und sieht nicht, dass er sich selbst zu dieser Hoffnungslosigkeit verurteilt hat. Er denkt, er könne sich nicht ändern, denn was er sieht, legt Zeugnis dafür ab, dass sein Urteil richtig ist. Er fragt nicht, weil er denkt, er wisse. Er zieht auch nicht in Zweifel, weil er gewiss ist, Recht zu haben.
>
> EIN KURS IN WUNDERN, Ü-I.121.5:1-5

Verzweiflung ist ein uralter Schmerz, der aus der Vergangenheit in die Gegenwart getragen wird. Er ist so verzehrend, dass ich ihm den Namen „Schmerz des heiligen Feuers" gegeben habe. Er bringt nicht nur tiefste Hoffnungslosigkeit, sondern zwingt dich mit seiner Unerträglichkeit in die Knie.

Tatsächlich ist der Schmerz des heiligen Feuers leicht zu überwinden und die Intensität seiner Emotionen kann nicht nur Heilung, sondern auch eine Neugeburt bewirken. Der Schlüssel zu seiner Heilung liegt in deiner Bewusstheit. Wenn du so sehr leidest, ist es oft schwierig, *dich daran zu erinnern und dir bewusst zu sein, dass es einen mühelosen Weg gibt, in einem großen Sprung voranzugelangen.* Selbst erfahrene Heiler neigen oft dazu, diesen einfachen Ausweg zu vergessen.

Du kannst dich auf eine solche Erfahrung vorbereiten, indem du dein Bewusstsein jetzt und in jedem klaren Moment darauf ausrichtest, dich an diesen mühelosen Weg zu erinnern, wenn du im unerträglichen Schmerz des heiligen Feuers stehst, und ihn zu benutzen, um den Schmerz in die Liebe des heiligen Feuers zu verwandeln. *Dieser mühelose Weg liegt in der Erkenntnis, dass das Ego dich mit einem so hohen Maß an Schmerz blind dafür machen will, dass es einen Menschen gibt, der noch größeren Schmerz erleidet als du selbst.* Wenn es nicht den Anschein hat, als sei sein Schmerz ebenso entsetzlich wie dein Schmerz, dann hat er vielleicht eine bessere Maske, um ihn zu verbergen. Es liegt in der Natur unseres Geistes und ebenso in der Natur des HIMMELS und seiner Barmherzigkeit, dass es immer einen Ausweg gibt, wenn wir bereit sind, die Schritte zu gehen. Stelle dir die Verzweiflung und den Schmerz als eine Wand aus emotionalem Feuer vor, die dich umgibt und auf deren anderer Seite der Mensch steht, der deine Hilfe braucht. Wärest du bereit, ihm zu helfen und diese Hilfe wichtiger zu nehmen als deinen emotionalen Schmerz? Wenn ja, kannst du durch die Wand aus Schmerz hindurchtreten und ihn umarmen. Dadurch gelangt ihr beide auf eine neue Ebene. Es ist nun eine Geburt des heiligen Feuers, mit der ein neues Kapitel beginnt, eine Neugeburt von Herz, Geist und Vision. Sie bringt auch ein neues Maß an Gaben und Kreativität. In seltenen Fällen kann sich eine weitere Schicht der Verzweiflung oder des Entsetzens als Schmerz des heiligen Feuers zeigen. Wiederhole in diesem Fall einfach die Übung und frage dich, wer deine Hilfe braucht. Als ich einmal im Schmerz des heiligen Feuers stand, musste ich die Frage, wer meine Hilfe braucht, viermal stellen. Nachdem der Prozess abgeschlossen war, löste sich eine Schreibblockade auf, die mich viele Jahre lang aufgehalten hatte.

Sieh den Schmerz des heiligen Feuers als Wand vor dir. Verzweiflung bedeutet, dass du keinen Ausweg erkennst und glaubst, die Zukunft sei ebenso unerbittlich. Dabei wird uns Führung zuteil, wenn wir nur auf sie hören wollten. Es gibt einen Ausweg, wenn wir uns nur hingeben wollten. Wunder sind möglich, wenn wir nur Urteile und Groll loslassen wollten, um mit offenem Geist und offenem Herzen etwas zu empfangen, das große Macht besitzt und in der Situation dringend gebraucht wird. Wem bist du aufgefordert zu helfen? Wem bist du aufgefordert zu vergeben, damit du den Groll auflösen und das Wunder willkommen heißen kannst? Welche Urteile bist du aufgefordert loszulassen, damit du das Wunder empfangen kannst, das dir zuteilwerden möchte? Tritt mit der GÖTTLICHEN LIEBE durch das emotionale Feuer hindurch und schenke deine Liebe dem Menschen, der sie braucht.

20

Chronischer Schmerz

Chronischer Schmerz ist eine großartige Ablenkung. Das Symptom lenkt uns von dem inneren Konflikt ab, der die Wurzel des Problems ist. Dieser innere Konflikt soll zwei Anteile unseres Bewusstseins zu neuer Ganzheit integrieren, aber sie befinden sich im Krieg und erzeugen ein hohes Maß an Dissonanz und emotionalem Schmerz, das sich in einem hohen Maß an körperlichem Schmerz äußert. Der mentale und emotionale Schmerz wird auf den Körper verlagert. Damit will das Ego uns dazu bringen, die Lektion, die vor uns liegt, aufzugeben und den Tod als einzigen Ausweg zu wählen.

Das Leben ist Kommunikation und sie geschieht auf allen Ebenen des Bewusstseins. Chronischer Schmerz ist eine wichtige Botschaft auf einer unterbewussten Ebene. Frage dich also, welche Botschaft du mit dieser Krankheit oder diesem Schmerz aussendest. Nimm die erste Antwort, die dir in den Sinn kommt, damit das Ego sich ihrer nicht bemächtigen und dich in die Irre führen kann.

Vater:
Mutter:
Partner:
Selbst:
Früherer Partner:
Kinder:
Gott:
Geschwister:

Wenn du die Botschaften des Unterbewusstseins untersuchst, kannst du die Themen erkennen, die deinen Schmerz hervorrufen. Wenn du mit deinem chronischen Schmerz beispielsweise einem anderen Menschen sagst, dass du ihn liebst, opferst du dich auf und wirst zum Märtyrer. Du kannst einen anderen Menschen weder ermächtigen noch lieben, wenn du auf eine für dich selbst unwahre Weise handelst, die keine Selbstliebe beinhaltet.

Der innere Konflikt weist auf einen äußeren Kampf mit einem anderen Menschen hin und dein Schmerz ist ein Angriff, ein Versuch, dich selbst zu verletzen, um ihn anzugreifen. Entspricht das der Wahrheit? Entspricht es dem, was du wirklich willst? Was willst du? Du kannst dir immer wieder die Frage stellen, was du wirklich willst, bis du einen Zustand des tiefen Friedens erreichst. Tiefer Frieden besitzt eine große Heilkraft und die Antworten auf diese Frage helfen dir, die widerstreitenden Wünsche zu integrieren, die deinen chronischen Schmerz hervorgerufen haben. Du kannst diese Frage stellen, bis du nur noch von Licht und Frieden erfüllt und umgeben bist, und wenn es nötig ist, kannst du sie heute Abend oder morgen noch einmal stellen.

Jede schwere Krankheit und jede Form von chronischem Schmerz hat mit einem grundlegenden Groll gegen einen anderen Menschen zu tun. Gegen wen ist er gerichtet? Und worum geht es bei deinem Groll? Wäre es nicht erstrebenswert, dem betreffenden Menschen zu vergeben, bis du zu einem tiefen Frieden gelangst und nicht einmal ein Hauch von Gereiztheit bleibt? Wenn du ihm vergibst, vergibst du deiner heimlichen Schuld, die unter deinem Groll lauert. Du kannst dich ebenso fragen, an wem du dich rächst, indem du leidest. Jeder vermeintliche Herzensbruch hat dich dazu gebracht, ein Muster der Rache auszuagieren. Du kannst in deine Vergangenheit zurückkehren und dich fragen, mit wem du einen Herzensbruch erlitten hast und wie das Muster der Rache sich jetzt auf dich auswirkt. Ein Herzensbruch ist in Wirklichkeit ein Machtkampf und du leidest, damit du einen anderen Menschen kontrollieren und ihn dazu bringen kannst, etwas so zu tun, wie du es willst, und deine Bedürfnisse zu befriedigen. Dein Unterbewusstsein legt Zeugnis dafür ab. Du hattest einen Traum, von dem du geglaubt hast, er könne dich glücklich machen, und ein zerschlagener Traum erzeugt immer den größten emotionalen Schmerz. Dein Schmerz zeigt überdies, dass du einen – wie *Ein Kurs in Wundern* es nennt – „magischen Gedanken" gedacht hast, nämlich dass äußere Dinge die Quelle deines Glücks sind. Magische Gedanken führen zu Götzen und Götzen haben immer Schmerz und Desillusionierung zur Folge.

Jede Krankheit und jede Verletzung steht für eine bestimmte Form von Selbsthass, den du gegen dich selbst richtest. Wie alt warst du, als er begonnen hat? Wer war bei dir? Was ist geschehen, dass du dich in dieser Weise angreifst? Er geht natürlich von deinem Ego und nicht von deinem höheren Bewusstsein aus. Wofür benutzt du ihn? Denke daran, dass du mit jedem Angriff auf dich selbst auch die Menschen angreifst, die du liebst. Ist es das, was du willst? Deine Entscheidungen wirken sich auf alle Menschen aus. Wie entscheidest du dich?

Wen willst du mithilfe dieses chronischen Problems kontrollieren? Du willst den betreffenden Menschen dazu bringen, nach einem Drehbuch zu leben, das du ihm zugewiesen hast. Welches Drehbuch soll er für dich ausleben und welches Bedürfnis willst du erfüllt bekommen? Dies kann sich letztlich als selbstsabotierend erweisen, weil ein Bedürfnis ebenso wie Kontrolle zeigt, dass dein Bewusstsein gespalten ist. Du willst, dass deine Bedürfnisse erfüllt werden, und gleichzeitig willst du es nicht, weil du dadurch einen Teil deiner Unabhängigkeit verlieren würdest. Du hast gelitten, um einen anderen Menschen zu kontrollieren, um unabhängig zu werden und um deinen eigenen Weg zu gehen. Du hast einen hohen Preis bezahlt.

Chronischer Schmerz zeigt einen Verlust, den du nicht überwunden hast. Wenn es sich um einen Todesfall in der Familie handelt, frage dich, wie viele Selbstanteile als Folge davon gestorben sind und wo in deinem Körper du sie begraben hast. Dies kann in einem geringeren Ausmaß bei jedem traumatischen Erlebnis geschehen. Hauche diesen Selbstanteilen den heiligen Atem des Lebens ein. Rufe eine Engelschar herbei, um sie zu lieben, bis sie zu deinem jetzigen Alter herangewachsen sind, wieder mit dir verschmelzen und Drähte in Körper, Herz und Geist dort wieder neu verbinden, wo der Verlust geschehen ist.

Chronischer Schmerz bedeutet, dass du eine Seelenlektion noch nicht bestanden hast. Frage dich, wie alt du warst, als du durch diese wichtige Prüfung gefallen bist. Wenn du es wüsstest, wer war bei dir und was ist geschehen? Du hast in dieser Zeit eine dunkle Lektion gelernt. Wie hat sie sich auf dein Leben ausgewirkt? Lade die Wahrheit und die Liebe in die ursprüngliche Situation ein. Wie wirken sie sich auf die Situation aus? Bitte dann die GÖTTLICHE LIEBE und die GÖTTLICHE PRÄSENZ, sich in der Situation einzufinden. Wie wirken sie sich auf die ursprüngliche Prüfung aus? Es ist kein Betrug, wenn du die GÖTTLICHE PRÄSENZ um Hilfe bittest, sondern Teil der Lektion, die mit einer solchen Situation verbunden ist. Mit dieser himmlischen

Unterstützung kannst du nun die dunkle Lektion und damit auch ihre Auswirkungen loslassen. Bitte anschließend um die Seelenlektion, die du eigentlich lernen solltest. Empfange sie zusammen mit der GÖTTLICHEN LIEBE und der GÖTTLICHEN PRÄSENZ. Teile die gelernte Lektion mit allen an der Situation beteiligten Menschen. Bringe sie dann mit zurück in die Gegenwart und teile sie wiederum mit allen Menschen, die dir wichtig sind. Bringe die gelernte Lektion und die GÖTTLICHE LIEBE anschließend zurück zum Zeitpunkt deiner Empfängnis und teile sie dort mit deinen Eltern.

Wenn du in chronischem Schmerz gefangen bist, gibt es in dir einen Ort, der offenbar den Wunsch verstärkt hat, dass die Dinge nach deinem Willen laufen sollen. Der chronische Schmerz ist entweder ein Versuch, deinen Willen durchzusetzen, oder ein Trotzanfall, weil du deinen Willen nicht durchsetzen konntest. Möglicherweise trifft auch beides zu. Bist du bereit, darüber nachzudenken und es anschließend loszulassen? GOTT will nur Freude, Liebe und alles Gute für uns. Tief in uns gibt es jedoch einen Ort, an dem wir uns in einem Machtkampf mit GOTT befinden. Es ist eine Rebellion, die tief im Unbewussten unter Schichten der Abwehr und der Verleugnung verborgen liegt und die selbst positive Menschen in sich tragen.

Chronischer Schmerz ist auch ein Beleg dafür, dass wir es mit einem zerschlagenen Traum zu tun haben. Bei einem Herzensbruch verursacht der zerschlagene Traum den größten Schmerz. Ein zerschlagener Traum rührt von einem Götzen her, einem falschen Gott, von dem wir glaubten, er könne uns glücklich machen und für unsere Sicherheit sorgen. Götzen führen zu Schmerz, Groll und den Selbstkonzepten oder Glaubenssätzen, die eine Mauer zwischen uns und unserem Selbst, anderen Menschen und unserem Selbst bilden. Zerschlagene Träume und Götzen haben zu Enttäuschung und Desillusionierung geführt. Wenn das geschieht, gehen wir entweder in Richtung Tod oder wir suchen uns neue Götzen, nur um später erneut enttäuscht und desillusioniert zu sein. Denke über deine zerschlagenen Träume nach und wenn du dazu bereit bist, lasse sie und deine Götzen ebenso los wie den damit verbundenen Schmerz und Groll sowie die Mauern des Egos, die dadurch entstanden sind. Chronischer Schmerz ist ein Zeichen dafür, dass du einen tiefen Groll gegen einen anderen Menschen hegst. Wer kommt dir in diesem Zusammenhang in den Sinn? Groll liegt an der Wurzel jedes Problems. Groll verbirgt immer auch Schuld. Wenn du also dem Groll und dem betreffenden Menschen vergibst, heilst du zugleich deine heimliche Schuld.

In jeder Situation, in der du es mit chronischem Schmerz zu tun hast, bestrafst du dich für eine Schuld. Worin besteht die Schuld, die du nicht losgelassen hast? Schuld ist eine Fehlwahrnehmung, die wir benutzen, um unsere Angst vor dem nächsten Schritt zu verbergen, und wenn wir es mit chronischem Schmerz zu tun haben, haben wir es immer auch mit Angst vor dem nächsten Stadium zu tun. Chronische Schuld wird benutzt, um Gott zu bekämpfen, der uns als unschuldig geschaffen hat. Was er geschaffen hat, ist unveränderlich, und wir glauben nur, dass es anders ist. Wir sind anderer Ansicht als Gott und dort, wo unsere Überzeugung abweicht, fühlen wir uns von ihm angegriffen. Gott kann natürlich schon allein deshalb nicht angreifen, weil seine Natur die göttliche Liebe ist, aber wenn wir angreifen, haben wir das Gefühl, angegriffen zu werden. Wir wenden uns gegen Gott (unsere einzige Hoffnung auf ein Wunder und das Nachlassen des Schmerzes). Damit machen wir IHN zu einem angsteinflößenden, zornigen GOTT und verschließen uns einer wichtigen QUELLE der Heilung. Unsere Schuld verleiht uns einen dunklen Glanz. Wir sorgen dafür, dass es nur noch um uns und nicht um die Wahrheit geht. Wir haben Fehler gemacht, aber sie können berichtigt werden. Wir sind verantwortlich, aber wir sind nicht schuldig. Schuld ist ein Urteil über uns selbst und lernt die damit verbundene Lektion nicht. Sie sorgt dafür, dass wir stecken bleiben, sodass wir der Angst ausweichen, anstatt uns ihr zu stellen.

Unsere Angst zeigt einen Ort dissoziierter Unabhängigkeit. Wir haben vergessen, WER mit uns geht. Wir haben vergessen, WER die Führung innehat. Wir haben von klein auf daran gearbeitet, unabhängig zu sein, aber um uns von chronischem Schmerz zu befreien, sind wir aufgerufen, uns hinzugeben und wieder wie ein kleines Kind zu werden. Wir sind aufgerufen, unser Leben und unsere Zukunft in GOTTES HÄNDE zu legen. Schuld sorgt ebenso wie chronischer Schmerz dafür, dass sich alles um uns dreht. Es ist von entscheidender Bedeutung für unser Wohlergehen, dass wir uns weniger wichtig nehmen und nicht mehr uns selbst, sondern stattdessen das Leben und andere Menschen in den Mittelpunkt stellen, aber nicht durch Aufopferung, sondern durch Liebe. Aufopferung ist Teil des Problems. Schmerz bedeutet, dass du dich aufopferst. Chronischer Schmerz bedeutet, dass du dich selbst zum Märtyrer machst. Wen willst du durch dein Martyrium retten? Führt es für dich oder den betreffenden Menschen zum Erfolg? Es muss einen besseren und erfolgreicheren Weg für alle Beteiligten geben, denn es ist der WILLE GOTTES. Allein das Ego verlangt Aufopferung. Warum sollte

GOTT in SEINER Barmherzigkeit sie von dir verlangen? In *Ein Kurs in Wundern* heißt es, dass das Leiden Jesu ihm als anschauliches Beispiel für seine Lehre von Vergebung und Liebe diente und dass er damit zeigen wollte, dass er keine Feinde hatte: Es sollte das letzte „nutzlose Opfer" sein, das danach nie wieder jemand würde bringen müssen. Wenn unerleuchtete Jünger die Lektionen eines erleuchteten Wesens wiederholen, das sein EINSSEIN mit GOTT erkannt hat, werden diese Lektionen jedoch oft falsch verstanden. Aufopferung ist ein Angriff, eine Form von Konkurrenz, die beweisen soll, dass wir der bessere Mensch sind. Sie beginnt mit einem alten Urteil darüber, dass jemand etwas falsch gemacht hat. Aufopferung ist sowohl eine Rolle als auch eine Kompensation für Schuld, Versagen und Unwürdigkeit und sie kann nicht empfangen, weil sie ein Abwehrmechanismus und kein echtes Geben ist.

Chronischer Schmerz deutet auch darauf hin, dass du dich in einem Kampf mit einem oder mehreren anderen Menschen befindest. Mit wem führst du diesen Kampf? Worum geht es dabei? Ein Kampf beinhaltet stets mehrere Elemente. Welches Bedürfnis willst du erfüllt bekommen? Was willst du beweisen? Jeder Kampf trägt ein Element der Konkurrenz in sich, bei dem es darum geht, dass der eine gewinnt und der andere verliert. Chronischer Schmerz ist eine Trumpfkarte, die du ausspielst, um zu gewinnen. Er ist eine Form von emotionaler Erpressung. Womit willst du recht haben? Ein Kampf ist im Grunde ein Versuch, den anderen als Vorwand zu benutzen, um den nächsten Schritt nicht gehen zu müssen. Bei chronischem Schmerz ist es die Angst vor dem nächsten Stadium in deinem Leben. Wie sieht das nächste Stadium aus? Denke daran, dass die Todesversuchung deines Egos in Wirklichkeit die

Einladung zu einer Neugeburt ist, die dein höheres Bewusstsein ausspricht. Wofür willst du dich entscheiden? Willst du eine Geisel deines Egos oder ein Gastgeber GOTTES sein? Was willst du? Deine Angst vor Veränderung löst sich auf, wenn du daran denkst, WER mit dir geht. Chronischer Schmerz bedeutet, dass es mindestens einen Herzensbruch gibt, den du nicht überwunden hast. Wofür benutzt du ihn? Ist es das, was du willst? Ein Herzensbruch geht immer mit Rache einher, weil deine Bedürfnisse nicht erfüllt wurden und du deinen Willen nicht durchsetzen konntest. Finde heraus, wer die wichtigen Menschen in deinem Leben sind, an denen du dich rächst. Du verletzt dich selbst, um anderen etwas heimzuzahlen.

Ein möglicher Aspekt von chronischem Schmerz ist, dass jemand dich in einem oder mehreren früheren Leben verflucht hat. In ähnlicher Weise wirken sich auch Flüche auf dich aus, die du oder einer deiner Vorfahren ausgesprochen hat, denn du erntest, was du säst. Frage dich intuitiv, ob es der Wahrheit entspricht, oder denke darüber nach und überlege, wo die Ursache liegt. Es ist eine Seelenlektion, die du noch nicht bestanden hast. Du kannst die Liebe, die GÖTTLICHE LIEBE und die GÖTTLICHE PRÄSENZ in die Situation einladen. Bitte darum, dass alle Flüche, die auf dir lasten, und alle Flüche, die du ausgesprochen hast, von dir genommen werden. Bitte ebenso darum, dass alle Flüche, die auf deinen Ahnen lasten, und alle Flüche, die sie ausgesprochen haben, von ihnen genommen werden. Lasse die dunklen Lektionen los, die du gelernt hast, und bitte um die Seelenlektion, die du nach dem Willen des HIMMELS lernen solltest. Dass du sie gelernt hast, wirst du daran erkennen, dass sich ein Schleier der Dunkelheit von deinem Leben hebt und dass an seiner Stelle ein Gefühl des Friedens einkehrt. Befreie dich auf diese Weise von allen Flüchen, die du in früheren Leben anderen Menschen auferlegt hast oder die dir von anderen Menschen auferlegt wurden.

Chronischer Schmerz geht zumindest zum Teil fast immer auch auf das astrale Stadium zurück. Das astrale Stadium ist die Zeit, bevor wir einen Körper angenommen haben, und hat auf einer Seelenebene stattgefunden, auf der wir uns vom Licht abgewandt haben. Bei den Angriffen der Dämonen, Teufel und dunklen Herren, die es bevölkern, handelt es sich in Wirklichkeit um Aspekte unseres eigenen uralten Egos. Wir haben uns in dieser Zeit nicht nur vom Licht, sondern auch von wichtigen Gaben abgewandt. Wenn wir einen Weg der Heilung einschlagen, ist es nur natürlich, dass wir uns diesen Selbstaspekten irgendwann stellen müssen, damit wir sie akzeptieren, ihnen vergeben und aufhören können, sie gegen uns selbst zu verwenden.

Wenn das astrale Stadium uns besonders schlimm mitspielt, haben wir es für die heimlichen Pläne des Egos benutzt. Wofür benutzt du es? Wir sind aufgerufen, diese falschen, illusionären Selbstaspekte zu neuer Ganzheit zu integrieren. Dies ist eine Sphäre oder eine Schicht des Bewusstseins, die tief in uns verschüttet ist und unbedingt die Hilfe des HIMMELS braucht. In den dunklen Zeiten unseres Lebens haben wir vermutlich auch Verträge mit dem Ego geschlossen und Persönlichkeiten des Egos angenommen. Das Ego verspricht, uns von Einsamkeit, Angst, Unsicherheit und Schwäche zu befreien. Natürlich hält es diese Verträge niemals ein, sondern gibt uns stattdessen Dominanz, die nichts anderes als eine Facette von Schwäche und nicht von Ermächtigung ist. Unsere Persönlichkeiten und Selbstkonzepte gleichen hautengen Hüllen, die den Fluss zum Stillstand bringen. Sie verhindern, dass wir empfangen können, und halten unsere Wahrnehmung in bestimmten Glaubenssystemen fest, die uns von uns selbst, von anderen Menschen und von GOTT trennen. Persönlichkeiten können äußerst raffiniert sein, sodass uns nicht auffällt, dass sie am Werk sind. Sie können auch Gaben gleichen, die wir in uns tragen, aber sie lassen nicht zu, dass wir die Belohnung für diese Gaben empfangen, und das ist genau das, was unser Ego will. Persönlichkeiten sind Illusionen, in die wir investiert haben. Sie sorgen dafür, dass wir in tief vergrabener Negativität stecken bleiben, starrsinnig und unnachgiebig sind.

Dann gibt es die Geschäfte, die wir mit dem Teufel eingegangen sind, der für unser uraltes körperloses Ego steht. Bei diesen Geschäften geht es um Macht, Sicherheit und Gefährtenschaft, um die von der Trennung herrührende Einsamkeit zu lindern, die wir in traumatischen Situationen herbeigeführt und anderen Menschen zur Last gelegt haben. Das uralte Ego will die uralten Verletzungen festigen und verstärken, um mit seiner Bastion an Glaubenssätzen eine Welt aufzubauen, die schmerzhaft ist, die wir aber dennoch benutzen, um eine Belohnung zu bekommen. Bei diesen Geschäften nehmen wir auch Persönlichkeiten des Teufels an, die unseren Mitmenschen das Leben schwer machen. Frage dich, wie viele Persönlichkeiten des Egos und des Teufels du angenommen hast. Auch wenn du deinen Teil des Vertrages erfüllt haben magst, hat das uralte Ego keinen seiner Verträge mit dir eingehalten. Schon allein deshalb sind sie null und nichtig. Du kannst einen deiner FREUNDE AN HÖHERER STELLE bitten, die Verträge und Geschäfte zu berühren und damit nicht nur sie aufzulösen, sondern auch sämtliche Persönlichkeiten des Egos und des Teufels, die du angenommen hast. Wenn du ein Geschäft mit dem Teufel abschließt, kann es passieren, dass andere Teufel als blinde Passagiere in dir mitreisen. Wie viele waren es? Wie haben sie sich auf dein Leben ausgewirkt? Bitte die Engel und andere FREUNDE AN HÖHERER STELLE, sie ins Licht zurückzugeleiten, wo sie erlöst werden können. Sie haben sich insgeheim gewünscht, entdeckt und ins Licht zurückgeschickt zu werden. Heute ist der Tag, an dem sie erlöst werden können. Wenn du bei deiner Reise der Heilung auf tiefere Ebenen gelangst, wirst du vermutlich noch mehr Verträge mit dem Teufel im Unbewussten entdecken, das eine tiefe Schicht der Verleugnung in sich birgt, weil das Ego darauf angewiesen ist, dass diese Dinge verborgen bleiben. Einmal entdeckt, können sie mit der Hilfe des HIMMELS leicht geheilt werden, wenn wir die Entscheidung treffen, nicht länger in solche dunklen Fehler zu investieren.

Der folgende Abschnitt beschreibt noch weitere Dynamiken, die zu chronischem Schmerz führen können.

Seelenfragmente

Es ist nicht ungewöhnlich, dass wir fragmentierte Bewusstseinsanteile an verschiedenen Orten in der Welt, in anderen Leben oder gar in anderen Welten oder Dimensionen zurücklassen. Häufig werden bei chronischem Schmerz bestimmte Selbstanteile auch in die Hölle verbannt. Wie viele Seelenfragmente sind in den Höllenwelten gefangen? Wie viele hast du jenseits dieser Welt verloren? Dann gibt es noch die persönlichen Höllen aus Feuer,

Eis und Folter. Es gibt die Reiche der hungrigen Geister, der zornigen Geister und der Selbstkreuzigung. Wie viele Selbstanteile hast du auf der ganzen Welt verloren? Du kannst eine Heerschar von Engeln aussenden, um diese Anteile aufzuspüren, sie zu reinigen und sie dir dann zurückzubringen und mit dir zu verschmelzen, damit neue Ganzheit entstehen kann.

Häufig haben wir aus Angst, Widerborstigkeit, Schuld oder Rebellion wunderbare Gaben weggeworfen, die der Welt und uns helfen könnten. Es stimmt zwar, dass jedes Problem eine Gabe verbirgt, aber chronischer Schmerz ist oft ein Versuch des Egos, eine große Gabe vor uns geheim zu halten. Dazu gehören beispielsweise Vision, Bestimmung, Meisterschaft, mächtige oder seltene Begabungen, die STIMME FÜR GOTT hören, Erlösung, Wiedergeburt, Neuanfang, Erneuerung, Auferstehung, Wunder, Mystik, die Grenzenlosigkeit des reinen Geistes, Vereinigung, Einheit, Gemeinschaft, HIMMEL auf Erden, tiefes Staunen und unendliches Glück. Wir können wieder Anspruch auf unsere Gaben erheben, wenn wir uns einem Weg der Heilung verpflichten, Vergebung üben und bei jedem Schritt um Wunder bitten. Das geschieht ganz natürlich, wenn wir unser Leben GOTT und der Aufgabe gewidmet haben, zur Rettung der Menschheit beizutragen, indem wir auf unserem Weg voran zum reinen Geist zurückkehren. Wenn wir die Mauern des Egos loslassen, entdecken wir ein höheres Maß an Liebe. Dann treten wir zurück und der HIMMEL tritt in stärkerem Maße hervor. Wir widmen unser Leben der Aufgabe, die schmerzhafte Illusion der Trennung zu beenden, die an der Wurzel jedes Problems liegt.

Der „Sündenfall" ist die ursprüngliche Illusion der Trennung. Er ist die Urschuld, aus der heraus alle Schuld und alle Trennung entstehen. GOTT als LIEBE und EINSSEIN hat uns in LIEBE und EINSSEIN geschaffen, und was ER geschaffen hat, ist unveränderlich. Wir haben es nur verschleiert. In unserem Verlangen danach, ein ganz besonderes KIND GOTTES und dann Gott in unserer eigenen Welt zu sein, haben wir die Illusion der Trennung akzeptiert. Nach dem ursprünglichen Sündenfall sind wir zahllose weitere Male gefallen und jeder Fall war mit mehr Schmerz, mehr Illusionen und mehr Dunkelheit verbunden. Doch nun tritt zum ersten Mal eine Umkehr ein. Wir leben in einer außergewöhnlichen Zeit der Geschichte, die uns viele Möglichkeiten bietet, uns weiterzuentwickeln, Heilung zu erlangen und auf neue Weise zueinanderzufinden. Das hat zur Folge, dass uralte Probleme, Feindseligkeiten und Urteile aus dem kollektiven Unbewussten ans Licht kommen, damit wir an ihnen arbeiten und sie heilen können. In *Ein Kurs in Wundern* heißt es in Lektion 79, dass Trennung das einzige Problem ist. In Lektion 80 werden wir aufgefordert zu erkennen, dass das Problem bereits gelöst ist. Die Trennung war nur eine Illusion, weil das EINSSEIN nicht geteilt und GOTT nicht getrennt werden kann. Wir können nur träumen, dass es so war. GOTTES WILLE ist das EINSSEIN und nichts anderes existiert.

Wir wollen diese Worte aus *Ein Kurs in Wundern* als Worte der Kraft in unseren Schmerz hinein sprechen: „Lass mich erkennen, dass meine Probleme gelöst sind." Du kannst auch zu den besonders schmerzhaften Ereignissen zurückkehren und dir vorstellen, dass dein inneres Licht sich zuerst mit Christus oder Kuan Yin und dann mit allen an der Situation beteiligten Menschen zu einem einzigen Licht verbindet. Jedes Mal, wenn du es tust, wächst deine Verbundenheit und du lässt mehr Schmerz und Stress los. Aller Schmerz kommt aus der Vergangenheit und der Frieden und die Freude, die in der Gegenwart existieren, werden lediglich von der Vergangenheit überschattet.

21

Ein besonders guter Mensch sein

Gut und Böse handeln in einem Tanz der Dualität. Das eine bedingt das andere. Der Versuch, gut zu sein, verstärkt also nur den Glauben daran, dass du schlecht bist. Es ist unmöglich, sich auf diese Weise von Schuld zu befreien, und es ist das „Böse“, das dich dazu bringen will, dich selbst auszulöschen. Gutsein, tugendhaftes Handeln und sogar Wohltätigkeit sind oft nichts anderes als eine Kompensation, die verbirgt, dass wir uns schlecht fühlen, und immer wenn wir uns schlecht fühlen, fühlen wir uns schuldig und wollen uns bestrafen. Vielleicht solltest du dein System von Gut und Böse aufgeben, weil es die Schuld aufrechterhält. Du könntest sie stattdessen durch das ersetzen, *was wahr ist*. Was wahr ist und was zum Erfolg führt, sind neue Kriterien, an denen du dein Handeln und das Handeln anderer Menschen messen kannst. Gutsein ist eine Rolle, die wir in unseren Familien spielen. Es lässt nicht zu, dass wir empfangen, und ist somit eine Form von Aufopferung. Böse zu sein ist ebenfalls eine Rolle, die wir innerhalb der Familie spielen. Wir opfern uns auf, indem wir ausagieren, alles „Böse“ an uns ziehen und als Sündenbock für unsere Familie dienen, damit sie ein normales Leben führen kann. Der „Gute“ in der Familie zu sein, indem wir entweder der Held oder derjenige sind, der sich aufopfert, kompensiert und birgt ein hohes Maß an Schuld in sich. Der Held und der Aufopferer tragen ein ebenso hohes Maß an Schuld in sich wie derjenige, der die Rolle des Unruhestifters spielt. Es ist wichtig, alle Rollen loszulassen, vor allem die Rollen des Opfers, der Aufopferung und der Unabhängigkeit, denn sie bilden ein grundlegendes Dreigespann und einen Teufelskreis aus Rollen, der uns von Partnerschaft, Erfolg und Nähe fernhält.

Manchmal verhalten wir uns wie ein besonders guter Mensch, sind in Wirklichkeit aber von Urteilen, Selbstgerechtigkeit und Groll erfüllt. Wenn wir unser „Gutsein" benutzen, um Schuld zu verbergen, betrachten wir die Dinge durch den Schleier unserer Schuld und sind herablassend, statt zu helfen. Wir benutzen unser „Gutsein" nur als Mittel, um uns überlegen zu fühlen und Unzulänglichkeit zu verbergen. Pharisäisches Verhalten ist heuchlerisch. Aufgrund ihres Handelns oder weil sie sind, wer sie sind, glauben wir über anderen Menschen zu stehen und von ihnen getrennt zu sein. Wir halten an dem fest, was wir verurteilt haben, so als ob wir im Recht seien. Dadurch entsteht ein Konflikt und wir müssen uns mit einem Menschen oder einer Situation in der Form abfinden, wie wir ihn oder sie verurteilt haben. Unser Angriff erzeugt Schuld. Verschmelzung verstärkt die heimliche Schuld und kann nur durch Vergebung oder authentisches Geben und Empfangen gelöst werden.

In jeder Situation, auch in einer Opfersituation, die wir benutzen, um Unabhängigkeit zu erlangen, mehren wir die Schuld, verbergen sie aber unter dem Schmerz des Opferereignisses oder der Rechtfertigung, dass unser Handeln eine Folge des Handelns anderer Menschen ist. Wir sind nach wie vor ein „guter" Mensch und niemand kann uns einen Vorwurf machen. Nach allem, was wir durchmachen mussten, ist es unser gutes Recht, uns zu trennen. Trotzdem fühlen wir uns schuldig, weil wir uns getrennt haben. Wir dissoziieren unsere Schuld, sodass es schwieriger wird, sie zu finden und zu heilen. Dissoziation verhindert jedoch ebenso, dass wir empfangen können, weil wir uns nach wie vor für unsere Schuld bestrafen.

Auf der unbewussten Ebene haben wir es mit den „großen Kriegen" zu tun. Dies sind die Polaritäten, die das Ego benutzt, um die Trennung aufrechtzuerhalten. Das Ziel besteht darin, über alle Dualität hinaus auf neue Ebenen des Friedens, der Integrität und der Ganzheit zu gelangen. Der große Krieg von Gut und Böse erzeugt immer wieder neue Schuld. Anstelle der Dualität von Gut und Böse auf dieser unbewussten Ebene können wir auf das schauen, was liebevoll ist, was Liebe braucht und um Liebe bittet. Wie viele große Kriege von Gut und Böse trägst du in dir? Das Ego legt sie in unserem Bewusstsein in Schichten übereinander, um zu verhindern, dass wir über sie hinausgelangen, um zu erkennen und zu geben. Ein stiller Geist erwartet uns, wenn wir die Nähe und die Hilfe des HIMMELS spüren. Hier beginnt deine Bestimmung. Das Bewusstsein der Meisterschaft ist von Frieden, Führung und Wundern erfüllt. Es ist der Ort, an dem du deine Meisterschaft erkennst. Es ist der Ort größerer Liebe.

Es gibt viele Möglichkeiten, die großen Kriege des Bewusstseins zu heilen. Eine Möglichkeit ist die Frage, wofür du den großen Krieg von Gut und Böse benutzt hast. Wenn du erkennst, dass du einen Fehler gemacht und eine schlechte Investition getätigt hast, kannst du den HIMMEL bitten, die Kriege von Gut und Böse zu neuer Ganzheit zu integrieren. Als Folge davon fällt ein hohes Maß an Verurteilung und Selbstverurteilung fort. Du wirst fähig, in weit höherem Maße auf andere Menschen einzugehen und auf tiefere Weise zu empfangen. So entsteht eine Aufwärtsspirale des Glücks, die in den HIMMEL führt.

22

Die Bürden, die du schulterst

Wenn wir im Leben die Verbundenheit verlieren, nehmen wir stattdessen Bürden auf uns. Ein Blick in unser Unterbewusstsein zeigt jedoch, dass wir unsere Verbundenheit nicht verloren, sondern vielmehr aufgegeben haben, um das Ego aufzubauen, unseren Glauben darüber, wer wir sind. Es ist die Identität, die wir durch Schmerz und Trennung erschaffen. Ein ehrlicher Blick auf unser Leben lässt uns erkennen, dass der, der wir zu sein glauben, nicht besonders viel hermacht. Unser Leben ist von einem hohen Maß an Kompensationen, Abwehrmechanismen, die dafür sorgen sollen, dass wir uns gut fühlen, und Selbstdarstellung geprägt. Das Ego will sich trennen, unabhängig sein, recht haben, kontrollieren, beweisen, woran wir selbst nicht glauben, seinen Willen durchsetzen und gewinnen. Das ist scheinbar kein Problem, bis wir erkennen, welchen Preis wir für eine solche Einstellung zahlen. Wir alle müssen durch dieses besondere Stadium gehen, bis wir erkennen, dass es einen besseren Weg gibt, der Wahrheit, Partnerschaft, Zusammenarbeit und die Wiederherstellung der Verbundenheit beinhaltet, die mühelos Liebe und Erfolg bringt.

In dem Maße, in dem wir eines der oben genannten Ziele verfolgen, setzt das Ego die Opferrolle ein oder erhält

Opfermuster und den damit verbundenen Schmerz am Leben, um sich selbst zu retten. In gleichem Maße dienen wir dem Ego, indem wir Bürden schultern, die nicht zu uns gehören.

Du kannst für die folgende Übung entweder Pfund oder Kilogramm als Maßeinheit verwenden. Stelle dir die folgenden Fragen und vertraue auf die Antworten, die dir unmittelbar in den Sinn kommen. Schreibe die Antworten nieder.

Wie viele Kilogramm schulterst du in Bezug auf:

- deinen Vater __________
- deine Mutter __________
- ihre Beziehung __________
- mögliche Stiefeltern __________
- deine Familie __________
- deine Großeltern __________
- die Ahnenlinie deiner Mutter __________
- die Ahnenlinie deines Vaters __________
- jede wichtige frühere Beziehung __________
- deine Freunde __________
- wichtige berufliche Tätigkeiten __________
- deine Misserfolge __________
- deine religiösen Überzeugungen __________
- deine Schuld __________

Addiere sie zu einer Summe. Welche Auswirkung haben sie auf dein Leben, deine Beziehungen, deine Gesundheit, deine finanzielle Situation, deinen Erfolg, deine Sorgenfreiheit und deine Bewusstheit? Deine Bürden erhalten die Rollen der Unabhängigkeit, der Aufopferung und des Opfers aufrecht, durch die das Ego gedeiht. Deine Bürden entsprechen nicht der Wahrheit. Sie verhindern, dass du authentisch und zugänglich bist. Sie sollen deine Schuld sühnen, halten dich aber darin gefangen, sodass du niemals über die Schwere und das schlechte Gefühl hinausgelangst, das ein Zeichen für das Vorhandensein von Schuld ist.

Du hast dir diese Bürden selbst auferlegt. Wofür benutzt du sie? Sind sie wirklich notwendig? Sie sorgen dafür, dass du dich ständig mit den falschen Dingen beschäftigst und dich auf einer bestimmten Ebene sogar in sie verrennst. Deine Bürden halten dich in einer Vergangenheit fest, die niemals existiert hat. Du benutzt sowohl sie als auch die Vergangenheit als Ausrede, um dich zu verstecken. Deine Bürden beeinträchtigen jede Beziehung, die du hast. Sie machen dich glauben, dass jede Beziehung eine Bürde ist, die du tragen musst. Dabei hast du vergessen, dass der HIMMEL hier eine wichtige Rolle zu spielen hat. Du kannst jede Sorge in die Hände des HIMMELS legen und sorgenfrei sein. Wenn du sie loslässt, gelangst du im ersten Schritt über die großen Stadien der Aufopferung hinaus: das Stadium der Schuld, das Stadium der Leblosigkeit und die Voraussetzungen für den Eintritt in das Stadium der Meisterschaft. Der Ursprung deiner Bürden liegt in einem Urteil, das du über einen anderen Menschen gefällt hast. Deshalb kann Vergebung dich von diesen Bürden befreien. Sie sind zu einem Abwehrmechanismus geworden, um Angst zu verbergen und dich in einer Komfortzone festzuhalten, die noch nicht einmal komfortabel ist.

Du stehst an einer Wegkreuzung. Willst du auch weiterhin ein Leben führen, das von Bürden und Aufopferung geprägt ist, oder willst du den Versuch aufgeben, dich wichtig zu machen, indem du eine so große Last trägst?

Das Leben kann dir seine Schönheit nicht zeigen, wenn du durch die Augen deiner Bürden schaust. Du kannst deine Bürden zusammen mit der Egoidentität loslassen, die sie dir geben. Sie sind nicht wahr und sie können dich nicht glücklich machen.

23

Geschäftigkeit und Faulheit

Geschäftigkeit und Faulheit sind zwei Extreme und Extreme sind immer eine Gefahr für unsere Gesundheit und für unsere Fähigkeit, zentriert zu bleiben. Selbst Buddha hat einmal erklärt, dass wir mithilfe dieser beiden Extreme unserem Glück aus dem Weg gehen. Außerdem benutzen wir sie, um unserer Lebensaufgabe aus dem Weg zu gehen. Geschäftigkeit macht uns selbstgefällig: „Ich muss wichtig sein. Seht nur, wie beschäftigt ich bin." Faulheit verfolgt dasselbe Ziel mit umgekehrten Mitteln: „Ich bin zu wichtig, um meine Zeit mit Arbeit zu vergeuden. Am wichtigsten ist es, mich um mich selbst zu kümmern." Beide überhöhen sich auf ihre Weise selbst, um Angst und Selbstentwertung zu kompensieren. Manchmal tun sich zwei geschäftige Menschen zusammen oder geschäftige und faule Menschen werden zueinander hingezogen, um ihre Angst und ihr Urteil über den jeweils anderen zu überwinden. Beide haben Angst vor Erfolg und beide sind in einem Teufelskreis gefangen. Ein geschäftiger Mensch trägt meist die Schattenfigur des faulen Menschen in sich, bei der es sich um ein Selbstkonzept handelt. Selbstkonzepte erzeugen Emotionen und bestimmen unser Leben. Wenn wir uns den Anschein von Geschäftigkeit geben, können wir faul sein im Hinblick auf das, was wirklich wichtig ist, um Nähe, Erfolg und unsere Lebensaufgabe zu verwirklichen. Ein fauler Mensch hat oft einen sehr beschäftigten Geist. Er ist nicht von Frieden erfüllt und kann das Gefühl haben, eine große Bürde auf den Schultern zu tragen.

Eine Möglichkeit, Geschäftigkeit und Faulheit zu heilen, besteht darin, dich zu fragen, wann sie begonnen haben. Kehre in diese Zeit zurück. Wer war in der Situation anwesend und was ist geschehen? Frage dich, wofür du dieses Ereignis benutzt. Frage dich, wie es sich auf dein Leben ausgewirkt hat und ob es das ist, was du wirklich willst. Es hat bewirkt, dass du eine dunkle Lektion gelernt und Abwehrmechanismen sowie dein Ego aufgebaut hast. Ist es das, was du willst? Willst du das Problem oder die Antwort? Kehre im Geist noch einmal in diese Situation zurück und stelle dir vor, dass du die Seelengabe öffnest, die du mitgebracht hast, um diese karmische Lebenslektion zu lernen. Bitte dann die GÖTTLICHE LIEBE und die GÖTTLICHE PRÄSENZ, sich in der Situation einzufinden. Das macht es leicht, die dunkle Lektion und deine Abwehrhaltung loszulassen und dich an den HIMMEL und an die Lektion zu erinnern, die ER für dich bereitgehalten hat. Sie ermächtigt dich, lässt dein Licht leuchten und ist in der Lage, die Situation und alle an ihr beteiligten Menschen zu heilen, um sie zu transformieren und eine Wiedergeburt zu ermöglichen. Wenn du die Verbindung mit dem HIMMEL aufbaust, fällt die Vermeidung fort, da du lernst, dich auf den HIMMEL zu verlassen.

24

Karmische Lebenslektionen und Seelenprüfungen

Bei den schlimmsten Erfahrungen deines Lebens handelt es sich in der Regel um eine karmische Lebenslektion und um eine Seelenprüfung. Eine karmische Lebenslektion ist die Wiederholung eines wichtigen Themas aus der Vergangenheit, das sich in neuer Verkleidung in der Gegenwart zeigt. So berichtete in einem Workshop beispielsweise einmal ein Mann, dass er eine starke Todesversuchung spürte. Ich bat ihn, in das Gefühl hineinzuspüren, um zu schauen, ob es sich um ein altes oder ein uraltes Gefühl handelte. Er erwiderte: „Es fühlt sich uralt an." Ich sagte: „Es steht für ein früheres Leben, in dem du gestorben bist, und jetzt ist die Energie der Todesversuchung zurückgekehrt, damit du die Lektion lernen kannst. Weil es ja nicht um dieses Leben geht, kannst du sie jetzt ganz mühelos lernen." Dann bat ich ihn, mithilfe seiner Intuition herauszufinden, welche Lektion er in diesem vergangenen Leben hätte lernen und welche Gabe er hätte einbringen sollen. Ich führte ihn in diesem vergangenen Leben in seine Kindheit zurück, um die Gabe zu öffnen und mit allen Menschen zu teilen, denen er begegnete, um die Lektion zu lernen und die Erfahrung eines glücklichen Lebens zu machen. Die Erfahrung dieser Rückführung veränderte die Geschichte dieses vergangenen Lebens grundlegend und verwandelte die Todesversuchung, die ihn in diesem Leben gequält hatte, in ein Gefühl tiefen Friedens.

Bei den Seelenprüfungen, die ein Mensch durchläuft, handelt es sich um Prüfungen, die bereits vor diesem Leben geplant wurden, um ihm die Möglichkeit zu geben, auf eine neue Bewusstseinsebene aufzusteigen. Wenn du auf dein Leben zurückschaust, erkennst du vermutlich, wo du diese Prüfungen nicht bestanden hast. Eine schamanische Prüfung fühlt sich so an, als habe man dir das Herz herausgerissen, und eine Prüfung auf Meisterschaftsebene gibt dir das Gefühl, als sei bei einem Erdbeben ein Haus über dir eingestürzt. Als du durch diese Prüfungen gefallen bist, hast du dunkle Lektionen gelernt. Die Prüfungen finden jedoch nach wie vor statt, sodass du sie jetzt bestehen kannst. Stelle dir vor, dass du an diesen Ort zurückkehrst. Bitte die Wahrheit, die Liebe, die GÖTTLICHE LIEBE und die GÖTTLICHE PRÄSENZ, sich an diesem Ort einzufinden. Übergib alle dunklen Lektionen der GÖTTLICHEN LIEBE. Finde mithilfe deiner Intuition heraus, welche Gabe du mitgebracht hattest. Öffne sie und teile sie mit allen Menschen, denen du in und seit dieser Zeit begegnet bist. Bitte um die Seelenlektion, lerne sie und bringe die gelernte Lektion mit zurück in dein jetziges Leben.

Wenn du es mit einer karmischen Lebenslektion zu tun hast, kannst du um die Hilfe des HIMMELS bitten. Der HIMMEL glaubt nicht an Karma und weiß, dass die Lektion unmittelbar verändert werden kann. Bekenne dich bereitwillig zum Weg der Heilung. Du kannst dich entweder für den Weg der Heilung oder für den Weg des Leidens entscheiden. Bitte von ganzem Herzen um ein Wunder.

Verbinde deinen Geist mit dem Geist Jesu oder eines anderen Menschen, dem du dich auf einer spirituellen Ebene nahe fühlst. Verbinde dann deinen Geist, dein Herz und dein Licht mit allen an der karmischen Lebenssituation beteiligten Menschen, bis es nur noch Einheit im Geist gibt. Frage dich dann, wo die Wurzel des Problems liegt. Kehre dorthin zurück und verbinde dich wiederum von Geist zu Geist, von Herz zu Herz und von Licht zu Licht mit allen daran beteiligten Menschen, bis auch diese Situation von tiefem Frieden erfüllt ist. Wenn es dir gelingt, schlägst du ein neues Kapitel in deinem Leben auf. Karmische Lebenslektionen oder Seelenprüfungen können sich wie die schlimmste und schwierigste Erfahrung deines Lebens anfühlen, aber denke daran: GOTT ist mit dir. In *Ein Kurs in Wundern* heißt es: „Wenn du bereit bist, dich so anzunehmen, wie ER dich schuf, wirst du unfähig sein, zu leiden." (T-10.V.9:5)

25

Du erinnerst dich immer an das erste Mal

Die erste sexuelle Erfahrung ist ein denkwürdiges Ereignis, egal ob sie positiv oder negativ war, und sie beeinflusst dein Leben durch die Muster, die sie in Gang setzt. Jede Opfer- oder Tätersituation erzeugt mehr oder weniger tief verborgene Schuld. Deine erste sexuelle Erfahrung, die eine Metapher für dein Leben und deine Beziehungen ist, hat alle denkbaren unvorhergesehenen Auswirkungen. Sie kann Elemente enthalten, die oft verborgen werden und die vor allem mit Schuld, Erregung und Angst zu tun haben. Die verdrängte Erregung kann mehr oder weniger heimliche unangebrachte Begierden hervorrufen, die dich beeinflussen, weil Angst dir das Leben schwer machen, dich ablenken oder dein Leben sogar aus der Bahn werfen kann. Du erkennst derweil aber nicht, dass deine erste sexuelle Erfahrung an der Wurzel deiner Probleme liegt. Frage dich also intuitiv, wie die verschiedenen Ebenen deiner ersten sexuellen Erfahrung dein Leben geprägt und welche Muster sie erzeugt haben, wie sie dich möglicherweise zurückhalten, welche Schuld sie hervorgerufen haben und inwieweit du dich ihretwegen zurückziehst, aufopferst oder selbst bestrafst. Wiederhole die folgenden Worte der Kraft, bis nur noch Frieden und Unschuld bleiben: „Ich will mich dafür nicht verurteilen.“ So können Leichtigkeit und Offenheit in dein Leben zurückkehren und du kannst dich dem Licht wieder zuwenden. Vergib allen Menschen, die an der Situation beteiligt waren, bis die starke Anziehungskraft der Schuld, die dich vom Weg abbringt und dich mit Illusionen und falschen Begierden zurückhält, durch Unschuld ersetzt wird. Auch wenn du deine Begierden verdrängst, haben sie eine Auswirkung auf dich. Gewinne deine Unschuld zurück. Es war alles ein Traum. Er liegt in der Vergangenheit und existiert nur noch, wenn du ihn benutzt, weil er dir eine Belohnung einbringen soll. Heilung heißt, das ans Licht zu fördern, was du im Bewusstsein vergraben hast, und dich mit der Kraft deines bewussten Denkens für sie zu entscheiden, damit die Vergangenheit sich nicht länger negativ auf dich und dein Leben auswirkt. Die Illusion wird zur Wahrheit gebracht.

Eine weitere einfache Übung besteht darin, dein höheres Bewusstsein in jeder Situation zu bitten, dich und alle daran beteiligten Menschen in eine Mitte der Harmonie, des Friedens und der Unschuld zurückzuführen. Überprüfe, welche Wirkung dies hat, und wiederhole die Bitte, in deine Mitte zurückgeführt zu werden, bis die Situation sich in Licht verwandelt hat, das der wahre Hintergrund hinter den Illusionen und Geschichten ist, die wir auf die Welt projizieren. So wird ein Anteil deines Bewusstseins vor allem in Bezug auf Sex von tiefem Frieden erfüllt. Bringe diesen Ort des Friedens, des Lichts und der Unschuld zuerst mit in die Gegenwart und trage ihn dann wieder zurück bis zum Zeitpunkt deiner Empfängnis. Dadurch werden viele Fehlwahrnehmungen und Illusionen geklärt. Diese Illusionen haben dein Leben verdunkelt. Je mehr du in Frieden bist, umso weniger kann das Ego die Negativität aufrechterhalten, weil es auf Angst, Schuld, Unwürdigkeit und Rache aufgebaut ist. Wenn du in Frieden bist, löst die Wahrheit die Illusion auf. Je mehr du in Frieden bist, umso mehr macht die Wahrheit den Weg frei. Erkenne den Wert des Friedens und bitte immer wieder darum.

26

Empfängnis, Geburt und Tod

Deine Empfängnis, deine Geburt und dein Tod folgen einem bestimmten Muster. Wenn du dieses Muster nicht heilst, beherrscht es dich bis hin zu den grundlegenden Emotionen, die dein Leben steuern. Selbst wenn du nichts über deine Geburt weißt, ist sie in deinem Bewusstsein dennoch abgespeichert und durch Intuition oder Hypnose kannst du Zugang zu ihr erlangen. So kannst du sie von innen heraus erfahren. Dieses zentrale Muster wirkt sich unmittelbar auf dein Beziehungsmuster aus und wenn du es veränderst, kannst du glücklich und frei sein. Das Muster deiner Empfängnis und deiner Geburt zeigt das zentrale Seelenmuster, das du transformieren willst. Es ist wichtig zu wissen, dass du es transformieren *kannst*. Es ist der Wille des HIMMELS, dass du es veränderst, sodass du frei und glücklich sein kannst. Die Heilung beginnt damit, dass du um die Hilfe des HIMMELS bittest, damit er den Stein deines Seelenmusters und aller anderen Probleme zurückrollt. Wenn es große Probleme in deinem Leben gibt, finde intuitiv heraus, wie deine Geburt verlaufen ist. Wenn du wüsstest, was in deiner Mutter, deinem Vater und dir selbst vorgegangen ist, welcher Glaubenssatz ist daraus entstanden? Welche Gefühle hat es bei dir ausgelöst? Wie hat es sich auf dein Leben ausgewirkt? Wie war der Ablauf der Geburt und wie haben sich die anwesenden Geburtshelfer verhalten?

Wenn du wüsstest, wie deine Mutter und dein Vater deine Empfängnis erlebt haben und wie dies sich auf dein Leben ausgewirkt hat, würdest du verstehen, dass das Muster deiner Empfängnis das Muster deiner Geburt erzeugt hat und dass diese beiden Muster zusammen das Muster deines Lebens in Gang gesetzt haben. Gemeinsam legen alle diese Muster den Weg und das Muster deines Todes fest. Sie stehen für dein Seelenmuster und für die Dinge, die du in diesem Leben lernen, verlernen und heilen wolltest. Es ist noch nicht zu spät für eine positive Veränderung. Wenn du dazu bereit bist, ist dein Beitrag die Bereitschaft, diese Veränderung von ganzem Herzen zu wollen. Verpflichte dich ihr immer wieder. Alles andere ist die Aufgabe des HIMMELS. Überlasse dem HIMMEL das Heben der schweren Lasten. Es ist Aufgabe des höheren Bewusstseins, deine Heilung zu bewirken. Zweifel, Selbstangriff oder negative Gedanken, die dich heimsuchen, zeugen nur davon, dass das Ego um sein Überleben kämpft. Bitte darum, dass die Gedanken und die mit ihnen verbundenen Selbstkonzepte sich in dein höheres Bewusstsein hinein auflösen. Dies schenkt dir ein höheres Maß an Selbstvertrauen und Fluss. Verpflichte dich dem nächsten Schritt und nimm wahr, wie dein Leben transformiert wird.

Stelle dir vor, dass du die Geschichte deiner Empfängnis und deiner Geburt geschrieben hast, weil du hofftest, dass sie dir eine bestimmte Belohnung einbringen. Wofür benutzt du diese Muster? Ist es das, was du willst? Was willst du? Stelle dir vor, was du dir für deine Empfängnis und deine Geburt jetzt wünschst. Lasse sie in deiner Vorstellung liebevoll und mühelos geschehen.

Lege die Szene deiner Empfängnis nun direkt neben Vergebung und Wundern auf dem Altar deines Geistes ab, der für das steht, was du dem Leben darbietest. Nach wenigen Augenblicken löst die Vergebung alle mit der Szene verbundene Negativität auf. Lege dann die Szene deiner Geburt auf dem Altar deines Geistes neben der Vergebung ab. Nimm den Frieden wahr, der sich einstellt, wenn die Vergebung ihr Werk tut. Gehe danach durch dein Leben und lege alle großen Herzensbrüche, Traumen und zerschlagenen Träume neben der Vergebung auf dem Altar deines Geistes ab. Deine Empfängnis und deine Geburt mögen dein Leben auf negative Weise vorgezeichnet haben, aber jetzt ist die Zeit gekommen, etwas daran zu ändern. Lege zum Schluss jedes große Problem und jede dunkle Emotion einzeln auf dem Altar deines Geistes ab und lasse zu, dass die Vergebung dir stattdessen Wahrheit und Frieden bringt. Denke daran, dass unter jedem Problem und jedem Trauma die Angst vor dem nächsten Schritt verborgen liegt und dass sich darunter Seelengaben verbergen. Nun kannst du sie auf dem Altar deines Geistes ablegen, um sie zu transformieren.

27

Dein Kampf mit Gott

Viele Menschen glauben nicht an GOTT, verfluchen ihn aber, wenn sie ein schweres Los trifft. Ein Blick in die Tiefen des Unbewussten offenbart, dass sie ihre alptraumhafte Situation benutzen, um GOTT (und wichtige Menschen aus ihrer Vergangenheit) anzuklagen. Ihre Botschaft an GOTT lautet im Grunde genommen: „Schau, was du mir angetan hast. Schau, was du zugelassen hast. Du bist ein schlechter GOTT. Runter vom Thron, er gehört jetzt mir. Ich kann das viel besser als du." Diese unbewusste Dynamik hat zur Folge, dass wir bereit sind, Elend, Trostlosigkeit, tiefe Verzweiflung und Entfremdung zu erleiden, und sie beschert uns äußerst schmerzhafte chronische Probleme.

Eine Opfersituation ist ein Angriff auf wichtige Menschen in unserem Leben. Sie spiegeln unseren Angriff auf uns selbst und ebenso unseren Angriff auf GOTT wider. Wenn wir uns diese Tatsache bewusst machen, können wir neue und bessere Entscheidungen treffen. Das gilt vor allem, wenn wir erkennen, dass GOTT keines der Dinge getan oder unterlassen hat, die wir IHM vorgeworfen haben. Wenn eine dieser Anschuldigungen wahr wäre, hätte GOTT längst SEINE Zulassung als GOTT verloren und der URGRUND ALLEN SEINS hätte sich ebenso aufgelöst wie wir selbst. Da wir noch hier sind, muss GOTT also immer noch GOTT sein.

GOTT ist LIEBE und wir sind SEINE Kinder. Wir sind in eine Traumwelt gefallen und haben deshalb manchmal Alpträume. GOTT vertraut darauf, dass wir erwachen und das Bewusstsein dafür wiedererlangen, dass wir einen entsetzlichen Traum hatten und dass das, was wir erleben, nicht unsere wahre Wirklichkeit ist. Wir könnten den Kampf einfach aufgeben und erkennen, dass, wenn es nicht GOTT war, eigentlich nur ein Mensch bleibt, der uns das angetan haben kann. In *Ein Kurs in Wundern* heißt es: „GOTT ist LIEBE weiterhin, und dies ist nicht SEIN WILLE." Ich spreche diese Worte der Kraft immer dann, wenn ich mich in einer verzweifelten Situation wiederfinde. Sie vermitteln uns auch eine tiefe Erkenntnis über das Wesen der Projektion, die darin besteht, dass wir andere Menschen beschuldigen, das zu tun, was wir tun oder getan haben. Wir verbergen diese Wahrheit unter vielen Schichten der Verleugnung, sodass wir uns nur sehr selten dabei ertappen. In *Ein Kurs in Wundern* heißt es jedoch: „Wahrnehmung wird durch Projektion erzeugt."

28

Recht haben um jeden Preis

Wir glauben, dass unser größter Götze – oder falscher Gott – uns retten und uns glücklich machen wird. Wir tun fast alles, um ihn unverwundbar zu machen. Doch es handelt sich dabei nur um etwas, das wir außerhalb von uns suchen, um ein inneres Bedürfnis zu erfüllen. Unser Bedürfnis hat mit Schmerz begonnen. Wir haben projiziert, dass uns jemand verletzt hat, unseren eigenen Anteil daran aber nicht erkannt – dass wir nämlich unterbewusst diese Verletzung mit dem Ego geplant und den Schmerz und den Hilferuf eines anderen Menschen dann benutzt haben, um uns zu trennen, statt uns mit ihm zu verbinden. Wir erleiden diesen Schmerz, um uns zu trennen, unabhängig zu werden, unseren Weg zu gehen und die Kontrolle zu gewinnen. Wenn das geschieht, sind wir in Mustern und Rollen des Opfers, des sich aufopfernden Märtyrers und der dissoziierten Unabhängigkeit gefangen. Damit wir unsere Identität aufbauen können, sind wir bereit, andere Menschen zu beschuldigen, anzugreifen und zu projizieren, dass sie uns angegriffen haben. Deshalb erkennen wir nicht, dass unser Ego auf Angriff und Selbstangriff aufgebaut ist. Wir erkennen nicht, dass der Götze unserer Selbstkonzepte, unser kostbarster Götze, nichts anderes als zerschlagene Träume und tiefste Enttäuschung zur Folge hat.

Jedes Selbstkonzept ist darauf aufgebaut, recht zu bekommen. Wir kämpfen darum und erkennen nicht, dass wir, wenn wir recht bekommen wollen, in einem Teufelskreis von Recht und Unrecht gefangen sind. Wir wollen natürlich beweisen, dass der andere im Unrecht und deshalb böse ist, und das führt dazu, dass wir in einen Teufelskreis von Gut und Böse geraten. Weil wir gewinnen und andere Menschen beherrschen wollen, befinden wir uns nun auch im Teufelskreis von Gewinnen und Verlieren sowie im Teufelskreis von Beherrschung und Unterwerfung. Das hat zur Folge, dass wir hämisch sind, wenn wir gewinnen, und schmollen, wenn wir verlieren. Wir glauben einerseits, dass unser Handeln gerechtfertigt ist, und sind andererseits niedergeschlagen, und all das beruht auf dem ursprünglichen Teufelskreis von Angriff und Selbstangriff. Ein Teufelskreis führt spiralförmig abwärts auf immer tiefere Ebenen.

Wenn du recht haben willst, wendest du dich vom Leben ab und hörst auf, zu lernen und dich zu entwickeln. Die unter Rechtschaffenheit, Urteil und Anschuldigungen verborgene Schuld sorgt dafür, dass du dich dem Tod zuwendest. Ein Opferereignis ist eine extreme Form des Beweises, dass du in Bezug auf eine bestimmte Sache recht hast. Immer wenn du zu beweisen versuchst, dass du in Bezug auf einen anderen Menschen oder auf die Welt recht hast, willst du in Wirklichkeit genau das Gegenteil über dich selbst beweisen. Die Geschichte, die wir uns selbst erzählen, handelt in der Regel davon, dass wir gut sind und von der bösen Welt angegriffen werden. Natürlich glauben wir selbst nicht an das, was wir zu beweisen versuchen, weil wir es sonst nicht beweisen müssten. Auf der unterbewussten Ebene sind wir nach wie vor von Angriff und

Selbstangriff erfüllt. Wenn wir auf diese Ebene unserer Täterschaft vordringen, haben wir das Gefühl, sterben zu wollen.

Unsere Rechtschaffenheit, die der Gipfel der Konkurrenz ist, aus der das Ego seine Stärke bezieht, beruht in Wirklichkeit auf Angst. Angst ist das Gegenteil von Wahrheit und Partnerschaft. Wir erkennen nicht, dass unsere Rechtschaffenheit eine Zwangsjacke ist, die ständig schrumpft. Wir stehen vor der Wahl, uns entweder zu ändern oder zu sterben, denn unsere Selbstkonzepte schnüren uns die Luft ab. Wenn sie uns zu viel werden, richtet sich unsere Wut entweder gegen andere Menschen oder gegen uns selbst. Die meisten Menschen tun fast alles, um zu beweisen, dass sie recht haben, auch wenn es sie das Leben kostet. Unter unserer Rechtschaffenheit verbirgt sich aber ebenso ein tödlicher Selbstangriff. Der Teufelskreis von Hass und Selbsthass kann aktiviert werden und der Kampf darum, recht zu haben, beschleunigt den Prozess von Angriff und Selbstangriff. Das hat zur Folge, dass der Schmerz und die ursprünglich in diesem Leben erlittenen Herzensbrüche aufbrechen. Es bringt uns die schlimmsten Gefühle unseres Lebens und wenn wir uns nicht ändern, sind Verzagtheit oder sogar Verzweiflung die Folge. Aus diesem Grund ist es entscheidend, dass wir das Rechthaben aufgeben, damit sich das Leben auf eine bessere und wahrere Weise entfalten kann. Wir haben die Möglichkeit, uns sowohl von unserem Schmerz zu befreien als auch von unserem Verlangen danach, recht zu bekommen. Wir können uns auch von der Kompensation befreien, die unseren Todeswunsch und unseren Schmerz ebenso verbirgt wie die Schuld und das Gefühl, gescheitert zu sein. Wenn wir diese Dinge kompensieren und verbergen, ist es weitaus schwieriger, sie aufzuspüren und zu heilen. Mache dir bewusst, dass alle Selbstkonzepte sowohl eine Kompensation als auch eine Einschränkung darstellen. Statt dich zu retten, bringen sie den Fluss zum Stillstand und sperren dich ein, bis du auf den Tod hoffst.

Ein Weg, diesen Schmerz zu heilen, besteht darin, ihn zusammen mit aller Negativität, aller Rechtschaffenheit, allen Gedankengebäuden, allen Urteilen, allem Angriff und allem Selbstangriff, allen Teufelskreisen, allen Projektionen, aller Angst, aller Schuld, allen Rechtfertigungen und allen Ausreden sowie allen negativen und positiven Selbstkonzepten auf dem Altar der Wahrheit in deinem Geist abzulegen. Bringe alles, was du dem Leben und dem HIMMEL darbietest, und lege es auf deinem Altar neben der wundergesinnten Vergebung ab, die das größte Prinzip der Heilung ist. Bereits nach wenigen Augenblicken wird die Vergebung ihre große transformative Kraft entfalten, um diese Illusionen zu berichtigen, sodass das, was du dem HIMMEL zur Heilung darbietest, dich befreit.

29

Selbstdestruktivität heilen

Die Selbstdestruktivität eines Menschen lässt sich an seinen Gedanken, seinen Emotionen und seinem Verhalten bemessen. Es gibt jedoch auch noch eine andere Möglichkeit, Selbstdestruktivität zu messen, die über das hinausgeht, was auf der inneren und der äußeren Ebene in deinem Leben geschieht. Dazu zählen alle negativen Dinge, die dir in Bezug auf deine Gesundheit, deine finanzielle Situation, deine Beziehungen, deine Kinder, deine berufliche Laufbahn und dein Wohlbefinden im Allgemeinen widerfahren.

Die Selbstdestruktivität eines Menschen spricht für seinen Mangel an Selbstfürsorge und für seine mangelnde Fähigkeit, für sich selbst, seinen Partner und seine Familie zu sorgen. Dies kann zweifellos aus Mustern der Vernachlässigung in der Kindheit herrühren, die jedoch ihrerseits aus dem Verlangen nach Unabhängigkeit und aus Gleichgültigkeit gegenüber uns selbst oder mangelndem Interesse an uns selbst heraus entstehen. Hinzu kommt, dass alles, was andere Menschen uns vermeintlich antun, auch das ist, was wir uns selbst antun, denn alle Beziehungen spiegeln unsere Beziehung zu uns selbst wider. Unsere Selbstdestruktivität rührt vom Angriff auf andere Menschen – vor allem Menschen, die in unserem Leben eine wichtige Rolle spielen – her, der den Angriff auf uns selbst widerspiegelt. Alles, was uns widerfährt, spiegelt unseren Angriff auf uns selbst wider. Es spiegelt auch unseren Angriff auf GOTT wider. Wir sind unzufrieden mit dem Leben, mit GOTT und mit den Menschen in unserer Umgebung, vor allem aber mit uns selbst. Manchmal verurteilen wir uns zur Aufopferung und zu einem Leben harter Arbeit. Manchmal machen wir uns zum Märtyrer, obwohl es völlig unnötig ist angesichts der Tatsache, dass der HIMMEL uns Gnade und Wunder schenken will. Vor allem daran, dass der HIMMEL uns alle guten Dinge gibt, können wir erkennen, dass jeder negative Gedanke gegenüber GOTT nur eine Projektion sein kann. Wir hingegen lehnen aus einem Mangel an Vertrauen und Hingabe, aus Streitsucht, Perversität und allgemeiner Aufsässigkeit heraus ab, was uns vom HIMMEL angeboten wird. Auch dies ist ein Maßstab für unsere Selbstdestruktivität.

Jeder Mensch trägt ein gewisses Maß an Eigensinn in sich. Es steht für den Anteil, der sich dafür entschieden hat, einen Körper anzunehmen, um unsere Trennung zu beweisen. Es steht für den Anteil von uns, der sich aus dem Wunsch nach Rache heraus dafür entscheidet, Opfer und gleichzeitig noch unabhängiger zu sein. Wir können unsere Beziehungen und vor allem unsere Familie benutzen, um unsere eigenen Träume zu zerschlagen und uns selbst unserer Illusionen zu berauben. Wir wollten das bekommen, was wir damals für normale Bedürfnisse hielten. Doch es waren Bereiche, in denen wir uns selbst und anderen Menschen nicht oder womöglich nur deshalb gegeben haben, weil wir etwas bekommen wollten. Wir waren von anderen Menschen abhängig, um unser Bedürfnis nach Liebe zu erfüllen. Dabei hätten wir uns erfüllt gefühlt, wenn wir uns selbst und ihnen diese Liebe geschenkt hätten. Außerdem hätten wir das Verhalten anderer Menschen als eine Bitte um Liebe und Hilfe erkannt. Wenn wir uns selbst lieben und in unserer Mitte zentriert sind, dann wirft es uns nicht aus der Bahn, wenn jemand nicht nach unseren Wünschen handelt oder sich nicht an unsere Regeln hält.

Die folgende Übung kann Selbstdestruktivität heilen und dich wieder zur Ganzheit mit dem HIMMEL zurückführen. Rufe dir heute alle Bereiche deiner Selbstdestruktivität ins Gedächtnis. Stelle dir vor, dass du jeden Bereich ins Zentrum deines Bewusstseins hineinziehst, in dem sich dein spiritueller Altar befindet. Dein Altar steht für das, was du dem Leben und dem HIMMEL darbietest. Lege deine selbstdestruktiven Tendenzen, ganz egal welche Form sie annehmen, auf deinem Altar ab: ein Mensch, eine Beziehung, eine Situation, Krankheit oder Verletzung, deine Gedanken und Glaubenssätze, Emotionen, Misserfolge und Opferereignisse und zu guter Letzt auch allen Angriff und Selbstangriff. Lege alle diese Aspekte, einen nach dem anderen, neben der wundergesinnten Vergebung und der Wahrheit ab. Nach wenigen Augenblicken verwandelt die Vergebung deine Selbstdestruktivität in ein neues Maß an Ganzheit und Frieden und du hast die Lektion bestanden, die der betreffende Mensch oder Aspekt dich lehren sollte.

Unterziehe dein Leben einer Prüfung und gewinne zurück, was dich angreift. Wiederhole den Prozess mit allem, was sich in dir noch in einem Konflikt befindet. Konflikte erzeugen Angst und zehren lebensnotwendige Ressourcen auf, während du versuchst, die „Blutung“ zu stillen, um den inneren Schmerz aus dieser ungelernten Lektion zu überdecken. Mit der Zeit wirst du erkennen, welche Kraft der Wahrheit und der Vergebung innewohnt, wenn es darum geht, dein Leben zu transformieren und dort Frieden zu bringen, wo zuvor Schmerz war.

30

Der Gefangene

Immer wenn wir in einem Problem gefangen sind, haben wir es auch mit Selbstkonzepten, die zur Entstehung des Problems beigetragen haben, sowie mit der Schattenfigur und den Selbstkonzepten des Gefangenen zu tun. Irgendwann haben wir uns zusammen mit dem Schmerz und der Schuld aus einer vergangenen Erfahrung in das Gefängnis des Problems eingesperrt. Wenn du sehen könntest, was in deinem Unterbewusstsein verborgen liegt, würdest du erkennen, dass du dich in Wirklichkeit selbst in das Gefängnis gesperrt hast und dass der Ursprung ein Groll gegen einen anderen Menschen ist. Unter diesem Groll lag jedoch eine Schuld verborgen, die den Groll erzeugt hat, den du benutzt, um dich selbst zu bestrafen und die Schuld zu tilgen. Doch der Groll selbst erzeugt Schuld, schreibt die Trennung unverrückbar fest und sperrt dich in deiner Zelle ein. Hinzu kommt, dass du in dem Alter, in dem du eingesperrt wurdest, in deiner Entwicklung erstarrt bist. Frage dich, wie viele Schattenfiguren des Gefangenen und wie viele Selbstkonzepte des Gefangenen du in dir trägst. Die Schattenfiguren bergen ein höheres Maß an Selbsthass in sich als die Selbstkonzepte.

Ein traumatisches Ereignis kann dich in einem Muster festhalten, das rasch dein restliches Leben bestimmt. So wirst du zum Gefangenen. Es ist jedoch ein Gefängnis, das du selbst errichtet hast. Du bist der Richter, die Jury, der Gefängnisaufseher, der Wärter und der Gefangene. Weil du nicht vergibst, hast du das Gefühl, dass dir nicht vergeben wird. Schuld, Gefangenschaft und Selbstbestrafung werden zu einer Abwärtsspirale und verstärken sich gegenseitig, während dein Leben von einem immer höheren Maß an Selbstsabotage geprägt ist. Wachsende Selbstsabotage führt zu wachsender Verstrickung. Vielleicht ist es an der Zeit, die Wurzel des Problems zu entwirren. Wenn du diesen Weg einschlägst und dich ihm verpflichtest, findest du sowohl sichtbare als auch unsichtbare Helfer, die in Erscheinung treten, um dich zu unterstützen.

Wenn du deinen Groll loslässt, hast du das Gefühl, dass dir vergeben wurde. Wenn du die Verbundenheit wiederherstellst, löst sich die Schuld dafür auf, dass du einen Verlust herbeigeführt hast, um dich zu trennen, ohne dass es den Anschein hatte, als hätte dein Handeln die Trennung verursacht. Dann erkennst du, dass du andere dessen beschuldigt hast, was du getan hast. Du hast die traumatische Erfahrung benutzt, um dich zu trennen, indem du andere Menschen beschuldigt hast, hast dich aber gleichzeitig schuldig gefühlt, weil du das Ereignis benutzt hast, um dich zu trennen, und es abgelehnt hast, ihnen zu vergeben. Das führt zu einem Verlust, den du auf ewig betrauerst und insgeheim feierst. Es bringt dich dazu, an der Schuld festzuhalten, sie zu bewachen und zu pflegen, ohne zu erkennen, wie hoch der Preis ist, den du für diese mehr oder weniger tief vergrabene Emotion zahlst. Es ist an der Zeit, frei zu sein. Es ist an der Zeit, dass du vergibst und dass dir vergeben wird.

Wem hast du nicht vergeben? Auf welche Weise hast du dich für die damit verbundene Schuld bestraft? Ist es das, was du willst? Ist es das, was du wirklich willst? Du hast dir dein ganzes Leben lang eine traurige Geschichte erzählt und das ignoriert, was in deinem Unterbewusstsein verborgen liegt und dich für alles verantwortlich macht, was geschehen ist. Verantwortung ist jedoch nicht gleichbedeutend mit Schuld. Wenn du Verantwortung übernimmst, kannst du Dinge verändern. Verantwortung ist nicht schwer, sondern antwortfähig. Das Ego will, dass du dich schwer fühlst, weil du Rollen spielst, die eine Kompensation für die Schuld sind. Wenn du vergibst, wird dir vergeben.

Integration bewirkt ein höheres Maß an Ganzheit. Stelle dir nun vor, dass du deinen Mangel an Vergebung und all deine Schuld in die Hände deines höheren Bewusstseins legst. Wenn sie sich aufgelöst haben und du das Gefühl hast, dass der Prozess abgeschlossen ist, lege alle deine Selbstkonzepte und Schattenfiguren des Gefangenen hinein. Wenn du das Gefühl hast, dass dieser Prozess abgeschlossen ist, lege alle inneren Richter und alle Geschworenen hinein. Wenn auch dies abgeschlossen ist, lege alle inneren Gefängnisaufseher und Wärter hinein, bis du zu dem Frieden gelangst, der alle guten Dinge bringt. Wenn dies abgeschlossen ist, lege alle traurigen Lieder hinein, die du über dein Leben geschrieben hast. Wenn dies abgeschlossen ist, lege die dunklen Geschichten hinein, die du geschrieben hast. Wie fühlt sich das an? Übergib deinem höheren Bewusstsein anschließend die emotional erstarrten inneren Kinder oder Alten, die diese Geschichten geschrieben haben. Wie fühlt sich das an? Übergib danach sowohl alle Opfer, alle Aufopferung, alle unabhängigen Selbste und alle dunklen Geschichten, die aus jedem negativen Ereignis in deinem Leben entstanden sind, als auch den daraus resultierenden Mangel an Verantwortung und Macht. Lege zum Schluss jedes negative Ereignis einzeln in die Hände deines höheren Bewusstseins, damit es sie erneuern und dir Ganzheit und Unschuld zurückbringen kann. Du wirst feststellen, dass du von der Rolle des Gefangenen befreit bist und dass deine Probleme aufgelöst werden.

31

Unser trauriges Lied

Wir singen in dem Maße ein trauriges Lied, in dem wir uns im Leben als Opfer fühlen und gefühlt haben. Wenn einem traurigen Lied kein Einhalt geboten und es nicht berichtigt wird, entwickelt es sich zum Klagelied. Wir stimmen unseren eigenen Totengesang an und erkennen nicht, dass er von uns selbst ausgeht. Wir glauben, dass das Leben eben so ist und dass wir es mit „miesem Karma“ zu tun haben. Aber auch Karma ist eine Form der Schuldentilgung, die sich das Ego ausgedacht hat, und weil es nur daran interessiert ist, seine eigene Macht zu stärken, erzeugt Karma nur noch mehr schlechte Gefühle und größere Schuld. Das Ego tilgt keine Schuld, sondern erzeugt mehr Schuld. Eine Opfersituation wird benutzt, um Trennung zu erzeugen, und daraus entsteht Schuld. Sie wird benutzt, um anzugreifen, und auch das erzeugt Schuld. Unsere Opfersituationen erzeugen Groll und Groll erzeugt Schuld. Schuld und schlechte Gefühle nähren unser Ego.

Wenn wir unser Lebensglück finden wollen, besteht ein erster Schritt darin, dass wir dem Ego die Gefolgschaft aufkündigen. Es plant bereits unseren Tod und glaubt in seinem Wahnsinn, ihn überleben zu können. Unser trauriges Lied sorgt dafür, dass wir in eine Todesrichtung gehen. Es führt zu Depression und Selbstmitleid, das uns erschöpft, weil es auf einen Verlust hinweist, den wir nicht überwunden haben. Sind wir einmal in Selbstmitleid gefangen, sind wir nicht mehr gewillt, uns zu ändern, weil wir alle Energie darauf verwenden, uns leid zu tun. Das zentrale Problem bei all dem ist, dass unser Ego alles, was es tut, und die Auswirkungen dessen, was es tut, im Unterbewusstsein vor uns verbirgt. Wenn wir uns ändern wollen, müssen wir bereit sein, unsere Verleugnung, Dissoziation und Kompensation anzuschauen. Dann können wir zumindest beginnen, unser Leben auf ein solches Element hin zu durchleuchten. Wenn wir ein trauriges Leben führen, singen wir ein trauriges Lied. Eine Rückkehr zur Ganzheit und zu einem „Freudenlied" ist jedoch möglich, wenn wir bereit sind, über unser Leben nachzudenken. Wenn wir erkennen, dass ein trauriges Lied zu noch mehr Verlust und Traurigkeit führt und dass wir in Wirklichkeit das Lied selbst schreiben, dann können wir es in ein frohes Lied verwandeln.

Frage dich, wie viele Klagelieder du singst. Stelle dir vor, dass du sie in die Hände deines höheren Bewusstseins legst, dessen Funktion allein darin besteht, Heilung zu bewirken. Lasse deine Klagelieder von deinem höheren Bewusstsein auflösen. Frage dich dann, wie viele traurige Lieder du in dir trägst. Lasse auch sie schmelzen. Frage dich anschließend, wie alt die Selbste sind, die diese Lieder und Klagegesänge schreiben. Egal ob es uralte Selbste oder kleine Kinder sind, umgib sie mit Engeln, die sie lieben, bis sie dein jetziges Alter erreichen und mit dir verschmelzen können. Wenn du deine traurigen Lieder und Klagegesänge aufgibst und sie mit deinem höheren Bewusstsein verschmelzen lässt, erlangst du ein höheres

Maß an Stärke und Ganzheit und ihre Energie arbeitet für und nicht gegen dich.

32

Verteidigung des Egos

Wir tun viele Dinge, um das Ego zu schützen und sogar zu stärken. Wir greifen andere Menschen an und führen sogar Präventivschläge, um es zu verteidigen. Wir setzen unsere Emotionen ein, um die Lektionen nicht lernen zu müssen, die uns voranbringen würden. Wir binden uns an diese Welt, die Spielwiese des Egos. Wir tun viele Dinge, die uns von anderen Menschen trennen, weil das Ego das Prinzip der Trennung ist und somit auch nur in der Illusion der Trennung existiert. Das Ego verletzt, um zu verhindern, dass wir die Lektion lernen, oder um andere Menschen davon abzuhalten, uns zu nahe zu kommen. Es bedient sich der Schuld, um auf andere Menschen zu projizieren, sie zu verurteilen und anzugreifen, hält unser Bewusstsein aber gleichzeitig in einem inneren Konflikt gefangen und betrachtet Selbstangriff als Lebensform.

Alle unsere Anhaftungen sind Dinge, die wir brauchen, wenn es nach dem Ego geht, die aber verhindern, dass wir empfangen können. Hinzu kommt, dass das, woran wir anhaften, leicht verloren geht. Es verwandelt unseren Wunsch, einem anderen Menschen zu helfen, in einen Fehler oder erzeugt Co-Abhängigkeit, sodass es unmöglich wird, ihn in seiner Heilung zu unterstützen. Heilung lässt uns und andere Menschen wissen, dass die Sünden, die wir begangen zu haben glaubten, vergeben sind. Im Gegensatz dazu kämpft das Ego um Respekt und um die wertlosen Dinge der Welt, die es benutzt, um das Gefühl für seinen eigenen Wert zu stärken. Diese Dinge können uns nicht tragen und wenn sie fortfallen, fühlen wir uns ihrer beraubt. Dennoch versucht das Ego, seine Macht auf unseren Verlusten und zerschlagenen Träumen auszubauen. Das mehrt unsere Bedürfnisse. Dabei hat nur das Ego Bedürfnisse und es verlangt seinen „rechtmäßigen Lohn" von uns und anderen Menschen, um seinen Fortbestand zu sichern.

Wir müssen wählen, ob wir die Geisel des Egos oder der Gastgeber des HIMMELS sein wollen. Dies sind sehr unterschiedliche Lebenswege. Der erste Weg ist ein Weg der Selbstüberhöhung, der Kleinheit und des Elends, der zweite Weg ein Leben, in dem wir unsere Lektionen lernen, unsere Anhaftungen loslassen und immer mehr Freude finden. Auf dem Weg des HIMMELS missverstehen wir die Situationen nicht, die Vertrauen, Hingabe und Verpflichtung erfordern, um eine Neugeburt zu ermöglichen. Das Ego fordert dagegen Elend und Zusammenbruch, damit ihm all die Aufmerksamkeit zuteilwird, nach der es lechzt, um seine Besonderheit zu nähren. Das Ego verlangt Selbstüberhöhung und Selbsterniedrigung. Es benutzt Angriff und Selbstangriff. Es lässt uns die Hilfe und die Heilung vergessen, die wir selbst empfangen, wenn wir andere Menschen in ihrer Heilung unterstützen. Es lässt uns den HIMMEL, die GÖTTLICHE Hilfe und die GÖTTLICHEN Wunder vergessen, die für uns verfügbar sind, und bringt uns dazu, uns stattdessen ihm zuzuwenden, obwohl es sich nicht für uns, sondern einzig und allein für sich selbst interessiert. Das Ego ist eitel und von falschem Stolz erfüllt. Es gedeiht auf unsere Kosten und auf Kosten anderer Menschen. Es missachtet die Bedürfnisse anderer Menschen und denkt vor allem an sich selbst. Es macht die Menschen, die unsere Hilfe brauchen, zum Sündenbock und benutzt sie als Vorwand, um sich zu trennen, obwohl wir in Wahrheit nur durch die Liebe wachsen, die wir geben, und durch die Hilfe und Heilung, die wir anderen Menschen und uns selbst zuteilwerden lassen.

Unser Ego hat einen unersättlichen Appetit. Häufige Fressattacken sollen ihm Erfüllung und Ganzheit bringen. Nichts davon funktioniert. Wir wollen, dass andere Menschen und die Welt unsere Bedürfnisse erfüllen, aber das macht uns nur noch hungriger. Wenn wir sehen, dass andere Menschen mehr haben als wir, glauben wir sie angreifen zu können, weil sie sich nicht um uns kümmern.

Es gibt keine größere Abhängigkeit und keine größeren Götzen als die Abhängigkeit und die Götzen des Egos. Es ist an der Zeit, für uns selbst einzustehen und um die Hilfe des HIMMELS zu bitten, damit wir unser Leben zurückgewinnen können. Es ist an der Zeit, uns für den Weg der Liebe und der Wahrheit zu entscheiden. Es ist an der Zeit, uns für den Weg zu entscheiden, der zum HIMMEL führt.

33

Dein Leben als Rache

Das Unterbewusstsein ist ein Mülleimer, in dem wir alles verstecken, was wir über uns selbst und unsere Fehlentscheidungen nicht wissen wollen. Wir tun es, um eine bessere Meinung von uns zu haben, um glauben zu können, dass wir tatsächlich ein guter und rechtschaffener Mensch sind, auch wenn wir von schlechten Menschen – oder zumindest von schlecht handelnden Menschen – angegriffen und zum Opfer gemacht wurden. Und selbst wenn wir schlecht gehandelt haben, hatten wir jedes Recht dazu und das, was uns widerfahren ist, hat uns einen guten Grund dafür geliefert. Wir hielten uns für das unschuldige Opfer einer gleichgültigen Welt.

Das Unterbewusstsein erzählt dagegen eine ganz andere Geschichte. Wenn wir unsere Augen wirklich für das öffnen würden, was wir vor uns selbst verborgen haben, würden wir sehen, dass unsere Wahrnehmung rückwärtsgewandt war und *dass wir sowohl anderen Menschen als auch uns selbst das zugefügt haben, was sie in unserer Wahrnehmung uns zugefügt haben.* Und dass wir jedes Mal, wenn wir zum Opfer gemacht wurden, nur unsere eigene Identität aufbauen und nach Unabhängigkeit streben wollten. Unabhängigkeit ist eine Rolle, in der es nie um Freiheit ging und die verhindert hat, dass wir empfangen konnten, was wir wirklich wollten und wer wir wirklich sind. Mit unserer Unabhängigkeit haben wir den „Täter" verleumdet, der in Wirklichkeit unsere Hilfe brauchte und dem wir hätten helfen können, wenn wir die Seelengabe geöffnet hätten, die wir genau dafür in dieses Leben mitgebracht haben. Wenn wir nur darum gebeten hätten, hätte auch der HIMMEL uns rettende Gaben und Wunder geschenkt.

Der Täter war da, um uns zu helfen, indem wir ihm helfen. Das ist der Plan GOTTES, um jeden Menschen zu retten. Statt zu sehen, dass jemand uns schlecht behandelt, sehen wir, dass er unsere Hilfe braucht und um unsere Liebe bittet. Unser höheres Bewusstsein hätte uns nicht in diese Situation gebracht, wenn wir nicht das Rüstzeug besäßen, sie zu retten. Wir haben uns stattdessen dafür entschieden, einen schmerzhaften Preis zu zahlen, um dem Bestreben des Egos zu folgen und uns zu trennen. Unter jeder Opferrolle verbirgt sich ein Ort, an dem wir hartherzig waren. Das daraus entstehende karmische Muster sorgt dafür, dass uns keine Liebe zuteilwird, wenn wir sie später einmal brauchen.

Unsere Verluste und Herzensbrüche, unsere zerschlagenen Träume, unsere Opfersituationen, unsere Krankheiten und unser Mangel waren allesamt eine Form von Rache. Wir haben uns selbst verletzt, um andere Menschen anzugreifen, allen voran unsere Eltern, unseren Partner und unsere Kinder, gefolgt von unserer Familie, unseren Arbeitskollegen und zuletzt – und immer – GOTT. Unsere Negativität und unser Elend sollen GOTT zeigen, dass ER ein schlechter GOTT ist und es nicht verdient hat, GOTT zu sein. Wir haben SEINEN Thron dagegen mit unserem Leiden und SEINEM Versagen verdient. Er gehört somit in

Wirklichkeit uns. Es scheint unglaublich, aber ich habe diese Überzeugung tatsächlich überall dort tief im Bewusstsein verschüttet aufgespürt, wo Gefühle von Elend im Spiel waren.

Denke heute darüber nach, wie es ist, wenn du dein Leben als Rache lebst. Ist es das, was du willst? Ist es das, was du wirklich willst? Es gibt einen besseren Weg! GOTT und dein höheres Bewusstsein würden ihn dir zeigen, wenn du dich nur für den Weg des Glücks und des HIMMELS entscheiden wolltest. Du kannst deinem Leben eine neue Richtung geben. Du kannst eine neue Entscheidung treffen!

Rufe dir noch einmal die drei größten Opferereignisse ins Gedächtnis. Frage dich, wie groß der zerschlagene Traum war, den du erlitten hast. Frage dich, wie weit du vom Weg abgekommen bist. Bitte deine Engel, dich auf den goldenen Weg zurückzuführen, den der HIMMEL für dich und für dein Leben vorgesehen hat. Lasse dich von deinen Engeln zuerst in die Gegenwart und dann zum Zeitpunkt deiner Empfängnis zurückführen. Wiederhole die Übung anschließend mit dem zweiten und dritten Trauma. Sie bringt dir Erneuerung und führt dich auf den Weg zurück, der für dein Leben vorgesehen war. Führe diese Übung eine Woche lang jeden Tag durch, um tiefgreifende Veränderung zu bewirken und Desillusionierung zu heilen.

34

Wenn du dich selbst nicht einbeziehst

Verbundenheit macht das Leben süß und leicht. Der Gedanke an gute Dinge erzeugt Fluss und lässt uns kaum einmal Enttäuschungen erleben. Wenn wir uns dagegen verlassen, ausgeschlossen, zurückgewiesen oder ungewollt fühlen, kann das Leben sehr schwer werden und sich anfühlen wie der Felsblock, den Sisyphus den Berg hinaufwälzen muss, nur damit er jedes Mal wieder hinunterrollt. Da verwundert es nicht, dass derjenige, der den Felsblock den Berg hinaufstößt, irgendwann so weit ist, dass er ihn einfach über sich hinwegrollen lassen möchte, um seinem Elend ein Ende zu setzen.

Wenn wir einen Blick ins Unterbewusstsein werfen, stellen wir jedoch fest, dass es zwar so aussehen mag, als ob wir verbannt, verlassen oder ausgeschlossen wurden, dass trotz aller Geschichten, die das beweisen sollen, aber genau das Gegenteil wahr ist. Die tieferen Ebenen unseres Bewusstseins zeigen, dass wir dieses Lebensmuster selbst konstruiert haben, um unabhängig zu sein, unseren eigenen Weg zu gehen und die Kontrolle zu haben, auch wenn wir selbst das Gefühl haben, Gefangene unseres eigenen Lebens zu sein und keine Kontrolle darüber zu besitzen. Das Ausgeschlossensein war eine erfundene Geschichte.

Es war eine Geschichte, die von Verlust handelt, eine Opfergeschichte, mit der wir GOTT, unsere Eltern, unseren Partner und zu guter Letzt auch uns selbst angegriffen haben. Sie hat uns einen Freibrief gegeben, alles zu tun, was wir tun wollten. Unser Ego will jedoch nicht, dass wir frei sind, weil es die Geschichte, dass wir vom Leben „ausgenutzt" werden, verändern würde. Stattdessen gewährt es uns dissoziierte Unabhängigkeit, eine Rolle, die mit den Rollen des Opfers und der Aufopferung einhergeht, um unseren Geist einzupferchen und unser Leben zu begrenzen.

Diese Rollen verhindern, dass wir empfangen. Nur Verbundenheit und Partnerschaft laden zum Empfangen ein. Nur authentisches Geben lädt zum Empfangen ein. Geben als Rolle, Regel oder Pflicht lässt nicht zu, dass wir empfangen. Wer eine solche Geschichte der Nichteinbeziehung lebt, hat sich selbst von Verbundenheit und Selbstliebe ausgeschlossen und macht andere Menschen dafür verantwortlich. Das Unterbewusstsein zeigt, dass eine solche Lebensgeschichte für den betreffenden Menschen mit einem hohen Maß an Schuld und Selbstdestruktivität verbunden ist. Viele Verletzungen, Herzensbrüche und zerschlagene Träume sorgen außerdem dafür, dass sie auch von einem hohen Maß an Rache geprägt ist. Wenn wir in einer solchen Geschichte gefangen sind, haben wir uns zur Geisel unseres Egos gemacht. Wir könnten jetzt die Entscheidung treffen, stattdessen Gastgeber des HIMMELS zu sein. Das eine hält uns in der Hölle gefangen, wohingegen das andere uns himmlische Erfahrungen der Freude schenkt.

Einige einfache Übungen können das gesamte Muster umkehren. Um ein höheres Maß an Ganzheit zu erlangen, können wir alle Geschichten über Verschwörungen,

Traumata und negative Ereignisse in die Hände unseres höheren Bewusstseins legen. Wir können auch alle Rollen, alle Schattenfiguren und alle Negativität, mit der wir konfrontiert waren, die großen Kriege von Richtig und Falsch, Gut und Böse, Ja und Nein sowie alle anderen selbstzerstörerischen Muster hineinlegen und sie mit der Selbsteinbeziehung integrieren. Wo es Verbundenheit und Unschuld gibt, dort geschieht Selbsteinbeziehung automatisch. Integration bringt beide hervor. Jetzt hast du die Chance, dem Ego die Gefolgschaft zu kündigen und sie stattdessen auf dein HÖHERES SELBST zu übertragen, damit du die Liebe und die Verbundenheit erfahren kannst, die dir ein glückliches Leben ermöglichen.

Das Ego hat sich durch Trennung erschaffen. Deshalb ist es leer und einsam und will andere Menschen benutzen, um die Leere zu füllen. Der erste aggressive Schritt bestand darin, dass wir uns zurückgezogen und abgetrennt haben und dass wir andere Menschen für die Auswirkungen unseres Leidens verantwortlich gemacht und angegriffen haben. Wenn wir egoistisch handeln, fühlen wir uns leer, angsterfüllt und unzulänglich und müssen uns – oftmals auf Kosten anderer Menschen – einen Namen machen. Selbsteinbeziehung heißt, einen Weg der Wahrheit zu gehen, der uns mit anderen Menschen verbindet. Ohne Selbsteinbeziehung und Selbstliebe gibt es nichts, womit wir uns verbinden könnten. Wir können nur nehmen und bekommen. Je mehr wir uns selbst einbeziehen, umso mehr wächst unsere Ganzheit, und sie ist der Wesensgrund, der es uns ermöglicht, selbstlose Wege zu entwickeln.

35

Todesversuchung

Eine Todesversuchung ist ein Trick des Egos. Wir sollen die Möglichkeit vergeben, in diesem Leben zu leben, zu lieben und zu lernen. Das Ego bietet uns den Tod als Ausweg aus einer Falle an, aus der es scheinbar kein Entrinnen gibt. Es hat uns in diese Falle gelockt, indem es uns dazu gebracht hat, eine Reihe falscher Entscheidungen zu treffen und uns mit ihm und seinen Absichten zu identifizieren. Das Ego will immer trennen. Es besteht im Kern aus Angriff und Selbstangriff, der jedoch fast immer verdrängt wird. Wir haben es nicht nur mit unserem direkten Angriff auf andere Menschen zu tun, dessen wir uns bewusst sind, sondern es steckt weit mehr dahinter. Jeder Ort, an dem wir ein Problem haben, jeder Ort, an dem wir verletzt sind, jeder Ort, an dem Mangel herrscht, ist ein Ort des Angriffs. Er zeigt auf einen anderen Menschen und sagt: „Du hast mir das angetan. Du bist schuld, dass ich leide.“

Dabei brauchen wir in Wahrheit einen Sündenbock, jemanden, dem wir die Schuld daran geben können, dass wir uns davor fürchten, unser Licht auf einer ganz neuen Ebene leuchten zu lassen. Wir verleumden andere Menschen für Dinge, die gar nicht hätten geschehen müssen. Wir spalten unser Bewusstsein, zerstören unsere Verbundenheit und trennen uns. Alle diese Dinge können zu einer Todesversuchung führen oder uns dazu bringen, den endgültigen Fehler zu begehen und uns für den Tod als Ausweg zu entscheiden.

Es ist wichtig zu wissen, dass wir eine andere Wahl haben, die das Ego nicht vorgesehen hat. Die Gnade des HIMMELS reicht zu uns hinab, segnet uns und bietet uns nicht den Tod, sondern eine Geburt an. Immer wenn wir uns in eine ausweglose Lage gebracht haben, aus der es allem Anschein nach keinen Ausweg gibt, ist es an der Zeit, dass wir nach oben schauen. Es ist an der Zeit, dass wir nach innen schauen. In Wirklichkeit ist jede Todesversuchung die Einladung zu einer Neugeburt. Wir werden aufgefordert, nicht zu sterben, sondern eine weitere Schicht des Egos zu beseitigen. Wir werden aufgefordert, die Persönlichkeit aufzugeben, die das Ego benutzt hat, um uns an den Punkt zu bringen, an dem wir uns eine Todesversuchung wünschen.

Eine Geburt erfordert Vertrauen und Hingabe, aber der Wunsch nach Wahrheit lässt Vertrauen entstehen. Manchmal ist der Schmerz so groß oder wir fühlen uns so wertlos oder gedemütigt, dass wir sterben wollen. Hier geht es aber nicht darum zu sterben, sondern darum, uns aus einer Persönlichkeit zu gebären, die uns umbringt. Wir finden Befreiung, Vision, Freude und ein neues Kapitel im Leben, wenn wir dem Schmerz keinen Widerstand mehr leisten, denn es ist der bittersüße Schmerz der Geburt. Wenn wir aufhören, Widerstand zu leisten, und durch den körperlichen Schmerz hindurchgehen, werden wir an einen neuen Ort gebracht – an einen Ort, den wir uns nicht vorstellen können, wenn unser Leiden am größten ist und es so scheint, als ob es keinen Ausweg gäbe. Manchmal ist der

Verlust, den wir erlitten haben, so groß, dass wir uns in die Hände GOTTES begeben müssen, weil derjenige, der wir in der Vergangenheit waren, das Martyrium nicht meistern konnte. Alles, was wir aufgebaut hatten, hat nicht ausgereicht, um uns über diesen Ort der Geburt und des Todes hinauszubringen.

Als ich einmal selbst in tiefer Erschöpfung und großem Schmerz an dieser Wegkreuzung stand und es scheinbar nichts mehr gab, wofür es sich zu leben lohnte, blieb mir nur der Weg, mich von ganzem Herzen für das Leben zu entscheiden. Es war nicht so, dass es mir an ernsthafter Entschlossenheit mangelte. Ich hatte Kinder und eine Frau, die ich liebte, und ich hatte das heilige Versprechen gegeben, der Welt zu helfen, als ich mich meiner Todesversuchung stellen musste. Doch wie schon so oft zuvor entschied ich mich von ganzem Herzen für das Leben und trat der Todesversuchung entgegen. Versuche nicht, vor ihr davonzulaufen. Du gibst ihr Macht und wirst dich ihr später erneut stellen müssen. Stelle dich ihr jetzt aus tiefstem Herzen. Entscheide dich für das Leben. Bitte um die Hilfe des HIMMELS. Wenn du kein Vertrauen in den HIMMEL hast, wende dich an mich. Lasse zu, dass meine Energie und meine Liebe dich in dieser Zeit der Geburt tragen. Ich weiß, dass es eine Zeit der Geburt ist. Wenn du dich auf nichts anderes verlassen kannst, biete ich dir mein Herz und meinen Geist an. Ich bin selbst hindurchgegangen. Lasse dich von meiner Energie leiten. Du bist zu höheren Dingen berufen und nicht dazu, dich von dieser Falle überwältigen zu lassen.

Um GOTTES willen, um der Menschen willen, die du liebst und die dich lieben, biete ich dir meine Energie und meine Unterstützung bei dieser Geburt an. Was hast du zu verlieren? Wenn niemand anderer da ist, rufe meine Energie und meinen Geist an. Erlaube mir, dich zu halten. Erlaube mir, dich so lange zu lieben, wie du brauchst, um durch diese Geburt zu gelangen. Vielleicht wirst du mir niemals begegnen. Das ist auch nicht nötig. Aber ich weiß, dass du gebraucht wirst. Wende dich an mich, wenn sonst niemand da ist. Ich stehe auf Abruf bereit. Meine Energie steht auf Abruf bereit. Für dich. In schlechten Zeiten bin ich mit meiner Energie für dich da. Lasse mich ein. Ich führe dich durch diesen Verlust hindurch zur Geburt. Ich liebe dich, bis diese Persönlichkeit sich auflöst und du neu geboren wirst. Ich bin kein besonderer Mensch, aber ich weiß, dass ich diese Gabe besitze, und möchte sie mit dir teilen. Lasse zu, dass meine Energie dich hält. Erlaube ihr, dich zu umarmen. Stelle dir vor, dass du ein Kind bist und dass ich deine Mutter und dein Vater bin und dich in meinen Armen halte. Lasse zu, dass mein Herz dich umarmt. In meinem tiefsten Selbst kann ich dich sehen. Erlaube mir, dich zu halten. Erlaube mir, dich daran zu erinnern, wer du wirklich bist. Lege das Gewehr aus der Hand. Tritt von der Bordsteinkante zurück. Lege die Nadel zur Seite. Lasse die Autoschlüssel los. Was hast du zu verlieren? Wenn es nicht funktioniert, kannst du dich diesen Dingen immer noch stellen. Gib mir eine Chance. Lasse dich für vierundzwanzig Stunden von meiner Energie einhüllen. Es gibt höhere Energien, die du anrufen kannst, aber im Notfall kannst du dich auch an mich wenden. Betrachte mich als deinen neuen besten Freund. Du wirst mich nicht allzu lange brauchen, nur so lange, bis du diese Vertrauenskrise überwunden hast. Nutze mein Vertrauen. Nutze mein Herz. Nutze meinen Geist. Er gehört dir. Gemeinsam können wir es schaffen. Hilf mir, dir zu helfen. Hilf mir, dir zu helfen, damit du den Menschen helfen kannst, die jetzt und in der Zukunft auf dich angewiesen sind. Dies ist nur ein Moment der Not. Wie andere Menschen – sichtbar und unsichtbar – für mich da waren, so bin ich für dich da. Wir können es gemeinsam schaffen.

Jede Todesversuchung ist in Wirklichkeit eine Einladung zur Geburt. Jede Geburt, die du durchlebst, macht auch für viele andere Menschen eine Geburt möglich, und die Persönlichkeit, die deinen Tod fordert, löst sich in dieser neuen Geburt auf. Du lernst, dass jede Geburt ein Sprung voran ist, der der ganzen Welt hilft. Wisse, dass nicht der Tod, sondern die Geburt der WILLE des HIMMELS für dich ist. Deine Geburt befreit dich aus dem Würgegriff deines Egos. Es ist an der Zeit für einen Neubeginn. Für dich. Lasse diese Persönlichkeit los. Sie lügt dich an. Lasse diesen Anteil deines Egos los – atme, vertraue, gib dich hin. Erlaube mir, dich zu halten. Begib dich in die Hände GOTTES.

Dich diesem Ort der Todesversuchung zu stellen ist bei jedem neuen Mal ebenso schwer wie beim Mal zuvor. Der einzige Unterschied besteht darin, dass du sie schon einmal durchlebt hast. Gib also nicht auf und gib nicht nach. Du bist von Hilfe umgeben. Du musst sie nur in Anspruch nehmen. Es hängt mehr von deiner Entscheidung ab, als du weißt. Wenn du zulässt, dass dieser Teil deiner Persönlichkeit sich auflöst, gelangst du an einen neuen und besseren Ort.

36

Jeder Angriff verhindert eine Geburt

Wenn wir andere Menschen oder uns selbst angreifen, wird der Vorgang der Geburt unterbrochen. Das kann zur Folge haben, dass sie viel länger dauert, als es normalerweise der Fall wäre. Jedes Urteil verbreitet Angst und schwächt unsere Zuversicht. Schuld, Angriff und Selbstangriff bilden einen Teufelskreis. Wenn wir versuchen, unseren Schmerz zu lindern und Schutzmaßnahmen gegen künftigen Schmerz zu ergreifen, erzeugen wir in Wirklichkeit nur noch mehr und größeren Schmerz. Schmerz ist immer ein Zeichen dafür, dass wir in einem alten Muster gefangen sind. Wenn wir die Chance nutzen, können wir in unserer Beziehung und in unserer beruflichen Laufbahn auf eine völlig neue Ebene gelangen. Damit dies gelingt, dürfen wir aber nicht vor dem Schmerz zurückschrecken, sondern müssen ihn nutzen, um dem Muster zu seiner Wurzel zu folgen und die Wurzel auszumerzen. Wenn wir uns selbst angreifen, greifen wir andere Menschen durch unseren Rückzug an. Wenn wir uns selbst angreifen, glauben wir, dass auch andere Menschen es verdient haben, angegriffen zu werden, insbesondere für die Dinge, für die wir uns selbst angreifen. Das entspricht nicht der Wahrheit und steht dem Erfolg in unserem Leben im Weg.

Akzeptanz und Vergebung sind besonders hilfreich, denn sie geben uns die Möglichkeit loszulassen und bringen uns in einem neuen Fluss voran. Vertrauen setzt den Vorgang der Geburt ebenfalls wieder in Gang und Hingabe mehrt unser Selbstvertrauen und unsere Ganzheit, sodass wir im Fluss bleiben und alle Dinge integrieren können, die wir außerhalb von uns als positiv oder negativ wahrnehmen. Es handelt sich dabei um Selbstanteile, die wir verurteilt, abgespalten, verdrängt und fragmentiert haben. Kontrolle ist dagegen auf Angst, altem Herzensbruch, Angriff und Selbstangriff aufgebaut. Kontrolle erhält den Konflikt aufrecht, während Integration uns Frieden und Ganzheit bringt. Kontrolle ist eine Form der eingeschränkten Perspektive, die genau den Konflikt herbeiführt, den sie zu verhindern sucht. Vertrauen bringt die eigentlich unvereinbaren Anteile zusammen.

Wenn du allen Selbstangriff, alle Schuldzuweisungen und allen Groll loslassen kannst, erkennst du, dass du nur versucht hast, einen anderen Menschen zu beherrschen. Das hat unweigerlich zur Folge, dass du ihn zum Opfer machst und die negativen Muster fortsetzt. Dafür greifst du dich – ob bewusst oder unbewusst – selbst an und das führt dazu, dass du auf den Tod und nicht auf das Leben zugehst. Ohne Selbstangriff gibt es keinen Angriff und wenn du dem Ereignis und deiner Erfahrung keinen Widerstand leistest, kannst du die ihm innewohnende Kraft nutzen, um in einem großen Sprung voranzugelangen.

Lege den gesamten Prozess in die Hände des HIMMELS. Öffne deinen Geist. Bitte die GÖTTLICHE PRÄSENZ darum, dich von Negativität und auch von anderen Glaubenssystemen des Egos zu befreien, die dich gefangen halten. Übergib deinen Geist, damit er Berichtigung und Heilung erfahren kann. Lade den Frieden GOTTES in deinen Geist ein, während du dem HIMMEL erlaubst, dich von aller Schuld, aller Angst und allem Angriff zu befreien, seien sie äußerer oder innerer Natur. Du kannst die GÖTTLICHE PRÄSENZ jeden Tag in deinen Geist einladen, damit Frieden, Zuversicht und Verbindung wiederhergestellt werden.

37

Wenn alles zusammenbricht

Wenn alles zusammenbricht, ist es Zeit für eine Veränderung. Wenn alles zusammenbricht, ist es Zeit für einen Paradigmenwechsel. Wir sind in einer Zeit angelangt, in der wir die Wahl zwischen Veränderung und Tod haben. Wenn alles zusammenbricht und auch wir zusammenbrechen, ist das ein Zeichen dafür, dass wir von äußeren Dingen abhängig waren, deren Verlust zu Desillusionierung geführt hat. Es ist wichtig zu erkennen, dass Desillusionierung in Wirklichkeit die Befreiung von einer Illusion ist. Wenn alles zusammenbricht, geschieht dies jedoch meist auf besonders erschütternde Weise. Wenn es sich so anfühlt, als wäre alles vorbei, ist es an der Zeit zu erkennen, dass diese Erfahrung kein Tod, sondern eine Geburt ist. Bitte GOTT darum, dich in SEINEN Armen zu halten. Bitte die Engel darum, dich zu trösten. Teile dich deinen Freunden mit. Auch dies wird vorübergehen und wenn du dich jetzt einer Geburt verpflichtest, ist sie aufgrund deiner Wandlung und deiner „Wehen" wesentlich schneller vollendet.

Wie bei der Geburt befindest du dich in einem Kreislauf, in dem es so scheint, als gäbe es nicht viel, was du tun kannst. Doch das stimmt nicht. Es gibt Dinge, die du tun kannst, um diese Geburt zu erleichtern. Wo es Verlust und

Depression gibt, kannst du loslassen. Loslassen kann eine Geburt und sogar eine Wiedergeburt bewirken. Jeder Verlust, den du je erlitten hast, will in diesem Verlust ans Licht kommen. Das gilt sogar für Verluste auf einer Ahnenebene, Verluste aus „vergangenen Leben" oder andere Verluste, die tief im Unbewussten verborgen liegen. Wenn du um den Verlust des HIMMELS weinst, dann weißt du, dass du den gesamten Weg zurück zum Anfang allen Verlustes gegangen bist. Sobald du einen Verlust loslässt, geschieht jedoch ein Neuanfang, und *er ist besser als das, was zuvor war.* Wenn du das weißt oder zumindest darauf vertraust, dann wird es deinem Glauben gemäß geschehen. Glaube und Vertrauen sind eine Frage der Wahl. Du entscheidest dich entweder für Vertrauen und Glauben oder du entscheidest dich für die Angst. Angst ist eine Form von Selbstangriff. Glaube und Vertrauen sind zwei große Prinzipien der Heilung, die alles verändern können. Sie führen dazu, dass die Situation sich auf eine paradoxe Weise entwickelt, um einen positiven Ausgang zu erreichen. Wenn du Angst hast, willst du die Dinge kontrollieren und sie im Interesse deines Weges lenken, der in Wahrheit der Weg deines Egos ist. Dein Weg ist lediglich ein Abwehrmechanismus gegen alten Schmerz und Angst. Frage eine Frau, die schon einmal ein Kind zur Welt gebracht hat, wie gut es ihr gelungen ist, die Entbindung zu kontrollieren. Kontrolle verlängert nur das Leiden, weil du kämpfst, statt das Unvermeidliche zu akzeptieren. Vertrauen und Hingabe bewirken dagegen, dass alles so reibungslos wie nur möglich verläuft.

Dies ist eine Zeit, um dich auf den Fluss der Dinge auszurichten: Gib dich dem Prozess hin und vertraue auf dich selbst. Dies ist der Plan des HIMMELS für deine Geburt. Investiere in ihn. Dein Ego plant Katastrophen und den Tod. Frage dich, in was du die Kraft deines Geistes investieren willst. Hingabe ist nicht gleichbedeutend mit Aufgabe, sondern vielmehr ein mutiger Akt, dem Fluss zu folgen. Es ist hilfreich, dir vorzustellen, dass du in den Armen von Jesus oder Kuan Yin vorangetragen oder von Maria und Buddha getröstet wirst.

Betrachte die Geburt als bereits vollendet. Sieh, fühle und spüre die Wiedergeburt, die dich als neue Wirklichkeit erwartet. Ein neues Kapitel bricht an. Erhebe Anspruch auf dein Recht, glücklich zu sein. Wünsche es dir von ganzem Herzen. Wisse, dass es dir gehört und dass es auf dem Weg zu dir ist. Alle anderen Emotionen, die im Weg stehen, laufen auf Angst hinaus. Angst ist wie Schuld eine Form von Selbstangriff. Du kannst stattdessen die Entscheidung treffen: „Ich will mich nicht in dieser Weise angreifen. Ich entscheide mich dafür, mich so zu sehen, wie mich der HIMMEL sieht."

Der HIMMEL als LIEBE und UNSCHULD sieht nur Liebe und Unschuld und betrachtet uns als GOTTES geliebtes Kind. Frage den HIMMEL: „Worin liegt mein Wert?" Horche auf die Worte, die kommen. Sie bringen Wert und auch die Gaben, die damit einhergehen. Wenn du wieder in Frieden bist, frage dich: „Worin liegt meine Bedeutung?" Auch hier bringen die Worte, die dir in den Sinn kommen, Gnade und Bedeutung mit sich. Stelle diese Frage so oft wie nötig. Mit jeder Wiederholung löst sich eine Schicht der Bedeutungslosigkeit auf.

Verpflichte dich deiner Geburt immer wieder von ganzem Herzen, bis du glücklich bist.

38

Die himmelschreiende Ungerechtigkeit

Oft haben wir das Gefühl, dass andere Menschen, das Leben und GOTT uns ungerecht behandelt haben. Zunächst einmal wollen wir jedoch das große Bild betrachten: Worum geht es im Leben? Aus unserer Sicht geht es meist darum, glücklich zu sein. Aus der Sicht unserer Seele nutzen wir dieses Leben jedoch, um ein höheres Maß an Ganzheit zu erlangen und auf diese Weise glücklicher zu werden. Das deckt sich mit dem, was der HIMMEL und unser höheres Bewusstsein sich für uns wünschen. Das Ego ist nur an Selbstbegünstigung interessiert. Es ist selbstsüchtig und nur darauf bedacht, seine eigene Macht auf unsere Kosten zu festigen und auszubauen. Es benutzt Erfolg zum Zweck der Selbstüberhöhung, Arroganz und Überlegenheit. Es benutzt Schmerz und Opfersituationen, um sich auf Kosten unseres Glücks zu trennen und andere Menschen zu beschuldigen und anzugreifen. Werden diese Wunden nicht korrigiert, setzen sie Muster aus Schmerz, Herzensbruch und Niederlage in Gang. Unser Ego benutzt Urteile und Schuldzuweisungen, um sich zu trennen, und es benutzt Groll, Schuld, Angst und Widerstand, um die Trennung aufrechtzuerhalten. All das tut es nur, um Selbstkonzepte aufzubauen. Der Götze der Selbstkonzepte ist der größte und schädlichste Götze von allen. Er erzeugt Schmerz, denn unter Stress und Druck bricht das Ego zusammen und kann uns nicht mehr tragen.

Es gibt ein Prinzip, das besagt, dass wir andere Menschen der Dinge beschuldigen, die wir tun. Wir projizieren unseren versteckten Angriff auf sie und sie werden ihrerseits zum Werkzeug für unseren Selbstangriff. Wir glauben, das Leben sei ungerecht, verbergen das, was wir tun, aber im Unterbewusstsein. Es ist, als ob unsere linke Hand stiehlt und unsere rechte Hand einen anklagenden Finger auf andere Menschen richtet. Ein Blick in unser Unterbewusstsein zeigt, dass wir jedes negative Ereignis, das uns widerfahren ist, selbst geplant und ausgeführt haben und dass wir die Menschen in unserer Umgebung dazu veranlasst haben, unsere Pläne auszuagieren. Wir sind aufgebracht, weil sie unsere Erwartungen nicht erfüllen, geben das, was wir von ihnen erwarten, aber weder ihnen noch uns selbst. Das ist das Wesen einer Klage und jede Verärgerung, jedes schlechte Gefühl, jedes Problem und jede negative Erfahrung ist eine Klage, die wir erheben. Wenn wir gegeben hätten, was wir fordern, wäre unser Bedürfnis erfüllt gewesen und es gäbe weder Probleme noch schlechte Gefühle. Sie haben es nicht so gemacht, wie wir es wollten. Sie haben sich nicht um unsere Bedürfnisse gekümmert. Sie haben unsere Regeln nicht befolgt und auch nicht nach dem Drehbuch gelebt, das wir ihnen zugewiesen hatten. Das zweite und tiefere Drehbuch, das wir ihnen gegeben, vor uns selbst allerdings verborgen haben, haben sie dagegen genau befolgt.

Wir bedienen uns des Unterbewusstseins, um Aspekte, die wir an uns selbst nicht mögen, vor anderen Menschen zu verbergen. Das ist sowohl für uns selbst als auch für unsere Heilung von Nachteil. Sobald etwas ins Unterbewusstsein verbannt wird, sind wir selbst uns seiner nicht länger bewusst. Wir haben es vergessen. Wir machen uns selbst etwas vor, um auch weiterhin eine hohe Meinung von uns haben zu können. Doch zu allem, was wir auf diese Weise verbergen, gehört immer auch – Schuld. Wir verbergen also die Grundursache unserer Selbstbestrafung, statt sie anzuerkennen, zu fühlen und als Chance zu nutzen, um unser Leben zu verbessern und Heilung zu erlangen. Je mehr wir das, was wir in unserem Unterbewusstsein verborgen haben, ins Bewusstsein heraufholen, umso mehr Wahrheit bringen wir in unser Leben und die daraus resultierende Ganzheit macht uns glücklich. Je mehr wir das Unterbewusste bewusst machen, umso eher können wir die Fehler bereinigen und transformieren, die Opferdenken, Aufopferung, dissoziierte Unabhängigkeit und negative Emotionen aufzeigen. Je mehr Dinge wir im Unterbewusstsein verborgen haben, umso mehr leben wir in Illusionen, die von Trennung und Schmerz herrühren. Sie bringen auch zukünftigen Schmerz, denn das spirituelle Gesetz der Anziehung besagt, dass Gleiches Gleiches anzieht. Schmerz, den wir in uns tragen, zieht mehr Schmerz an. Wir können den Schmerz in unser Unterbewusstsein verfolgen, um ihn dort zu klären. Wenn wir uns unserer Heilung verpflichten, nutzen wir die Gelegenheit, dem Schmerz und der Negativität in unserem Leben bis zur Wurzel zu folgen, die ihn programmiert. Erst wenn Ebbe in der Bucht herrscht, kannst du die alten Autowracks, Bierflaschen, Fischernetze und allen anderen Unrat sehen, der beseitigt werden muss.

Es gibt einen alten Spruch, dem zufolge wir niemals in eine Situation gebracht werden, die wir nicht bewältigen können. Mutter Teresa hat in diesem Zusammenhang einmal gesagt: „Gott gibt mir nie mehr, als ich bewältigen kann. Ich wünschte nur, sein Vertrauen in mich wäre nicht so groß." Nachdem ich vielen Menschen in Opfersituationen geholfen habe, habe ich jedoch festgestellt, dass wir uns bei jedem Opferereignis vom Licht abgewandt haben. Wir haben nicht nur die innere Gabe verborgen, die diese Situation gerettet hätte, sondern auch die Gabe, die der Himmel für uns bereitgehalten hat. Statt eine dunkle Lektion zu lernen, die unser Leben negativ beeinflusst hat, hätten wir die Liebe, die göttliche Liebe und die göttliche Präsenz in die Situation einladen können. Wir können es immer noch tun. Sobald wir die Liebe und die göttliche Liebe in eine alte Opfersituation einladen, können wir die dunkle Lektion loslassen und um die Lektion bitten, die der Himmel und unser höheres Bewusstsein für uns geplant hatten. Wir hätten vortreten und die Rettung bringen können, haben das Ereignis stattdessen aber benutzt, um uns zu verstecken und vor unseren Gaben, unserer Lebensaufgabe und unserer Bestimmung davonzulaufen. Statt uns der Herausforderung zu stellen und unser Licht leuchten zu lassen und statt zu erkennen, dass das negative Verhalten aller anderen an dieser Situation beteiligten Menschen ein direkt an uns gerichteter Hilferuf war, haben wir uns versteckt und dem Menschen die Schuld gegeben, der Hilfe brauchte und dem wir auf einer Seelenebene versprochen hatten, dass wir ihn retten würden. Wer ist jetzt ungerecht? Wir haben allen anderen die Schuld an unserem Versagen gegeben, um noch mehr Selbstkonzepte für unser Ego aufbauen zu können. Wir haben das Ereignis in selbstsüchtiger Weise benutzt, um unsere Besonderheit aufzubauen, und unsere Selbstkonzepte sorgen dafür, dass wir uns auf ewig bedürftig, rechtschaffen, verärgert, verletzt, besonders, schuldig und dazu berechtigt fühlen, andere Menschen zu beschuldigen. Wir fordern mehr und fühlen uns immer unerfüllter und unzufriedener mit dem, was wir haben. Je ungerechter uns alles erscheint, umso mehr bedauern wir uns selbst, und das führt zu Kraftlosigkeit, Selbstmitleid und Depression. Wir verlieren jegliche Initiative und Vitalität und haben das Gefühl, dass GOTT und das Leben gegen uns sind. Wo wir Ungerechtigkeit empfinden, dort sind *wir* also ungerecht, fürchten uns davor, unser Licht leuchten zu lassen, haben Angst vor unseren Gaben und fürchten uns nun auch vor Nähe und Erfolg, weil wir unsere Geschichte umschreiben müssten. Wir müssten einen Teil unseres Egos aufgeben. Wir wären aufgefordert, uns zu ändern. Es ist jedoch eine Veränderung zum Besseren, die das Ego nicht will, weil es dann weniger gebraucht würde.

Nur wir können uns verletzen und auch nur wir können uns heilen. Es ist ein Prozess, in dem wir unser Selbstvertrauen zurückgewinnen. Es ist ein Prozess, in dem wir unser Herz zurückgewinnen. Wir erlangen ein höheres Maß an Wahrheit, Freiheit und Leichtigkeit. Wir sind offener für Partnerschaft und wertschätzen uns selbst in höherem Maße, wenn wir aufhören, andere Menschen und uns selbst zu belügen, und die falsche Loyalität aufgeben, die wir den illusionären Vorstellungen des Egos von einer Identität entgegenbringen. Dann beginnen die Eisberge des Egos auf dem OZEAN DER LIEBE zu schmelzen und unser Leben findet wieder auf den richtigen Weg zurück. Wir können uns unserem Leben, anderen Menschen und uns selbst verpflichten. Wir können uns ebenso unserer Lebensaufgabe verpflichten. Verpflichtung ist eine Entscheidung, die uns in Richtung größerer Wahrheit und Verbundenheit voranbringt. Sie ist eine Gabe an uns selbst, die uns größere Freiheit und mehr Authentizität bringt. Verpflichtung ist die Entscheidung, uns uneingeschränkt zu geben. In dem Maße, in dem wir uns verpflichten, verpflichten andere Menschen sich uns. Immer wenn wir uns verpflichten, wird ein innerer Konflikt aus der Vergangenheit geheilt. Wir müssen nicht einmal in die Vergangenheit gehen. Wir erkennen einfach, dass unser Leben ein Film ist, in dem wir Drehbuchautor, Produzent, Regisseur und Hauptdarsteller zugleich sind. Wenn wir die Verantwortung für unser Leben übernehmen, übernehmen wir natürlich auch die Verantwortung dafür, es in eine bessere Richtung zu lenken. Jeder Mensch braucht Hilfe und wenn du dich allen und allem verpflichtest, dann weißt du, dass auch du Hilfe verdienst, wann immer du sie brauchst.

Die Welt ist ein Spiegel der Selbsturteile, die wir nach außen projiziert haben. Immer wenn wir vergeben, vergeben wir also uns selbst. Immer wenn wir uns einem anderen Menschen verpflichten, verpflichten wir uns selbst. Je mehr wir es tun, umso mehr verliert die Welt an Negativität und gewinnt ein höheres Maß an Einheit. Das Gleiche geschieht in unserem Geist.

Je chaotischer das Leben ist, umso mehr sind wir dazu aufgerufen, zu vergeben und uns zu verpflichten. Alles, was wir in der Welt sehen, sind unsere nach außen projizierten Selbstkonzepte. Manche sind alt, andere uralt, aber sie sind kein Zufall. Sie sind eine Gelegenheit. Wir wollen sie nutzen, um Heilung und Ganzheit zu erlangen. Alles, was uns widerfahren ist, entspricht einem Film, für den wir das Drehbuch geschrieben haben. Es dient entweder der Heilung oder einem Zweck unseres Egos. Wenn es nicht geheilt wird, benutzen wir es. Es gibt uns die Möglichkeit, etwas zu tun, das wir schon die ganze Zeit tun wollten, oder es erlaubt uns, etwas nicht zu tun, das wir nicht tun wollten. Meist ist es eine Ausrede und die größte Ausrede besteht darin, dass wir bestimmte Gaben oder Aspekte unserer Lebensaufgabe und unserer Bestimmung ablehnen. Wir können uns jetzt für eine Einstellung der Heilung, Vergebung und Verpflichtung entscheiden. Wenn wir vergeben, wissen wir, dass uns vergeben wird, und wenn wir uns uneingeschränkt hingeben, können wir nicht nur alles, was das Leben uns zu geben hat, sondern auch das Glück des HIMMELS empfangen. Du kannst heute beginnen, allen Menschen zu vergeben, bei dir selbst angefangen, und du kannst auch beginnen, dich jedem Aspekt deines Lebens zu verpflichten.

39

Selbstbesessenheit

Selbstbesessenheit bedeutet, dass du dich von allen Menschen und von der Welt abschneidest. Sie bedeutet auch, dass du dich von der Gnade des HIMMELS abschneidest. Je selbstbesessener du bist, umso schlechter fühlst du dich. Das schlechte Gefühl, das für gewöhnlich mit Isolation und Einsamkeit einhergeht, versuchst du zu kompensieren, indem du andere Menschen benutzt, um deine Selbstbesessenheit und Besonderheit zu nähren. Selbstbesessenheit bedeutet, dass du mehr mit dir selbst als mit dem Leben, Beziehungen und deiner Lebensaufgabe beschäftigt bist und dass du Möglichkeiten, Chancen und die Liebe versäumst. Du fühlst dich rasch wertlos, wenn du selbstbesessen bist, weil du einen Teufelskreis aus Selbstbesessenheit und Wertlosigkeit in Gang setzt. Je größer deine Selbstbesessenheit wird, umso mehr scheint die Welt dir auf den Fersen zu sein. Du wirst leicht depressiv und bedauerst dich selbst und das hat zur Folge, dass die Selbstbesessenheit weiter verstärkt wird. Manchmal musst du eine Entscheidung treffen und mit großer Entschlossenheit aus dem Panzer deines Lebens ausbrechen. Rufe deine Freunde und deine Familie an und interessiere dich wirklich für das, was sie dir zu erzählen haben. Beginne etwas Neues, wie etwa ein Hobby oder einen Kurs. Tue etwas, das du normalerweise nicht tun würdest. Verpflichte dich, aus dem Panzer auszubrechen, der immer kleiner wird, wenn du in diese Richtung weitergehst. Eine Möglichkeit besteht darin, einem anderen Menschen zu helfen. Jeder braucht Hilfe, auf die eine oder andere Weise. Versuche für andere Menschen da zu sein, anstatt immer nur zu nehmen, denn in dem Maße, in dem du einem anderen Menschen hilfst, hilfst du auch dir selbst.

Du hast eine Lebensaufgabe und in dem Maße, in dem du sie erfüllst, bist auch du erfüllt. Wenn du deine Selbstbesessenheit aufgibst, erlangst du ein höheres Maß an Reife, Attraktivität und Verlässlichkeit. Dies ist ein wichtiges Thema, das du nicht ignorieren solltest, weil es eine glückliche Veränderung in deinem Leben bewirken kann. Es öffnet dir den Weg zu größerem Erfolg und nicht nur zu mehr Effizienz, sondern auch zu mehr Effektivität. Es verbraucht deine Zeit und deine Energie für die Dinge, für die sie eigentlich gedacht sind. Wenn du sie für deine Selbstbesessenheit aufbrauchst, benutzt du sie für die Illusion deines Egos, und das ist auf kurze und auf lange Sicht eine Zeitverschwendung.

Frage dich intuitiv, zu wie viel Prozent du selbstbesessen bist. Weil du dich mit Sicherheit selbst betrügst, kannst du die Zahl, die dir in den Sinn kommt, um 25 % erhöhen. Geht es bei deiner Selbstbesessenheit um dein Gewicht, deine Kleidung, deine Körperpflege oder deine Bildung? Selbstgerechtigkeit und Starrsinn verbergen Selbstbesessenheit ebenso wie die Angst, dich in einer Beziehung mit einem Partner oder mit GOTT zu verlieren. Kämpfst du häufig? Befindest du dich in deinem Leben, im Beruf oder in deinen Beziehungen in einer toten Zone? Alle diese Dinge weisen auf Selbstbesessenheit und auf einen Mangel an Selbstwert und Selbsteinbeziehung hin. Wenn du dich selbst wertschätzt und einbeziehst, bist du viel stärker verbunden und hast deshalb eine klare Haltung, wenn es um deine Prioritäten geht. Selbstbesessenheit vergeudet nur Zeit, die du stattdessen mit Dingen verbringen könntest, die wichtig sind und nicht dein Ego, sondern dein Leben und dein Glück fördern. Gut genutzte Zeit ist gleichbedeutend mit einem gut gelebten Leben.

Selbstbesessenheit ist ein zentrales Element von Leid und Elend. Sie ist auch ein zentrales Element von Stolz und Selbstüberhöhung, die den Sinn des Lebens verfehlen, denn im Leben geht es um Zugehörigkeit und Verbundenheit, die es leicht, liebevoll und erfolgreich machen. Das Maß deines Mangels an Erfolg entspricht dem Maß deiner Selbstbesessenheit. Werde dir ihrer bewusst und verbanne sie aus deinem Leben. Du kannst heute damit beginnen, dein Leben zu gestalten.

40

Der Weg der Heilung

Wenn du einen Weg der Heilung gehst, dann weißt du, dass alles, was nicht von Freude erfüllt ist, der Heilung bedarf. Du weißt auch, dass alles transformiert werden kann, wenn du bereit bist, dich zu ändern, dein Licht leuchten zu lassen, dich von ganzem Herzen zu geben und um Wunder zu bitten. Du weißt, dass alles, was geschieht, deiner Heilung dient und ungelernte Lektionen zeigt, die zur Erfüllung deiner Lebensaufgabe und deiner Bestimmung gedacht sind. Alle diese Dinge sollen dich zum Glück und zum Bewusstsein des EINSSEINS zurückführen. Du bist bereits dort, hast aber in die Identität deines Egos investiert, das seine eigenen Pläne verfolgt und letztendlich nur darauf aus ist, sich zu verteidigen und seine Position zu stärken. Das Ego, das auf Schmerz, Angriff und Selbstangriff aufgebaut ist, soll eine Anklage gegen GOTT sein. Wir haben eine andere Meinung als GOTT im Hinblick darauf, wer wir sind. ER betrachtet uns als Wunder, während wir uns in unseren Augen heldenhaft allen Widrigkeiten entgegenstellen. Wir betrachten uns als unschuldiges Opfer, das sich zu Unrecht ausgenutzt fühlt. Wenn du einen Blick in dein Unterbewusstsein werfen könntest, würdest du jedoch erkennen, dass du, weil du Partei für dein Ego ergriffen hast, auch bereit warst, den

Preis des Schmerzes zu bezahlen, der dir erlaubt, dich zu verstecken, vor deiner Lebensaufgabe davonzulaufen, die Kontrolle zu übernehmen, andere Menschen dessen zu beschuldigen, was du insgeheim selbst getan hast, ihre Hilferufe zu ignorieren und ihre Probleme zu benutzen, um dich zu trennen und deine Identität aufzubauen. Du bist somit derjenige, der ungerecht war. Deine Hartherzigkeit in der Vergangenheit hat zu deinem gegenwärtigen Mangel geführt.

Bei den großen Traumen unseres Lebens handelt es sich in Wahrheit um Seelenlektionen, die wir für dieses Leben vorgesehen hatten, um in unserer Entwicklung einen großen Schritt voranzugelangen. Solange die Lektion noch ein Trauma ist, haben wir sie jedoch noch nicht vollständig gelernt. Dies ist erst dann der Fall, wenn wir in Frieden sind, die Lektion verstanden haben und die Gabe angenommen haben, die wir für unsere Lebensaufgabe brauchen.

Wenn wir alles, was nicht Liebe ist, erkennen und nutzen würden, um lieben zu lernen, könnten wir viele der Hindernisse umgehen, vor denen wir auf unserem Weg der Heilung stehen, weil wir im Dienst des HIMMELS stünden, statt eine Geisel unseres Egos zu sein, das keine Veränderung will. Unser Ego will sich nur selbst erhalten und erschafft viele Probleme, um unseren Fortschritt durch Ablenkung, Geschäftigkeit, Konflikte und Selbstangriff zu verhindern. Das Ego übertreibt unsere Emotionen oder es versteckt sie, sodass sie uns weiterhin beeinflussen, auch wenn wir leugnen, dass es so ist.

Um in unserer persönlichen Entwicklung so effizient und effektiv wie möglich voranzuschreiten, sind wir aufgefordert, den Weg der Heilung zu gehen und uns ihm zu verpflichten.

41

Deine Irrtümer sind in Wirklichkeit nie geschehen

Deine Irrtümer sind in Wirklichkeit nie so geschehen, wie du es geglaubt hast. Das gilt vor allem dann, wenn Schuld oder Schmerz im Spiel waren. Wenn du die Ereignisse der Vergangenheit als bloße Fehler betrachtest, die der Berichtigung bedürfen, hast du einen großen Schritt in Richtung Selbstbefreiung getan. Schuld und Schmerz sind sichere Zeichen dafür, dass du in den heimlichen Plänen deines Egos gefangen bist. Um es zu beweisen, brauchst du nur deine Vergangenheit zu betrachten und dich zu fragen, wofür du sie benutzt. Wofür benutzt du Schuld und Schmerz? Willst du dich damit selbst kreuzigen? Willst du dich zurückhalten? Willst du dich vor Angst schützen, indem du den nächsten Schritt nicht gehst? Deine Angst wird dadurch natürlich nur noch größer. Willst du beweisen, dass du ein guter Mensch bist, indem du dich für das bestrafst, was in deinen Augen „schlecht" ist? Jede Lösung, mit der das Ego vorgibt, dir helfen oder dich retten zu wollen, ist früher oder später zum Scheitern verurteilt. Du kommst an einem Ort an, an dem die Ratschläge des Egos nicht nur nicht funktionieren, sondern die Situation sogar verschlimmern. Unser höheres Bewusstsein lässt solche Ereignisse zu, weil es eigene Pläne verfolgt, bei denen es um Heilung, Ganzheit und einen besseren Weg geht. Das Ego benutzt dagegen Schuld, Schmerz und Selbstangriff, um zu verhindern, dass wir diese Seelenlektionen lernen. Es greift jedes Mal an, wenn du ergründen willst, was wirklich geschehen ist. Das Ego liefert dir den dunklen Glanz und die Besonderheit, die mit Schuld und der Opferrolle einhergehen.

Schuld ist wie ein Sekundenkleber. Sie hält dich vom Zeitpunkt ihrer Entstehung an auf vielen Ebenen gefangen. Neben der Schuld hast du es mit dem Schmerz zu tun, den das Ereignis hervorgerufen hat, und mit der Angst, mit der das Ego dir droht, wenn du der Sache auf den Grund gehen willst. Das Ego bedroht dich damit, dass ähnliche oder schlimmere Dinge geschehen, wenn du den nächsten Schritt gehst. Wenn du die der Situation innewohnende Wahrheit entdeckst, stellst du fest, dass du frei bist. Du stellst außerdem fest, dass das Ereignis nicht so geschehen ist, wie das Ego dich glauben machen will. Du erkennst, dass du unschuldig bist. Du stellst auch fest, dass die Wahrheit dein Leben mit neuem Fluss und neuer Verbundenheit und Leichtigkeit erfüllt. Schuld ist ein Trick des Egos, um seine Macht zu stärken. Das Ausmaß deines Schmerzes zeigt, dass du eine Geisel des Egos bist. Stattdessen könntest du Gastgeber der Liebe sein. Du hast die Wahl. Was willst du? Wenn du die Wahrheit über deine Vergangenheit erfahren willst, öffne dein Unterbewusstsein, das dein Ego benutzt, um seine eigene Position zu festigen. Womöglich versucht es, sich durch heimtückische Angriffe zu verteidigen, oder es will dich dazu bringen, deinen liebsten Schwelgereien nachzugeben, statt zu ergründen, was wirklich geschehen ist. Vollkommen unschuldig zu sein und die Wahrheit zu kennen bedeutet, dass du glücklich bist, dich geliebt fühlst und keine Probleme hast.

Das Ego hat eine Welt der Schuld erschaffen, die uns eine Welt der Selbstverurteilung und der Selbstbestrafung beschert hat. Das kann nicht die Wahrheit sein und aus diesem Grund kann Heilung geschehen. Du schreibst die Geschichte deines Lebens, aber ein großer Teil spielt sich unterhalb der Ebene deiner bewussten Wahrnehmung ab. Doch wie soll deine Geschichte enden? Ich habe die Erfahrung gemacht, dass alles, was in einer erfolgreichen Therapie nicht aufgearbeitet wurde, am Ende dennoch durch Loslassen geheilt wird. Shakespeare hat es mit seinem Satz „Ende gut, alles gut" sehr treffend ausgedrückt. Du befindest dich entweder im Endspiel deines Lebens oder im Endspiel *dieses Kapitels* in deinem Leben, weil du hoffentlich zu einem neuen und besseren Kapitel vorangehst.

Was willst du? Wie soll das Endspiel ablaufen? Wenn ein schlechtes Gefühl damit verbunden ist, das immer auf Schuld hinweist, dann heißt das, dass eine Illusion dich nach wie vor in einer bestimmten Weltsicht gefangen hält. Ist das der Ort, an dem du sein willst? Wärest du bereit zu lernen, dass deine Schuld nichts anderes als ein noch nicht korrigierter Fehler in deinem Leben ist, der jetzt für dich selbst und andere Menschen korrigiert werden kann? Wenn du diese Wahrheit erkennst und Heilung erlangst, werden durch den von dir ausgehenden Welleneffekt auch alle anderen Menschen in deinem Leben geheilt. Willst du die Lektion lernen, die deine Schuld verbirgt, oder willst du dich selbst und die Menschen in deiner Umgebung weiterhin durch Angriff oder Rückzug angreifen, wenn sie dich brauchen? Gott hat dich unschuldig geschaffen und allein das Ego glaubt in seiner Arroganz, es könne den WILLEN GOTTES ändern.

42

Rückkehr zur Todesversuchung

Todesversuchungen versprechen einen Ausweg aus allem Schmerz und Leid. Es ist jedoch das Ego, das dieses Versprechen gibt, und der Anteil von uns, der ihm Gefolgschaft leistet und uns erst in diese Lage gebracht hat, glaubt, dass es der einzige Ausweg ist. Was aber, wenn wir im Tod lediglich „recycelt" werden oder, wie es in *Ein Kurs in Wundern* heißt, einschlafen, um beim Aufwachen festzustellen, dass sich in emotionaler Hinsicht nichts verändert hat? GOTT ist das PRINZIP DES LEBENS und das heißt, dass ER den Tod nicht gemacht haben kann. ER ist das EINSSEIN und kann deshalb die Dualität von Leben und Tod, die wir erfahren, nicht gemacht haben. Das ist das Werk des Egos und dies ist eine Welt des Egos, aber wir können unseren Beitrag leisten, um sie in eine HIMMLISCHE Welt zu verwandeln.

Jede Todesversuchung birgt Selbstverurteilung und die Verurteilung anderer Menschen in sich, die untrennbar mit unseren Selbstkonzepten verbunden ist. Todesversuchungen können also jederzeit geheilt werden, egal ob das Leben sich von seiner besten oder – was wahrscheinlicher ist – von seiner schlechtesten Seite zeigt. Denke jedoch immer daran, dir eine zweite Meinung einzuholen, und vertraue darauf, dass dein höheres Bewusstsein als Vertreter des Heiligen Geistes und des Himmels einen besseren Weg kennt.

Eine Todesversuchung ist meist ein flüchtiger Gedanke, aber wenn wir ihn nicht korrigieren, versäumen wir eine Gelegenheit, unsere Melodie von einem Lied des Todes in ein Lied des Lebens zu verwandeln. Wenn wir diese flüchtige Anziehungskraft des Todes verspüren, können wir uns auf kurze Sicht dafür entscheiden, ihr zu vergeben. Wir können uns dafür entscheiden, sie unseren Engeln zu übergeben. Wir können sie und die Selbstkonzepte, die sie propagiert haben, in unser höheres Bewusstsein hinein integrieren, um zu einem höheren Maß an Ganzheit zu gelangen. An den tiefsten, dunkelsten Orten in unserem Bewusstsein sind wir den größten Durchbrüchen am nächsten, wenn wir die Gelegenheit erkennen und ergreifen, die sich uns in der Situation bietet. Wenn wir es mit einer starken Todesversuchung zu tun haben, fühlen wir uns so eingeschnürt, dass es uns wie der Tod vorkommt, aber wir können aus diesem Panzer ausbrechen und ein weitaus größeres Leben, ja sogar eine Wiedergeburt erfahren. Erkenne, dass eine Todesversuchung die Einladung zu einer Geburt auf einer neuen Ebene ist. Verzichte darauf, andere Menschen zu verurteilen, denn es verbirgt nur deine Selbstverurteilung, und verzichte darauf, dich selbst zu verurteilen, denn es verbirgt nur deine Verurteilung anderer Menschen. Eine Geburt fühlt sich gleichermaßen beengt an und wenn du sie nicht als Geburt erkennst, fühlt sie sich wie der Tod an, aber es ist nur der Tod des alten Weges, über den du hinausgewachsen bist. Vertraue dem Prozess! Gib dich der Geburt hin. Wenn du ihr Widerstand leistest, ist sie nur schmerzhafter und dauert länger. Verpflichte dich dem Leben und der Geburt!

43

Was du einbringst

Es lässt sich kaum leugnen, dass alle Menschen sich im Leben großen Herausforderungen stellen müssen. Es sind die Seelenlektionen, die wir mitgebracht haben, um im Bewusstsein wachsen zu können. Oft sind es genau die Dinge, die unseren Schmerz vergrößert haben. Sie kommen aus der Vergangenheit. Wenn wir diese Lektionen nicht lernen, werden Trennung, Schmerz, Schuldzuweisungen und Schuld größer. Wir leben das Leben eines Opfers. Wir hüllen uns in Abwehrmechanismen ein, die uns aber nicht von unserem Schmerz befreien, sondern ihn nur in uns verbergen, wo er nach wie vor an uns frisst und für noch mehr Schmerz sorgt. Das führt nicht nur zu Problemen am Arbeitsplatz und zu Hause, sondern hat auch Folgen für unsere Gesundheit und unser allgemeines Wohlbefinden.

Wir alle durchlaufen im Leben, im Beruf und in Beziehungen eine Reihe von Lernstadien. So haben wir es in Beziehungen beispielsweise mit dem Stadium der Verliebtheit, dem Stadium des Machtkampfs, dem Stadium der toten Zone, der Ebene der Partnerschaft und der Ebene der radikalen Hingabe im höheren Bewusstsein zu tun. Du kannst in jedem dieser Stadien erstarren. Dann stirbt deine Beziehung allmählich, weil es an der Bereitschaft mangelt, zu lernen und dich zu verpflichten. Das trifft ebenso auf das Leben zu. Eine einfache Erkenntnis, die für alle Bereiche gilt, lautet, dass du deine eigene Erfahrung in die Situation einbringst. Mit anderen Worten: Die Situation ist das, was du aus ihr machst. Was du gibst, das empfängst du. Was du ablehnst, das bleibt bestehen. Mit den Dingen, die du verurteilst, musst du dich so lange herumschlagen, bis du die Lektion lernst.

Es ist wichtig, dass du diese Konzepte nicht benutzt, um dich selbst anzugreifen, denn dann ist immer nur das Ego am Werk, das nach einer Gelegenheit sucht, dich zurückzuhalten, oder das dich dazu bringen will, keine Verantwortung zu übernehmen und die Lektion nicht zu lernen. Du bringst auch das ins Leben ein, was in deinem Unterbewusstsein und in deinem Unbewussten verborgen liegt. Gib dir also nicht die Schuld an negativen Ereignissen in deinem Leben. Wenn du sie als Gelegenheit betrachtest, dich weiterzuentwickeln, indem du die Lektion lernst und eine positive Veränderung bewirkst, hast du die richtige Geisteshaltung, um zu lernen, Heilung zu erlangen und sogar Wunder zu erleben. Nachdem ich mit zahllosen Menschen an Problemsituationen gearbeitet und Licht ins Dunkel der tieferen Bewusstseinsebenen und der dort verborgenen Dinge gebracht habe, kann ich mit Bestimmtheit sagen: Du selbst trägst die Verantwortung für jede Herausforderung, mit der du es im Leben zu tun hast.

Ich habe kürzlich mit einer Frau gearbeitet, die an einer schmerzhaften Hautallergie litt. Wir befassten uns zuerst mit den aktuellen Ereignissen in ihrem Leben, beispielsweise mit der Frage, gegen wen sie den Groll hegte, der zu ihrem Problem geführt hatte. Dann kehrten wir zur Wurzel des Problems in ihrer Kindheit und zu den Wurzeln im Mutterleib zurück, die zu diesem Problem in der Kindheit geführt hatten. Danach arbeiteten wir mit den Ahnenmustern, die zu diesem Problem geführt hatten. Dann erforschten wir die Muster aus vergangenen Leben, die zu dem Problem geführt hatten, untersuchten die Frage, wie das kollektive Unbewusste und das dunkle Unbewusste das Problem nährten, und befassten uns zu guter Letzt mit der Urwurzel von allem, nämlich dem „Fall" in die Illusion der Trennung. Infolgedessen verschwanden 95 % ihres Problems sofort. Sie war bereit gewesen, die Verantwortung dafür zu übernehmen und um Hilfe zu bitten. Wenn wir bereit sind, bringt der HIMMEL das richtige Buch, den richtigen Menschen oder die heilende Situation zu uns.

Wenn du bereit bist, öffne dich und bringe dich voll und ganz in das ein, was du gerade tust. Es kann alles verändern, ob im Leben, in deiner Beziehung oder im Beruf. Im Workshop frage ich Menschen manchmal, wie gut ihr Vorgesetzter, ihr Partner oder ihre Angestellten auf einer Skala von 1 bis 100 sind. Die Antwort zeigt, wie gut sie selbst als Vorgesetzter, Partner oder Angestellter sind. Wenn du alles gibst, kannst du dich an den Dingen erfreuen, in die du dich einbringst. Klagen werden aufgelöst und du wirst stattdessen offen für Wertschätzung und Dankbarkeit. Alles, was weniger als 100 % ist, hat am Ende zur Folge, dass du dich selbst betrügst.

44

Dein Elend will dich retten

Dein Elend will dich retten. Du glaubst, dass es dich umbringen will oder niemals enden wird, aber so muss es nicht sein. Elend ist nicht GOTTES WILLE für dich und es ist auch nicht dein wahrer Wille. Es ist der Wille des Egos. Der Wille des Egos richtet sich nicht nach deinem wahren Willen. Stattdessen verkauft es dir gefälschte Ware, die nur zu noch mehr Elend führt, auch wenn seine Vorschläge zunächst vielversprechend scheinen. Das Ego lebt in deinem Haus und gibt vor, dein Gast sein zu wollen, hat dich aber überredet, die Rolle seines Dieners zu übernehmen. Doch das muss nicht sein. Das Ego sollte uns zu Beginn unseres Lebens helfen, in dieser Welt zurechtzukommen, hat jetzt jedoch ein dickes Spesenkonto, auf das zu einzahlst. Hast du noch nicht genug? Elend wird durch Muster im Unbewussten gesteuert. So sehr es dich auch überraschen mag: Das Ego benutzt dein Elend, um GOTT anzugreifen, IHN zu bekämpfen und zu beweisen, dass ER ein schlechter GOTT ist. Diese Bewusstseinsebene, die ich als das Stadium der Einheit bezeichne, birgt chronische Probleme, die von unserem Autoritätskonflikt und unserem Angriff auf GOTT genährt werden. Sogar sehr positive Menschen beherbergen Starrsinn und eine falsche Einstellung unter Ebenen der Kompensation, um diese Tatsache vor sich selbst zu verbergen.

Im Hinblick auf unsere weitere Entwicklung und insbesondere unsere chronischen Probleme werden wir aufgerufen, uns diesem Bereich zu stellen. Dieses unbewusste Stadium verbirgt auch Seelengaben, die dazu beitragen können, sowohl unser Bewusstsein als auch die Welt zu einen, denn es sind Gaben, die andere Menschen und die Welt erlösen.

Elend ist eine Form von Aufopferung. Es ist Leiden, das Urteilen und Groll entspringt. Um dich aus deinem Elend zu befreien, verpflichte dich immer wieder deiner Heilung. Vergib jedem, der dir in den Sinn kommt, dir zuerst und GOTT zuletzt. Wir benutzen unsere chronischen Probleme, um GOTT zu beschuldigen, dass ER ein „schlechter" GOTT ist, weil ER uns nicht geholfen oder uns nicht beschützt hat, aber GOTT vertraut uns und hat uns daher einen freien Willen gegeben. ER weiß, dass wir die Lektion früher oder später begreifen werden.

Entscheide dich dafür, dass es früher geschehen soll. Dein Elend ist ein Weckruf. Das Ego will uns weismachen, dass es keinen Ausweg gibt, aber das ist nicht die Wahrheit. Berufe dich auf die Wahrheit. Wünsche sie dir von ganzem Herzen. Mache dir bewusst, dass es einen besseren Weg gibt und dass er dir offensteht. Gib den Wutausbruch des Elends auf, mit dessen Hilfe du heimlich etwas bekommen willst, das du für ein zentrales Bedürfnis hältst. Unter deinem Leiden und deinem Elend liegt ein Ort verborgen, an dem du dich überlegen fühlst und glaubst, andere Menschen seien dir moralisch unterlegen. Bitte um ein Wunder, das dich befreit. Wunder sind GOTTES WILLE für dich, weil ER nicht will, dass SEINE Kinder leiden. Mache diesen Moment zur letzten elenden Zeit in deinem Leben. Heiße die Segnungen, die Gnade und die Wunder des HIMMELS willkommen.

45

Dein Leben als Angst

Wie viel Angst gibt es in deinem Leben? Frage dich, welchen Einfluss sie auf dein Leben hat. Auch wenn wir alle Angst haben, ist es wichtig, ihre Auswirkungen zu heilen, weil sie uns lähmt. Angst auf einer spirituellen Ebene zu heilen heißt zu erkennen, dass das, was du heilst, in Wahrheit eine Illusion ist. Und die Tatsache, dass Angst eine Illusion ist, bedeutet, dass du sie transformieren kannst.

Angst ist eine Grundemotion. Alle anderen Ur- und Grundemotionen beruhen auf Angst. Die Liebe ist dagegen das Grundgefühl. Alle Gefühle beruhen letztlich auf der Liebe. Da die Angst jedoch eine Illusion ist, wie es in *Ein Kurs in Wundern* heißt, gibt es in Wirklichkeit nur die Liebe. Jeder Akt der Trennung erzeugt Angst. Jedes Urteil erzeugt Angst und Trennung.

Mit jedem aggressiven, urteilenden Gedanken, den wir hatten, haben wir einen Glaubenssatz über uns selbst nach außen projiziert. Wenn wir diese urteilende Energie aussenden, nehmen wir aber auch wahr, dass sie zu uns zurückkehrt. Dies ist das Wesen der Projektion. Immer wenn wir auf uns gerichtete urteilende Energie wahrnehmen, sehen wir andere Menschen das tun, was wir in Wirklichkeit selbst getan haben. Wenn wir zurückweisen, fühlen wir uns also verletzt und zurückgewiesen. Unsere Emotionen gehen von uns aus. Sie gehen von dem aus, was wir tun, und wenn wir einen Fehler im Denken machen, sind Emotionen und Schmerz die Folge. Und auch wenn es große Entschlossenheit braucht oder ganz einfach die Erkenntnis, dass dieses Prinzip der Wahrheit entspricht, ist es wichtig zu wissen, dass es einen besseren Weg gibt und dass jeder Schmerz, den wir fühlen, unwahr ist und nicht bleiben muss. Er ist eine Illusion, die uns eine Belohnung einbringen soll. Die Vergangenheit kann sich ändern, wenn wir diese Wahrheit erkennen.

Angst ist eine der zentralen Wurzeln jedes Problems. Wir benutzen das Problem, um unsere Entwicklung zum Stillstand zu bringen oder zu verzögern. Wir haben Angst, mit dem nächsten Schritt nicht umgehen zu können. Unsere Gefühle der Unzulänglichkeit sind zur gleichen Zeit wie die Trennung entstanden, die unsere Angst erzeugt hat. Sie nähren sich gegenseitig. Trennung hat immer auch Verlust zur Folge und jede Angst ist Angst vor Verlust. Wir fürchten, etwas zu verlieren, das uns wichtig ist, wenn wir den nächsten Schritt gehen. Dies kann ein Mensch oder eine Sache sein, das, was wir zu sein glauben, unsere Besonderheit, unsere Unabhängigkeit, ein Selbstkonzept oder sogar unser Leben.

Angst bringt uns dazu, törichte Dinge zu tun. Wenn wir beispielsweise Angst haben, unserem Partner oder unserer Beziehung auf der nächsten Entwicklungsstufe nicht gewachsen zu sein, streiten wir oft und vor allem dann, wenn genau das eintritt, wovor wir uns gefürchtet haben. Rufe dir alle Herzensbrüche, Krankheiten, Verletzungen und Rückschläge, die du im Leben erlitten hast, ins Gedächtnis. Sie stehen für Orte, an denen du dich versteckt hast, für Orte, an denen du dich vor deinen Gaben, deiner Lebensaufgabe oder deiner Bestimmung gefürchtet hast. Sie stehen für Orte, an denen du bereit warst zu leiden, um Selbstkonzepte basierend auf dem zu erschaffen, was du als Ungerechtigkeit empfunden hast. Und du hast das Leiden benutzt, um Unabhängigkeit zu erlangen, die sich als Dissoziation und nicht als Freiheit entpuppt hat.

Die Angst hat uns dazu gebracht, unsere Verbundenheit mit geliebten Menschen aufzugeben und – wenn auch unterbewusst – so zu tun, als hätte jemand anderer uns verletzt und zum Opfer gemacht. Es gibt viele Möglichkeiten, Angst zu heilen. Dazu zählen viele Formen der Liebe wie teilen, eine helfende Hand reichen, unser Herz öffnen, geben, empfangen und willkommen heißen. Vergebung oder das, was *Ein Kurs in Wundern* als „praktische Liebe" bezeichnet, gehört ebenfalls dazu. Ein weiterer Aspekt der Heilung, auf den ich in diesem Kapitel besonders eingehen möchte, ist die Wahrheit.

Die erste Technik der praktischen Liebe besteht darin, Worte der Kraft einzusetzen, um die mit einem schlechten Gefühl, einem Problem, das schlechte Gefühle verbirgt, oder einem Trauma verbundenen Illusionen abzuschöpfen. Mein Vorschlag ist, dass du bei allem, was nicht Liebe ist, folgende Worte der Kraft sprichst: „Ich bin, wie GOTT mich geschaffen hat, und da GOTT die Angst nicht geschaffen hat, ist sie eine Illusion." Achte bei jeder Wiederholung darauf, ob sich das, was du siehst oder fühlst, verändert hat. Sei unbesorgt, wenn nicht sofort eine Veränderung eintritt. Falls sich aber auch nach der siebten Wiederholung nichts verändert hat, obwohl du diese Worte mit großer Entschlossenheit sprichst und um die Hilfe des HIMMELS bittest, ist deine Angst vor Veränderung jetzt zu groß, obwohl gerade Veränderung die Angst heilt. Wenn du Worte der Kraft zur Heilung einsetzt, können Dinge zutage gefördert werden, die du auf einer unterbewussten und unbewussten Ebene verborgen hast. Dazu gehören auch Ahnenmuster und Muster aus vergangenen Leben. Worte der Kraft können außerdem sowohl das kollektive Unbewusste der Menschheit als auch die astrale Ebene aufstoßen, auf der Illusionen Schicht um Schicht fortfallen und den Weg für die Liebe und die Freude freimachen. Wenn du Zugang zu tieferen Ebenen erlangst, hast du anfangs möglicherweise das Gefühl, dass eine Verschlimmerung eintritt, die aber in Wirklichkeit ein gutes Zeichen ist, weil die tieferen Ebenen geklärt werden, während du die Worte wiederholst.

Eine andere kraftvolle Technik der praktischen Liebe besteht darin, die Wahrheit und den HIMMEL in eine problematische Situation oder ein Trauma aus der Vergangenheit einzuladen. Die Wahrheit bringt nicht nur Verstehen mit sich, in dem die Liebe als Verbundenheit wiederhergestellt wird, sondern auch die Leichtigkeit und die Freiheit, die entstehen, wenn die Angst losgelassen wird. Menschen, die meditieren, empfinden diese Methode möglicherweise als besonders effektiv. Jedes Mal, wenn du die Wahrheit und das GÖTTLICHE bittest, sich in einer Situation einzufinden, die kein vollkommener Ausdruck der Liebe ist, kannst du dein ganzes Leben zurückgewinnen. Beginne einfach mit einem kleinen Ärgernis oder Problem, vor dem du gerade stehst, und fahre dann mit deinen größeren Traumen und Herzensbrüchen fort.

46

Das Leben, das nicht dein Leben ist

Wenn Menschen unglücklich sind, leben sie oft das Leben eines anderen Menschen und haben mitunter sogar seine Persönlichkeit übernommen. Das trifft insbesondere dann zu, wenn der andere Mensch unglücklich ist. Wir können seine Träume übernehmen und versuchen, sie zu leben, aber selbst wenn wir sie verwirklichen, bringen sie uns keine Erfüllung, weil sie einem anderen gehören.

Wenn wir anderer Meinung sind als unsere Eltern oder unser Partner, rebellieren wir manchmal und leben nicht unser eigenes Leben. Alles, was wir tun, ist gegen sie gerichtet. Jedes Problem, das wir haben, birgt ein Kernelement der Rebellion, des Autoritätskonflikts und der Rache in sich. Auf den tiefsten Ebenen des Unbewussten habe ich Beweise dafür gefunden, dass unsere Traumata und chronischen Probleme eine Form der Rebellion gegen GOTT sind. *Ein Kurs in Wundern* beschreibt die Welt, die wir selbst geschaffen haben (denn GOTT als VOLLKOMMENHEIT hätte nur etwas schaffen können, das vollkommen ist), als eine Welt, die aus Rache gemacht ist. Wir haben diese Welt und ihr Leiden dem SCHÖPFER zugeschrieben.

In Therapiesitzungen und Workshops bin ich Menschen begegnet, die von einem Geist besessen waren, den sie unbewusst aus einem falsch verstandenen Mitgefühl heraus übernommen hatten. Die Folgen waren Krankheiten, Rückenschmerzen, Begierden, Widerstände und Vorlieben, die nicht wirklich zu ihnen gehörten. Wenn der Geist losgelassen wurde, wurden gleichzeitig auch die Menschen befreit, von denen er ursprünglich ausgegangen war, weil diese Situation alle daran beteiligten Menschen zurückgehalten hatte.

Manchmal sind mir drogen- oder alkoholsüchtige Menschen begegnet, bei denen sich Wesen im Nacken oder in der Aura festgesetzt hatten, um sich von ihren Süchten zu nähren. Wenn diese Wesen beseitigt wurden, fühlten die betroffenen Menschen sich leichter und freier und hatten weit weniger Verlangen nach ihrer Droge.

Ich habe Fälle erlebt, in denen Eltern, Brüder oder Schwestern ihren Weg, ihre Lebensaufgabe und ihre Bestimmung aufgegeben und als Kind alles Weggeworfene übernommen hatten. Die Bürde, die sie dadurch auf sich geladen hatten, stand ihren Beziehungen im Weg und erlaubte ihnen nicht, sich auf ihre persönliche Lebensaufgabe und ihre Bestimmung zu konzentrieren. Ich wies sie darauf hin, dass sie alles gelernt hatten, was es dadurch zu lernen gab, dass sie das Leben eines anderen Menschen führten. Damit weiterzumachen hieße, sich selbst und den betreffenden Menschen daran zu hindern, das eigene Leben zu leben, Verantwortung zu übernehmen und sich im eigenen Tempo zu entwickeln. Das Leben eines anderen Menschen für ihn zu übernehmen ist gleichbedeutend mit Verschmelzung und Co-Abhängigkeit, die alle Beteiligten daran hindert, das zu tun und zu lernen, wozu sie aufgerufen sind.

Die häufigste Form dieser Dynamik besteht darin, dass wir aus Liebe und Verschmelzung die Persönlichkeit eines

Elternteils übernehmen. Wir wollen ihn glücklich machen, indem wir sein Leben vollenden und seine Träume erfüllen. Gib anderen Menschen ihr Leben zurück und heiße das willkommen, was dir gehört. Bitte anschließend das TAO um ein Wunder für euch beide.

Bewusstheit ist mehr als die halbe Miete, wenn es darum geht, diese Situation zu heilen. Bitte Jesus, Kuan Yin oder einen anderen FREUND AN HÖHERER STELLE darum, dich von unerwünschten Energien zu befreien, damit du das vollbringen kannst, wozu du hier bist, der sein kannst, der du in diesem Leben sein wolltest, und das Leben führen kannst, das du leben wolltest.

47

Angst vor Gott

Unsere Angst vor GOTT bringt uns um. Wenn wir dem Tod nahekommen, gibt es niemanden, der uns hilft, weil wir uns vor GOTT, der QUELLE aller Hilfe, fürchten. Wir steuern auf den Tod zu, weil wir Angst vor ihm haben, und wir fühlen uns insgeheim immer zu dem hingezogen, wovor wir uns fürchten. Die, die sich am meisten vor dem Tod fürchten, fühlen sich am stärksten zu ihm hingezogen. Wir steuern auf den Tod zu, weil wir Angst vor dem Leben haben. Wir steuern auf den Tod zu, weil unsere Träume zerbrochen sind und wir tief enttäuscht wurden. Wir steuern auf den Tod zu, weil wir einen Groll hegen, der zu Rache führt. Wir steuern auf den Tod zu, weil wir uns vor unserer Lebensaufgabe, unserer Bestimmung und uns selbst fürchten. Wir steuern auf den Tod zu, weil wir das Leben, das wir leben, nicht mehr ertragen können. Wir steuern auf den Tod zu, weil wir zu Tode gelangweilt sind. Wir steuern auf den Tod zu, weil wir beweisen wollen, dass wir Recht haben. Wir steuern auf den Tod zu, weil wir uns in einem Kampf befinden und glauben, ihn nur so gewinnen zu können. Wir entscheiden uns für den Tod, wenn unsere Zeit gekommen ist, aber wir sterben meist infolge von Kränkung, Unglücklichsein, Hass und einem Mangel an Selbstwert oder Bedeutung in unserem Leben. Wir sterben, weil wir beweisen wollen, dass wir stärker sind als GOTT und ER uns nicht am Sterben hindern kann.

GOTT ist die LIEBE und deshalb fürchten wir uns vor IHM. Wir glauben, dass wir alles verlieren würden, was wir aufgebaut haben. Wir glauben, dass wir das verlieren würden, woran wir anhaften und wovon wir uns angezogen fühlen. GOTT ist das EINSSEIN und deshalb trennen wir uns, um unseren Trotz zu bekunden. Wir verurteilen GOTT, so als ob ER unsere Bedürfnisse nicht erfüllen würde, damit wir einen Vorwand haben, das zu tun, was wir wollen. Wir weisen GOTT zurück und erkennen nicht, dass es auf uns zurückfällt, weil es sich anfühlt, als habe ER uns zurückgewiesen und aus dem HIMMEL verbannt. Doch wie kann man jemanden aus dem EINSSEIN hinauswerfen und wie könnte die LIEBE sich selbst verurteilen? Alle Trennung ist ein Angriff, aber denke daran, dass das EINSSEIN nicht getrennt werden kann. Es ist alles Illusion, aber selbst unsere Illusion ist ein Angriff, ein Urteil über die WIRKLICHKEIT. Und wo wir angreifen, haben wir das Gefühl, selbst angegriffen zu werden, und unser Urteil über GOTT vermittelt uns das Gefühl, von GOTT verurteilt zu werden. Unser Angriff auf das EINSSEIN durch unsere Trennung macht uns zum Opfer und das werfen wir GOTT vor. Wir tun so, als habe ER uns im Stich gelassen, statt zu sehen, dass in Wirklichkeit wir IHN und uns selbst im Stich gelassen haben.

Wir sehen, dass unser Angriff auf GOTT zu uns zurückkommt, und das macht uns große Angst, weil wir glauben, dass GOTT uns angreift. Wir fürchten, dass wir uns einen unversöhnlichen und sehr gefährlichen Feind geschaffen haben. Unsere Angst vor GOTT erlaubt uns nicht, von IHM zu empfangen, weil ER zu furchterregend ist und wir glauben, dass ER uns unsere hart erkämpfte Freiheit und sogar unsere Welt nehmen will. Alle Liebe, Fülle, Heilung und Wunder, die GOTT uns schenken möchte, gehen uns durch unsere Angst und Ablehnung verloren. Doch alles, was GOTT uns gegeben hat, wartet noch auf uns. Wenn wir eingestehen könnten, dass wir das, was GOTT vermeintlich uns angetan hat, in Wirklichkeit IHM angetan haben, würde unser höheres Bewusstsein sogleich herbeieilen, um diesen Fehler aufzulösen. Unsere Angst vor GOTT ist laut *Ein Kurs in Wundern* die größte Angst, die wir haben, und durch unsere vielen Akte der Trennung haben wir IHN, unsere Liebe zu IHM und SEINE Liebe zu uns aus dem Blick verloren.

Wir vergraben unsere Angst vor GOTT tief in unserem Unbewussten. Wir vergessen sowohl die Angst als auch IHN und tun so, als seien wir unser eigener Herr und müssten alles aus eigener Kraft schaffen. Unsere Angst vor GOTT macht uns Angst davor, wer wir wirklich sind – dass wir das Kind GOTTES sind. Wir sind reiner Geist, der vom REINEN GEIST selbst geschaffen wurde. Seit wir uns von GOTT getrennt haben, sind wir so oft auf tiefere Bewusstseinsebenen gefallen, dass es uns ohne SEINE Gnade und Wunder nur schwer gelingen kann, sie alle zu überwinden. Unsere Dissoziation ist so groß, dass wir GOTT, den HIMMEL, unsere Macht und unsere transzendenten Gaben aus dem Blick verloren haben. Wir haben Angst vor GOTT und vor uns selbst.

Es ist an der Zeit, die Tür zu GOTTES Liebe und Hilfe zu öffnen. *Ein Kurs in Wundern* drückt es so aus: Wenn wir unzähligen Millionen helfen wollen, müssen wir GOTT vergeben. Natürlich könnte GOTT das, was wir IHM vorwerfen, niemals getan haben. Er hätte seine Zulassung als

Gott verloren. Der Urgrund des Seins wäre verschwunden und wir zusammen mit ihm. Die Tatsache, dass wir noch existieren, bedeutet, dass Gott nach wie vor Gott ist und dass wir selbst die Dinge getan haben, die wir ihm zur Last legen.

Wir wollen uns selbst für das vergeben, was wir Gott vorgeworfen haben, und all die Liebe und Hilfe in Anspruch nehmen, die er für uns bereithält.

48

Dein Lebensweg

Der Himmel hat einen Plan für uns, der in Liebe und Erlösung besteht. Er verleiht uns neuen Wert oder, besser gesagt, stellt unseren Wert wieder her, der unter Illusionen und Schmerz verschüttet liegt. Der Himmel hat einen Plan für uns, der keine Aufopferung verlangt. Es gibt keinen Grund, noch länger Opfer zu sein oder heimlich den Wunsch zu hegen, uns vom Himmel zu trennen und unseren eigenen Weg zu gehen, auf dem wir uns überhaupt erst verloren haben. Wir glaubten, nur unsere Unabhängigkeit zu erklären, haben in Wahrheit aber eine Identität aufgebaut, die wir nicht gebraucht hätten, wenn wir auf die Führung des Himmels gehört und den vorgezeichneten Weg eingeschlagen hätten. Unsere Unabhängigkeit war keine Freiheit, sondern Eigensinn und Dissoziation, die unser Leben arm gemacht hat. Wir waren bereit, für unsere Unabhängigkeit den Preis der Opferrolle zu bezahlen. Letzten Endes haben wir uns jedoch nur in einem Zustand der Aufopferung wiedergefunden und unser Autoritätskonflikt hat uns nicht mehr eingebracht als die Hybris, auf der Seite des Verlierers zu stehen. Wir waren bereit, ein trotziger Verlierer zu sein, nur um unseren Willen durchsetzen zu können, selbst wenn es bedeutete, dass wir von unserem Lebensweg abkamen, der uns eigentlich an einen glücklicheren und leichteren Ort führen sollte.

Wir glauben, unser Eigensinn sei alles, was uns an Selbstachtung geblieben ist, bis das Eingeständnis, wie unser Leben hätte sein sollen, uns in die Unterwerfung zwingt. Dann tragen wir jedoch bereits Narben des Versagens und der Schuld und den heimlichen Abwehrmechanismus gegen ein erneutes Verlieren in uns. Unser Ego gedeiht durch alles, was uns trennt und uns eine negative Identität verleiht, um besonders sein zu können. Es will, dass wir verlieren und uns immer wieder erniedrigen. Aus dieser Einsicht heraus können wir erkennen, dass jede Opfersituation eine Klage war. Jedes Trauma war zuerst ein Wutanfall. Unser Starrsinn, unsere Negativität und unsere falsche Geisteshaltung zeugen von unserer Rebellion, unserer Abtrennung vom HIMMEL und unserem Verlangen, das Glück nach unseren eigenen Vorstellungen zu finden. Es gibt jedoch eine kraftvolle Meditation, die alle von unseren Selbstkonzepten herrührenden negativen Gedanken auflöst, bis unser Geist schließlich still ist und wir den Plan des HIMMELS empfangen können.

Schließe die Augen und beobachte deine negativen Gedanken. Sage dir bei jedem negativen Gedanken, der dir durch den Kopf geht: „Dieser Gedanke spiegelt ein Ziel wider, das mich von meiner Lebensaufgabe abhält." Mit jeder Wiederholung fallen ablenkende Gedanken, Emotionen und Empfindungen fort. Setze die Meditation fort, bis dein Geist einem stillen See mit einer gläsernen Oberfläche gleicht. Sage dann: „Auf diese unbeschriebene Tafel soll meine Lebensaufgabe geschrieben werden." Und dann sitze still da und warte gespannt. Wenn sich weitere Gedanken aufdrängen wollen, die nicht dem Weg entsprechen, den der HIMMEL für dich vorgesehen hat, wiederhole die Worte: „Dieser Gedanke spiegelt ein Ziel wider, das mich von meiner Lebensaufgabe abhält …“

49

Es ist keine gute Idee, deine Schuld zu verteidigen

Wenn du deine Schuld verteidigst, verteidigst du die Wurzel all dessen, was Negativität in deinem Leben hervorruft. Schuld verbirgt die Ursache deiner Todesversuchungen. Sie verbirgt die Angst, die dich lähmt. Immer wenn du dich vom Leben abwendest, machst du einen Fehler. Wenn du dich für den Tod entscheidest, wirst du vermutlich „recycelt" und musst als Säugling wieder von vorn beginnen. Und du musst dich den gleichen Seelenlektionen stellen. Jetzt bist du in der optimalen Position, um diese Lektionen zu lernen, selbst wenn du dich überfordert fühlst und glaubst, sie nicht meistern zu können.

Der erste Schritt besteht darin, Verantwortung zu übernehmen, denn sie ist das Gegenteil von Schuld. Sobald du Verantwortung übernimmst, versucht das Ego, dir Schuld einzureden. Schenke ihm keinen Glauben. Schuld ist der Fehler, der an der Wurzel all deiner Probleme liegt, und sie ist eine Illusion, die dein Leben aber dennoch zunehmend dunkler macht, wenn du in sie investiert. Das Ego besteht aus Dingen wie Schuld, Angst, Verlust, Widerstand, Groll und dem Autoritätskonflikt. Immer wenn diese oder ähnliche Emotionen auftauchen, bringen sie Schuld oder schlechte Gefühle mit sich, die sie am Leben erhalten und ein enorm hohes Maß an Leid verursachen. Wenn du Heilung erlangst und dein Leben besser wird, erkennst du schließlich, dass, wenn du dich weiterentwickelst und deine Schuld aufgibst, auch das Ego deine Schuld immer mehr freigibt. Wenn du diese heilende Einstellung beibehältst, wird dein Ego immer dünner und Liebe, Licht und Glück scheinen hindurch.

Es ist ratsam, deine Schuld loszulassen, denn sie ist eine Illusion, die dein Leben ruiniert. Es ist dagegen keine Illusion, dass du Schuldgefühle hast. Jeder hat sie, denn anderenfalls hätte er keine Probleme. Wenn du Schuld loslässt, kommen allerdings andere Schichten zum Vorschein, die losgelassen werden wollen. Verpflichte dich deiner Unschuld, denn sie ist die Wahrheit. Sie schenkt dir Kraft sowie die Fähigkeit, zu geben und zu empfangen und somit glücklich zu sein.

Ich habe Menschen, die abscheuliche Taten begangen haben, darin unterstützt, Heilung zu erlangen und ihre Unschuld wiederzufinden. Somit kann ich sagen, dass Schuld viele verschiedene Aspekte hat. Sie ist dem Ego lieb und teuer, weil es sie einsetzt, um sich selbst aufzubauen oder stärker zu verankern. Schuld verwandelt eine Seelenlektion in eine dunkle Lektion, die selbstsabotierende Muster in deinem Leben erzeugt. Wenn du zutiefst verzweifelt bist, kannst du erkennen, dass du eine Wahl hast, weil du dich in jedem Moment zwischen HIMMEL und Hölle entscheidest. Kaum jemand ist sich dessen bewusst, aber Bewusstheit bedeutet Macht. Du könntest Worte der Kraft aus *Ein Kurs in Wundern* nutzen, um deine Entscheidungen zu treffen:

> „Das muss nicht sein."
> „Ich könnte stattdessen Frieden sehen."

Wenn du diese Worte mit großer Entschlossenheit sprichst, können sich die Dinge zu deinen Gunsten verändern. Du willst die Wahrheit des HIMMELS und nicht die Illusion der Schuld.

> „Die Wahrheit wird alle Irrtümer in meinem Geist berichtigen."

Gewinne deine Macht zurück. Wenn du diese Entscheidungen immer wieder triffst, werden sie zu einer Geisteshaltung. Die beste Möglichkeit, deine Seelenlektionen zu lernen, besteht in dieser Welt darin, einen Weg der Heilung zu gehen. Alles, was sich schlecht anfühlt, alles, was nicht funktioniert, kann auf diesem Weg geheilt werden. Allein dadurch, dass wir einen Weg der Heilung gehen, werden viele Probleme transformiert, noch ehe sie geschehen.

Weil es sich selbst helfen will, redet das Ego dir ein, dass es dich von deiner Schuld befreien will, aber es verbirgt sie lediglich. Das macht es viel schwieriger, sie aufzuspüren und zu heilen. Sobald du erkennst, dass die Welt dein Spiegel ist, hast du einen Weg gefunden, deiner Schuld auf die Spur zu kommen. Jede dunkle und schmerzhafte Erfahrung rührt von den Selbstkonzepten her, die unsere Wahrnehmung programmieren. Der Film unseres Lebens besteht aus unseren Glaubenssätzen. Alle unsere Glaubenssätze sind Selbstkonzepte und jedes Selbstkonzept trägt sein eigenes Vermächtnis an Schuld in sich. Du musst also den Selbstangriff loslassen, der von Schuld herrührt und der Teil jedes negativen Aspekts im Leben ist. Jedes Selbstkonzept birgt seine eigene Selbstdestruktivität und seine eigenen Todesversuchungen. Jenseits unserer

Selbstkonzepte und ihrer Teufelskreise aus Angriff und Selbstangriff ist die Freude zu finden.

Das Ego rät uns, seine Grenzen nicht zu überschreiten, weil wir sonst sterben, aber damit ist nicht unser physischer Tod, sondern der Tod des Egos gemeint. Wenn es so aussieht, als ob wir den Vertrag mit unserem Ego brechen wollten, der auch den Glauben an und die Investition in den Tod beinhaltet, fährt das Ego seine bösartigsten Angriffswaffen auf. Ab einem Alter von achtzehn Jahren brauchen wir das Ego nicht mehr, um in der Welt zurechtzukommen, aber wir sind sehr nachlässig darin, Dinge loszulassen, in die wir so teuer investiert haben. Wenn wir nur erkennen könnten, dass unser Ego das Prinzip der Trennung ist! Trennung ist das Gegenteil von Liebe, Frieden, Fülle, Gesundheit, Nähe, echtem Erfolg, echtem Glück und Unschuld. Ist Trennung, Besonderheit, Schuld, Angst oder ein Teufelskreis das, was du wirklich willst? Was willst du? Wenn du dir diese Frage immer wieder stellst, fördert die Macht deines bewussten Denkens unterbewusste Programme zutage, die deinem Interesse nicht dienlich sind, damit du sie loslassen kannst. Jedes schlechte Gefühl birgt im Kern ein Selbstkonzept, das durch Schuld und Groll entstanden ist, die wiederum Angriff und Selbstangriff in sich tragen. Dies sind die Dinge, die du loslassen musst, um dich zu befreien und die Meisterschaft über dein Leben zurückzuerlangen.

Wir wollen einmal die Orte anschauen, an denen sich Schuld verbirgt. Dazu gehören beispielsweise alle negativen Emotionen und Erfahrungen. Schuld verbirgt sich in Urteilen, die ein ganz wesentlicher Bestandteil der Funktionsweise des Egos sind. Sie sind ein Angriff, der uns von etwas trennen soll, von dem wir glauben, dass es uns unterlegen ist. Dieses Streben nach Überlegenheit katapultiert uns in einen Teufelskreis aus Überlegenheit und Unterlegenheit, Richtig und Falsch, Gewinnen und Verlieren, Häme und Schmollen, Überhöhung und Erniedrigung, Gut und Böse. Alle diese Teufelskreise sollen uns gefangen halten. Die Alternative zu einem Urteil besteht darin, zu helfen und zu segnen. Es bereichert die Situation, statt sie zu verschlimmern. Urteile haben Trennung und Leiden zur Folge und sind ähnlich wie Groll lediglich ein Deckmantel für Schuld. Die folgenden Worte der Kraft aus *Ein Kurs in Wundern* bringen sowohl Vergebung als auch Selbstvergebung:

> „Möge dies mich nicht in Versuchung führen,
> mich selber anzugreifen."

Die folgenden Worte der Kraft heilen den Groll, den wir gegen andere Menschen hegen:

> „Das muss nicht sein."
> „Ich will mich dessen nicht anklagen."

Sie sind auch genau das, was wir brauchen, wenn wir es mit dunklen oder negativen Situationen oder Menschen zu tun haben. Die Welt zeigt uns, was wir vor uns selbst verborgen oder auf andere Situationen und andere Menschen projiziert haben. Verpflichte dich also einem Weg der Heilung und gib deine Schuld immer mehr auf. Vergib dir selbst. Wenn du Schuld oder negatives Verhalten bei anderen Menschen wahrnimmst, siehst du nur dein negatives Verhalten und deine innere Schuld, die du verborgen hast. Projizierte Schuld ist auch innere Schuld. Du hast es mit einem inneren und einem äußeren Konflikt zu tun. Du kannst stattdessen Frieden haben, wenn du die Schuld loslässt und dich deiner Heilung verpflichtest. Worte der Kraft sind nur ein hilfreicher Weg, um dich zu befreien.

50

Wenn das Leben uns überfordert

Wenn du überfordert bist, kann das Leben immer anstrengender werden, bis es dir schwerfällt, überhaupt etwas zu tun, weil Stress und Emotionen so stark sind. Wenn du weitermachst, ohne dir Hilfe zu holen, steuerst du auf einen Zusammenbruch zu. Wenn du verstehst, was geschieht, kann es eine Neugeburt sein. Das Selbst, das du geschaffen hast, ist zu klein, und es ist enorm wichtig, aus dieser Beengtheit auszubrechen. Wenn es zu einem Zusammenbruch kommt, ist es viel schwieriger, dich zu davon erholen und wieder an den Punkt zu gelangen, den du jetzt erreicht hast. Ein Zusammenbruch ist ein Rückschritt auf dem Weg, dein Lebensglück zu finden. Wenn dein Leben aus den Fugen gerät, kannst du es wieder neu aufbauen, aber eine Geburt spart Zeit, Mühe und ein hohes Maß an Schmerz.

Eine Möglichkeit besteht darin, dich zu fragen, welche Bedingungen vorlagen, als du das Selbst aufgebaut hast, das sich aktuell überfordert fühlt. Vielleicht war es anfangs stark und positiv, wurde im Laufe der Zeit aber immer mehr von Kompensationen für Gefühle des Versagens oder ein hohes Maß an Schmerz oder Angst überlagert. Jede Kompensation schwächt das Selbst und macht es verletzlich. Das spirituelle Gesetz der Anziehung bewirkt zudem, dass wir äußere Einflüsse anziehen, die den ursprünglichen traumatischen Bedingungen gleichen, die wir vergraben haben und jetzt kompensieren. Der dadurch erzeugte Teufelskreis kann einen Zusammenbruch zur Folge haben, der die verschütteten Emotionen schließlich freisetzt, aber mit einem hohen Maß an Schmerz verbunden ist. Es gibt einen besseren Weg und er besteht darin, die Situation als Geburt und nicht als Zusammenbruch zu erleben.

Eine Geburt kann gelingen, wenn du erkennst, dass du dich in einem Geburtsprozess befindest. Vertraue diesem Prozess und gib dich seinem Fluss hin. Er ist weit weniger schmerzhaft, wenn du ihn akzeptierst und dich auf ihn ausrichtest. Verpflichte dich ihm und dem nächsten Stadium. Es dauert nicht lange, bis du erkennst, dass du die Emotion, die du fühlst, schon seit langer Zeit in dir trägst. Diese Erkenntnis hilft dir, das, wofür du sonst vielleicht viele Tage gebraucht hättest, innerhalb von kurzer Zeit zu erreichen. Wenn alles aus den Fugen gerät, kann das Selbst, das du geschaffen hast, dein authentisches, geistiges Selbst nicht länger tragen. In einem Gebäude der Duquesne University in Pittsburgh habe ich einmal ein Bild gesehen, das den Begriff „Freiheit“ trug und einen Vogel zeigte, der aus einem kleineren in einen größeren Käfig flog. So ist es auch bei einer Geburt. Du erweiterst dein Leben und dein Selbst. Es wird jedoch immer ein Flug in einen größeren Käfig bleiben, bis du zu guter Letzt den HIMMEL erreichst.

Es gibt andere Übungen, die dir helfen können, dich wahrheitsgemäß auf den Geburtsprozess auszurichten. Wenn du herausgefunden hast, wo du das ursprüngliche Selbst geschaffen hast, frage dich, wer bei dir war und welches Ereignis das Trauma ausgelöst hat. Stelle dir vor, dass du dich in der Zeit kurz vor dem Ereignis befindest. Bitte Maria oder Kuan Yin darum, dir zur Seite zu stehen. Verbinde dein Licht mit ihrem Licht. Verbinde dieses Licht dann mit dem Licht aller an der Situation beteiligten Menschen, bis die ganze Situation von nur einem Licht erfüllt ist. Damit widerlegst du die Notwendigkeit, ein Selbst aufzubauen, das auf Schmerz und Kompensation beruht. Bleibe eine Weile in diesem Licht. Bringe das Licht dann zurück durch dein Leben und nimm wahr, wie viel leichter es geworden ist.

Eine Erfahrung, die mich wirklich überrascht hat, war, dass manche Auswirkungen eines destruktiven Musters weiterbestanden, nachdem ein Trauma in der Kindheit geheilt wurde. Bald fand ich heraus, dass es ein tieferes Thema gab, das aus der Zeit im Mutterleib herrührte, und dass das Trauma in der Kindheit von diesem Missverständnis herrührte. Das mag wie reine Fantasie erscheinen, aber die Praxis liefert den Beweis, denn durch die Heilung des Musters zum Zeitpunkt der Empfängnis oder im Mutterleib kann auch das Problem in der Kindheit geheilt werden. Es ist unbestreitbar, dass es funktioniert. Immer wenn das nicht der Fall war, gab es etwas auf der Ahnenebene oder aus einem vergangenen Leben, das der Heilung bedurfte. Wenn die Wurzel geheilt wird, wird immer auch das Problem geheilt.

In der nächsten Übung bist du aufgerufen, zu deiner Empfängnis und zu den Einflüssen zurückzukehren, die im Mutterleib auf dich eingewirkt haben könnten. Visualisiere zum Beispiel, was geschehen ist, als du drei, 12 und 21 Jahre alt warst. Diese Altersangaben entsprechen jeweils dem dritten Monat im Mutterleib. In meiner Erfahrung besteht zwischen dem Jahr und dem Monat im Mutterleib ein direkter Zusammenhang. So weist ein Problem bei der Geburt auf ein Problem bei der Empfängnis hin. Bitte deine Intuition, dich in den Monat im Mutterleib zurückzuführen, der dem Alter entspricht, in dem du das kompensierende Selbst erschaffen hast. Frage dich, mit wem das Problem im Mutterleib bestanden hat und was in deiner Familie und deiner Umgebung vor sich gegangen ist. Verbinde dein Licht wiederum mit dem Licht von Maria oder Kuan Yin und verbinde dieses Licht anschließend mit dem Licht deiner Mutter und aller anderen an der Situation beteiligten Menschen, bis es nur noch ein einziges Licht gibt. Wenn dieser Prozess abgeschlossen ist, verweile im Frieden dieses Gefühls. Bringe das Licht dann zurück zum Zeitpunkt deiner Empfängnis, um dein wirkliches Selbst in der Welt willkommen zu heißen. Sende das Licht dann durch deine Eltern zu deinen Ahnen, um auch sie zu befreien. Sende es zu guter Letzt in alle deine vergangenen Leben, um deinem Seelenmuster den Frieden zu bringen.

Es gibt viele Worte der Kraft, die du nutzen kannst, um dich in diesem Prozess der Wiedergeburt und bei den schwierigen Emotionen, die damit einhergehen, zu unterstützen. Einige Beispiele:

> „Es muss einen besseren Weg geben."
> „Ich lege die Zukunft in GOTTES Hand."
> „Möge dies mich nicht in Versuchung führen,
> mich selber anzugreifen."
> „Ich will mich dessen nicht anklagen."

Dies sind Zitate aus *Ein Kurs in Wundern* und sie haben die Kraft, Heilung zu bewirken, wenn du sie mit aller Entschlossenheit sprichst, die dein Herz aufbringen kann. Es ist wichtig zu erkennen, dass du es mit einer Geburt zu tun hast. Das heißt, dass du mit Gefühlen und Mustern sowohl des Unterbewusstseins als auch des Seelenbewusstseins heilst. Sei also geduldig, wenn du diese Worte sprichst. Nimm wahr, ob deine Probleme besser oder schlechter werden. Eine Verschlechterung ist ein gutes Zeichen, weil sie bedeutet, dass der Heilungsprozess unbewusste und Seelenemotionen erreicht hat. Wenn nach der siebten Wiederholung noch keine Veränderung eingetreten ist, hältst du fest und fürchtest dich vor der Geburt.

Hier ist der in der Bibel am häufigsten wiederholte Satz angebracht: „Fürchte dich nicht." Du kannst eine Geburt nicht abbrechen, denn dann wird es „unschön" und du arbeitest gegen dich selbst. Deine Bereitschaft ist alles, was es braucht. Rufe dir die folgenden Worte der Kraft ins Gedächtnis:

„Ich habe ein Anrecht auf Wunder."

Es ist eine Geburt. Vertraue also dir selbst und dem Prozess. Gute Dinge sind auf dem Weg.

Nachwort

Gott will nicht, dass du leidest

Es ist nicht Gottes Wille, dass wir leiden, auch wenn wir ihm immer die Schuld daran geben. Wenn wir einen anderen Menschen beschuldigen, beschuldigen wir Gott. Jedes Problem, das wir haben, ist eine Form von Schuldzuweisung oder Groll. Wenn Gott die Dinge, die wir ihm zur Last legen, getan oder unterlassen hätte, hätte er widergöttlich gehandelt und würde seine Lizenz als Gott verlieren. Der Urgrund des Seins würde verschwinden und auch wir würden verschwinden und hätten nie existiert. Gott will nicht, dass wir leiden, hat uns aber einen freien Willen gegeben. Und auch wenn wir oft vom Weg abkommen und dadurch leiden, hat er vollkommenes Vertrauen in uns, dass wir den Rückweg und uns selbst wiederfinden. Er schenkt uns auch ein Wunder, sobald wir einen Fehler machen. Wenn wir unseren Groll aufgeben, brauchen wir nur darum zu bitten.

Wir wollen heute die Bereiche unseres Lebens anschauen, in denen es Mangel und Probleme gibt. Wir wollen intuitiv herausfinden, wen wir beschuldigen und was wir ihm zur Last legen. *Das ist immer der Punkt, an dem wir vom Weg abgekommen sind.* Unsere Schuldzuweisung ist eine Form von Projektion, die unsere alte oder uralte Schuld verbergen soll. Was wir ebenfalls verbergen, ist die Tatsache, dass wir das, was wir anderen Menschen zur Last legen, selbst getan haben. Wir können alle diese Dinge loslassen und stattdessen das Wunder empfangen. Diesmal können wir die richtige Entscheidung treffen. Wir können uns selbst und infolgedessen auch allen anderen Menschen vergeben. Wir können GOTT vergeben und dadurch Millionen von Menschen helfen. Es ist an der Zeit, das sorgenfreie Leben zu leben, das uns zugedacht war.

Danksagung

Ich möchte meiner Frau und Partnerin Lency sowie meinen Kindern Christopher, J'aime und Thomas danken, deren Liebe und Unterstützung eine große Inspiration für mich sind.

Ich danke Cilla und Alton, die seit vielen Jahren dafür sorgen, dass im Haus und im Geschäft alles reibungslos läuft.

Mein Dank gilt außerdem Lauren für die hervorragende technische Unterstützung und die Überwachung der Renovierungsarbeiten. Sie ist in dieser Hinsicht wahrhaft begabt.

Ich möchte meinen Lektoren für ihre Unterstützung bei diesem Buch danken, dessen Entstehung mehr als fünf Jahre in Anspruch genommen hat. Mein Dank gilt auch Susanne, die das Manuskript zum Schluss noch einmal geordnet und ihm den letzten Feinschliff gegeben hat.

Meiner äußerst gewissenhaften Schreibkraft Sunny danke ich dafür, dass sie mir immer die Hilfe und Unterstützung zuteilwerden lässt, die ich brauche.

Zu guter Letzt gilt mein Dank wie immer *Ein Kurs in Wundern* für die zentrale Rolle, die er in meinem Leben und in meiner Arbeit spielt. Er hat mir ungemein geholfen und dazu beigetragen, dass ich vielen Menschen helfen konnte.

Leben in emotionaler Freiheit

Heilung von unbewussten Hindernissen und Blockaden

Chuck Spezzano

Taschenbuch, 288 Seiten,
ISBN 978-3-86616-541-0

1. Taschenbuchauflage
3. Auflage gesamt

Nichts bewegt und belastet uns und unsere Beziehungen mehr als unerlöste, unbewusste Emotionen. Über sie Meisterschaft zu erlangen, sie zu verwandeln und zu nutzen auf dem Pfad der eigenen Transformation ist wahre Heilung – nicht nur für uns selbst, sondern auch für unsere Mitmenschen. Mit diesem Buch reicht der international bekannte Weisheitslehrer Chuck Spezzano allen die Hand, die den Weg der inneren Verantwortung und Reife zu Ende gehen möchten. Die wundervollen, kristallklaren Botschaften dieses Buches können der Schlüssel für ein neues lichtvolles Miteinander sein, nach dem sich alle Menschen sehnen. Sie öffnen unsere Augen und unser Herz für den nächsten notwendigen Schritt der inneren Entwicklung hin zu wahrhaft erfüllenden Beziehungen, in der gelebte Liebe und Freiheit Wirklichkeit werden.

Empathie und Hilfsbereitschaft

Die heilenden Prinzipien der Hochsensibilität

Chuck Spezzano

Taschenbuch, 176 Seiten, ISBN 978-3-86616-522-9

So wie es ist, kann es nicht bleiben. Das ist inzwischen wohl fast jedem von uns klar geworden, aber gerade hochsensible Menschen besitzen eine angeborene Feinheit, die erkennt, dass es einen besseren Weg gibt, und die sie befähigt, zur Weiterentwicklung und Heilung der Welt beizutragen. Das Mitgefühl, das ihrer Hochsensibilität entspringt, weckt ihre Hilfsbereitschaft, und Menschen, die sich dem Wohl der Welt verschrieben haben, werden dringend gebraucht, um der Erde einen leichten Übergang auf neue und höhere Ebenen zu ermöglichen. Der international bekannte Lebenslehrer und Visionär Chuck Spezzano widmet sich in diesem Buch den heilenden Aspekten der Hochsensibilität und erläutert, wie hochsensible Menschen auch durch ihre eigene Heilung einen enorm wichtigen Beitrag zur Heilung der Welt leisten können.

Hochsensibilität als Gabe und Chance begreifen

Chuck Spezzano

2. Auflage

Taschenbuch, 160 Seiten, ISBN 978-3-86616-479-6

Außergewöhnliche Empathie- und Empfindungsfähigkeit, tiefsinnige Wahrnehmung und Feinfühligkeit sind die kostbarsten Gaben hochsensibler Menschen. So sehr es dieser Qualitäten bedarf, um den Wandel der gegenwärtigen Zeit voranzubringen, so herausfordernd kann zugleich der Umgang damit sein. In diesem Buch widmet sich der bekannte Lebenslehrer und Psychologe Chuck Spezzano deshalb mit all seiner Weisheit und seinem langjährigen Erfahrungsschatz in spirituell therapeutischer Arbeit dem Phänomen der Hochsensibilität. Er legt nicht nur die große Bedeutung dar, die hochsensible Menschen in unserer Zeit haben, sondern lässt auch sein gesamtes Wissen einfließen, um sie darin zu unterstützen, ihr Potenzial voll zu entfalten – zum Wohl aller. Ungeahnte Möglichkeiten tun sich auf – nicht nur für alle Hochsensiblen!

Die spirituelle Dimension der Hochsensibilität

Chuck Spezzano

2. Auflage

Taschenbuch, 160 Seiten,
ISBN 978-3-86616-506-9

Die Zahl hochsensibler Menschen nimmt in der heutigen Zeit immer mehr zu und gerade ihre außergewöhnlich empfindsame und empathische Natur stellt sie im Leben oft vor besonders große Herausforderungen. Dabei bedarf es gerade dieser Qualitäten, um den Wandel zu bewirken, den die Welt so dringend braucht. Der international bekannte Lebenslehrer und Visionär Chuck Spezzano bringt langjähriges Erfahrungswissen und tiefe Weisheit in sein zweites Buch zu diesem Thema ein. Er gibt wertvolle Hinweise, wie hochsensible Menschen ihr Leben meistern, in ihrer eigenen Entwicklung vorangelangen und mit ihren besonderen Gaben und Begabungen zugleich einen immens wichtigen Beitrag zur Entwicklung der Menschheit und der Welt leisten können. Ein unerlässlicher Ratgeber – auch für die Eltern und Partner hochsensibler Menschen!

Verbindung wirkt Wunder

Wie eine glückliche Familie gelingen kann
Mit einem Vorwort von Chuck Spezzano
Begründer der Psychology of Vision
Susanne Ernst

Klappenbroschur, 176 Seiten, ISBN 978-3-86616-524-3

Wie meistern wir die Aufgabe, gute Eltern zu sein? Wodurch können wir Kinder bestärken, ihrem eigenen guten Weg zu folgen? Wie festigen wir unsere Paarbeziehung, obwohl sich alles nur noch um die Kinder dreht? Wie erfüllen wir unseren Kinderwunsch? In diesem Buch spricht die erfolgreiche Schweizer Seminarleiterin und Coachin Susanne Ernst auf eine völlig neue Art über Erziehung und Beziehung, Autorität und Vertrauen, Streit und Versöhnung, Träume und Glück. Basierend auf den psychologischen Methoden von Chuck und Lency Spezzano zeigt die Autorin, wie Erziehungs- und Beziehungsprobleme zur Chance werden können, mehr Liebe und Verbundenheit in unsere Partnerschaft und unsere Familie zu bringen.

Reise zu deinem wahren Selbst

Herz und Seele im Einklang
Susann Theresa Braun

Klappenbroschur, 144 Seiten, ISBN 978-3-86616-529-8

Immer wieder scheitert eine gut durchdachte Kommunikation in der Folge an der Umsetzung. Woran liegt das? Es fehlt eine zusätzliche Kommunikations- und Verständnisebene, die über das gesprochene Wort hinausgeht und für die Eindeutigkeit der Verständigung sorgt. Es fehlt Ihre innerste Überzeugung zu den Inhalten, die Sie transportieren wollen, Ihre „innere Haltung", die Sie dann in jeder Ihrer Zellen spüren und ausstrahlen und die unbewusst von Ihrem Gesprächspartner verstanden wird. Ihr Bewusstsein für die Verbindung Ihrer Herz- und Seelenenergie macht Sie zum Schöpfer Ihrer positiven Lebenseinstellung. Das Buch unterstützt Sie, den Zugang zu Ihrer Körperlichkeit, Ihrer Herzensenergie, Ihrer Seele und Ihrem Geist zu finden. So können Sie blockierende Bereiche erkennen und möglichst lösen. Einfache Übungen und Meditationen unterstützen Sie dabei und begleiten Sie auf der Reise zu Ihrem wahren Selbst. Lernen Sie, wie Sie in Ihrem Leben wahrhaftige Entscheidungen treffen, um ab sofort glücklicher zu leben.

Die Revolution des Bewusstseins

Entfalte dein wahres Potenzial jenseits der Matrix

Daniel Hess

Klappenbroschur, 320 Seiten, ISBN 978-3-86616-536-6

Unsere tiefste menschliche Bestimmung ist es, über alle trennenden Muster, Programme, Gewohnheiten und Konzepte hinauszugehen an den Ort in uns, an dem nur noch Verbundenheit und Erfüllung bleiben. Es sind die sieben Kräfte des Bewusstseins, die diesen revolutionären Schritt in unser wahres Selbst möglich machen. Einen Schritt, der zudem das Potenzial für einen grundlegenden individuellen und gesellschaftlichen Wandel in sich birgt. Dieses Buch zeigt konkret auf, wie uns diese tief befreiende Revolution des Bewusstseins weit über die Matrix des scheinbar normalen Lebens hinausführen kann hin zu einem Dasein voller Lebensfreude, Liebe und innerer Weite. Es eröffnet beim Lesen immer wieder praktische Heilräume für einen befreiten Umgang mit herausfordernden Lebenssituationen, Gedanken und Emotionen. Bist du bereit für den großen Wandel? Ergänzend zu diesem Buch hat Linn Hess-Kraft, die Ehefrau des Autors, ein Kinderbuch mit dem Titel Das Gefühlsschloss geschrieben und illustriert, das einen wesentlichen Aspekt aus dem Erwachsenenbuch sehr anschaulich für Kinder aufbereitet und das ebenfalls im Verlag Via Nova erschienen ist.

Das Gefühlsschloss

Wie Carlotta lernte, ihre Angst und andere Gefühle zu lieben

Linn Hess-Kraft

Hardcover, 32 Seiten, ISBN 978-3-86616-537-3

Gefühle kommen und gehen, doch manchmal können wir mit ihnen ganz schön überfordert sein. Wenn wir unser inneres Gefühlsschloss für sie öffnen und auch intensive Gefühle liebevoll empfangen, kann das unglaublich befreiend sein. Dann kann sich zum Beispiel auch eine Angst, die alles in uns zum Zittern gebracht hat, wieder beruhigen. Gemeinsam mit Carlotta und ihrem Opa kann das Wunder der Leichtigkeit und Selbstliebe beginnen. Ergänzend zu diesem Kinderbuch hat Daniel Hess, der Ehemann der Autorin, ein Buch mit dem Titel *Die Revolution des Bewusstseins* geschrieben, das die Inhalte des Kinderbuchs praxisnah und noch umfassender auch für Erwachsene aufbereitet und das ebenfalls im Verlag Via Nova erschienen ist.